愛と欲望のナチズム

田野大輔

講談社学術文庫

はじめに

ナチズムは一般に、性に対して抑圧的であったと考えられている。「民族の健全化」を標《ひょう》榜《ぼう》したナチズムは、ヴァイマル共和国の性的堕落を断罪し、伝統的な性道徳への回帰を説く一方、一連の立法的措置を通じて性の領域への介入を強化し、人口・人種政策的見地から生殖の管理を企てるなど、まぎれもなく抑圧的な政策を推進した。だがこうした事実をもって、ナチズムが性生活全般に対して敵対的な姿勢をとっていたとか、もっぱら保守的な性道徳を唱えていたかのように考えるとすれば、この運動が推進した「性－政治 Sexualpolitik」の実態を見誤ることになろう。「産めよ殖やせよ」の出生奨励策を打ち出したナチズムは、その政策目標を達成する上でも、「結婚までの純潔」を訴えるだけで事足れりとするわけにはいかなかったのである。

ナチ党の公式教義が、純潔な結婚と家族の再建を訴えていたことは疑いない。党公認の教育書はくり返し自制と禁欲の理想を唱え、純潔な結婚こそが健康な子孫のための保証となると主張していたし、党の青年組織は実際に「純潔を守って成熟せよ」というスローガンを掲げ、スポーツや体操を通じて若者に節制を学ばせる必要を説いていた。アドルフ・ヒトラー自身、『わが闘争』のなかで同様の主張を展開し、結婚と家族の擁護者であるがごとき姿勢を示していた(1)。第三帝国下のセクシュアリティの問題を扱った従来の研究の多くは、こうした主張をおおむね額面通りに受け入れて、性の抑圧こそナチズムの特徴だったという見方を提示している。ジョージ・モッセの先駆的研究もまた、ナチズムを基本的に中産階級の保守的な価値観、性を抑圧する市民道徳の体現者と位置づけている点で、この見方を踏襲したものといえるだろう(2)。

だが性の問題をめぐってはナチ党内にも意見対立があり、必ずしも保守的な性道徳の信奉者たちが主導的な役割をはたしたわけではなかった。ヒトラーもまた、内輪向けの発言のなかでは、ブルジョワの偏狭な道徳観に異議を唱えることが多かった。一九四二年三月、彼は側近にこう語っている。

最も偽善的なのは「上層の一万人」だ。私はこの点について信じられないようなことを経験してきた。彼らは他人が婚外「交渉」をしたといって非難するが、自分は離婚歴のある女性と結婚しているのだ！　……結婚が自然の望むものの実現、すなわち偉大な生の憧憬《しょうけい》の実現であることがいかに少ないか、考えてみたまえ。自然によって定められた二人が結びつくことこそ、最大の幸福である(3)。

この発言は、男女関係をめぐるヒトラーの考えが、偽善的な市民道徳への反発に根ざしていたことを示している。ブルジョワの道徳的偽善を攻撃し、自然な性的関係を擁護する主張には、性道徳の刷新をはかる「進歩的」な姿勢さえ認めることができるかもしれない。もちろん、彼の説く結婚の理想たるやいかにも陳腐で、とりたてて目新しい洞察を示しているわけではないのだが、その既成道徳への敵意に注目するならば、そこには何よりも、ナチズムの「性－政治」を読み解く上で鍵となる次の二つの狙いを見出すことができる。

一つは、人間の最も私的な領域に属し、道徳や宗教に守られてきた性生活を政治的な介入の対象に仕立て上げ、再生産装置として管理運用することである。人種的に劣等とされた人々に対する断種や中絶の強制、健康で価値の高いドイツ人に対する結婚と出産の奨励など、ナチズムが推進した人口・人種政策は、人種主義・優生学を選別基準とする生殖の徹底した操作によって、国力の基盤となる健康な子孫の増殖をめざすものだった。

もう一つは、性的快楽や欲求充足を積極的に肯定し、これを誘因にして健康な男女を生殖に駆り立てると同時に、彼らの忠誠と支持を強化することである。ナチズムの政治的動員の特徴が個々人の主体性を取り込む点にあったとすれば、性生活はそのための最も重要な攻略対象の一つだった。婚外交渉の容認、ヌードの賛美など、様々な形で性的欲求を刺激・扇動することで、ナチズムは人間の欲望を抑圧から解放し、巨大な権力機構の動力源にしようとしたの

図版１　少女たちの歓声に応えるヒトラー

である。

ナチズムが一般に考えられるほど性に対して抑圧的でなく、生殖を偏重してもいなかったことは、一部の同時代人の目には明らかだった。ある映画監督が回想録に記しているように、ナチズムが性愛を政治的目的に従属させたことはたしかだとしても、「ナチズムのエロスへの意志、性への明白な信仰告白は、こうした目的と結びついた必要性をはるかに超えて、非常に率直、寛大、非ブルジョワ的に表現された。ヌードはけっしてタブーではなかった」。第三帝国のもとでは、「エロスには――それが人種法の枠内にとどまり、いわゆる健全な民族感情にしたがっているかぎり――何の制約も加えられなかった」のであり、結婚や家族もけっして神聖なものではなく、若者の間の乱交さえ許容されたのだった。ナチズムが「絶大な性的衝動」を解放したという見方は、この運動の本質に対する新たな視野を切り開く可能性を秘めている。(4)

本書はこのような観点から、第三帝国下の「性－政治」の実態を描き出そうとするものである。そこでの性と権力の複雑なからみ合いを、体制側の狙いと個々人の実践との齟齬や矛盾にも留意しつつ、性教育、同性愛、裸体文化、婚外交渉などの争点ごとに検証していきたい。その際とくに、従来の一般的な見方とは異なって、ナチズムが市民道徳への反発から性的欲求の充足を奨励し、ある種の「性の解放」を促進したプロセスに注目する。ダグマー・ヘルツォークの研究が明らかにしているように、彼らにとって性は生殖のためだけのものではなく、快楽や喜びをもたらす一種の刺激剤でもあったのであり、それを徹底的に活用した点にこそ、この運動の動員力を説明する手がかりがあると考えられる。[5] その意味で本書は何よりも、生殖と快楽の問題にとりつかれた体制の「欲望の動員」のメカニズムを解明することをめざしている。

目次

愛と欲望のナチズム

愛と欲望のナチズム

第一章　市民道徳への反発

純愛の理想

ナチズムにとって「愛」とは何か。この問いに対しては、すでに一定の回答が与えられているようであり、それはおおよそ次のように要約されると思われる。すなわち、人口・人種政策上の理由から積極的な出生奨励策を打ち出し、「産む性」としての女性の役割を強調したナチズムにとって、個人的な幸福感と結びついた「愛」は副次的な意義しかもちえず、せいぜい生殖のための刺激として利用されたにすぎない、というものである。だがこうした一般的な見方に反して、ナチズムが実際にはロマンティックな愛を賛美し、その実現につとめていたことは、あまり知られていない。親衛隊の機関紙『黒色軍団』に掲載された論説は、熱烈な愛の讃歌を謳い上げるある判事の言葉を肯定的に引用している。

男女の愛がなければ、詩も絵画も音楽もありえない！　……愛とは唯一の真の宗教的な世界体験である。それを知らず、望んだことのない者は、偉大なこともなしえない。……偽善的で不誠実な心情が、愛を忌み嫌うのだ。

注目すべきは、こうした純粋な愛への憧憬が、市民道徳の偽善性への反発に根ざしていたことである。同じ論説は、「ナチズムは「自由恋愛」への最大の敵対者である」としながらも、自然から与えられた性愛の喜びを享受することを積極的に肯定し、そうした喜びを抑圧する伝統的な「市民道徳」、キリスト教倫理の信心ぶった偽善を非難する。「かの「市民道徳」はかつても現在ももっぱら見せかけの道徳であり、彼らはそれを外向けには厳しく守ろうとするが、内面ではたいてい「少しも」気にかけていないのである(1)」。

純愛の理想をもとめて偽善的な道徳観を攻撃するナチズムという、知られざる姿を映し出すこの論説は、従来の一般的な見方に修正を迫っているように思われる。というのも、これまでの研究ではおおむね、ナチズムは純潔な結婚と家族を重視する「リスペクタビリティ(市民的価値観)」の擁護者、小市民の偏狭な性道徳に根ざした「健全なる民族感情」の代弁者と見なされてきたからである(2)。「民族の健全化」を標榜したナチズムにとって、ヴァイマル共和国の道徳荒廃と風紀紊乱《ふうきびんらん》を断罪し、家庭生活の保護と性規範の回復を要求する保守的な道徳家の訴えが大きな推進力となったことはたしかだが、そうした後ろ向きの主張は、ナチズムのめざすところとは本質的に異なっていた。近年の研究はむしろ、ナチズムが旧来の性道徳を批判し、性愛の喜びを率直に肯定することで、二〇世紀初頭以来の「性の解放」を促進した面があったことを明らかにしている(3)。

ヒトラーの性道徳

アドルフ・ヒトラーは、その自伝的著作『わが闘争』のなかで、ドイツを脅かす「民族の政治的・風俗的・道徳的汚辱」を非難すると同時に、空疎な道徳を説く「ある種の階層の偽善的上品ぶり」を攻撃している。いわく、「社会生活はわれわれの現代的なエロティシズムのむせるような香水からも、男らしくない上品ぶった不誠実さからも解放されなければならない」。彼はこうしてある種の二正面作戦を展開するのだが、それは性規範の乱れであれ、口先だけの道徳であれ、民族の堕落に手を貸す無責任な態度のあらわれという点では同罪だ、と考えるからにほかならない。『わが闘争』の著者がもとめるのは、断固たる決意をもって人口・人種政策的措置を講じること、とりわけ早期の結婚を奨励し、若い夫婦に健康な子供を産ませることである。というのは、「結婚もまた自己目的ではありえず、種と人種の増加と維持というより大きな目標に奉仕しなければならない。それのみが結婚の意味であり、課題である」と考えるからである。そして、この問題の重要性を全国民に理解させるためには、「きわめて大がかりな啓蒙」が必要であると彼はいう。

図版２　アドルフ・ヒトラー

ヒトラーの要求が、「産めよ殖やせよ」の出生奨励策と結びついていたことはたしかだが、そこに純粋な愛にもとづく結婚の倫理を説く、彼なりに真剣な主張が含まれていたことを見逃すわけにはいかない。彼によれば、愛を欠いた金めあての結婚は、街頭で身を売る娼婦と同じ不道徳を犯すことを意味する。上流階級の親たちが、ご立派なお題目を唱えながら、自分の娘を金持ちの男に嫁がせたがるのは、「愛の売春化」、「精神生活のユダヤ化」、「結合本能の拝金主義化」をあらわすものにほかならない。「何しろ、経済的合理性がますますわれわれの結婚の基礎となり、唯一の前提となるからである。しかし、愛はどこかほかのところで憂さ晴らしをするのだ」(4)。第三帝国期の啓蒙書『愛について』の著者ハンス・フォン・ハッティングベルクは、ヒトラーの主張を代弁するかのように、こう主張している。

こうしたあずま屋の二重道徳は、私の世代を……「自由恋愛」とその純粋さの前衛にした。愛それじたいは純粋だった。その理想主義的な恍惚においてばかりでなく、性的な結合において、その最も神聖な神秘、「愛の崇高な祝祭」においてはなおさらそうであった。「汚れのない」受胎というキリスト教の教えこそが、(ニーチェの言葉によれば)受胎を汚したのである。自由な愛ではなく、法的に拘束された愛、本当の愛を欠いた義務としての性交は非道徳的であった。名前と生計を得るためだけに、愛してもいない夫に身を捧げる女性は、より低い金額と安全性のもとで同じことをする貧しい娼婦と、本当にそれほど違っていたのだろうか。

金めあての結婚に反対し、偽善を排した純粋な愛を要求するハッティングベルクは、「愛の崇高な祝祭」としての性交までも賛美するわけだが、ここには何よりも、既成道徳のもとで抑圧されてきた性愛の喜びに正当な権利を与えようという、ある種の積極的な意図が認められる。[5]ヒトラー自身、このような意味での「性の解放」を唱えていたことは、彼が側近に語った次の発言からも明らかである。

名誉とか声望といった市民的観念にしがみつくことなど必要ない。「お行儀のいい」紳士たちにいってやるがいい。彼らが良心の呵責を感じながらひそかにやっていることを、われわれは何のやましさもなく堂々とやってのけるのだと。

風紀粛正をめざす反動派の時代遅れの道徳観に対しては、ヒトラーの敵意は激しかった。

私はこうした上品ぶりや風紀取り締まりが大嫌いだ。われわれの闘争と何の関係があるというのか。……われわれの蜂起は市民道徳とは何の関係もない。われわれの蜂起はわが国民の力の蜂起である。彼らの腰の力の蜂起だといってもいい。私は部下たちの楽しみを邪魔したりはしない。私は彼らに極度のことを要求する以上、彼らが教会通いの年増女の気に入るようにではなく、好きなように暴れ回る自由も認めてやらねばならない。[6]

こうなるともう、純愛の理想を追求するというよりも、ただ単に性欲の充足を奨励するだけになってしまうのだが、こうした開き直りともいえる主張が、多くの人々を良心の呵責や罪悪感から解放し、彼らをナチズムに惹きつける誘因となっていたことは、想像に難くない。

健全な本能の解放

さらにまた、性欲の充足を奨励するヒトラーの発言が、部下たちの放縦《ほうじゅう》な行動を正当化するだけのものではなく、それなりに明確なイデオロギー的裏づけをともなっていたことにも、注目しなければならない。すなわち、自然なるものの賛美、健全なる本能の肯定がそれである。『黒色軍団』の論説は、自然な欲求を抑圧する市民社会の「歪んだ道徳原理」を批判して、こう指摘している。

そこでは、若者のなかに湧き起こる健全な本能に自然なはけ口を与えるかわりに、それを卑しいものと呼んで断罪する。その結果、若者はそれを乗り越えるだけの強い性格をもたない場合には、自分自身の胸中の敵とされるものと闘うことになるが、その際しばしば健全であるとも、ましてや正常であるともいえない誤った道に迷い込んでしまう。こうしたことはすべて、自然な発達を支持するかわりに、それを生物学的に無意味な教育でねじ曲げようとするために起こるのである。(7)

性は本来自然なものであり、それを不健全に歪曲しているのは市民道徳だというのだが、ここには物質主義的な文明の害毒を批判し、人間の本来的な生のあり方を自然への回帰にもとめた、世紀転換期以来の生改革運動や青年運動の影響が認められよう。[8] こうした見地に立って、この論説は自然の摂理にかなった教育の必要性を説く。いわく、「ドイツの全教育は今日、再びはっきりと性を重視しており、男子は男らしく教育されるのに対し、女子においては母親らしさ、女らしさを強化することが最終目標となっている」[9]。これはヒトラーのめざす目標とも完全に一致するものだった。

いま突如として道徳の名のもとにそうした自然で健全な生の喜びに反対しはじめた連中に、運動は耳を貸してはならない。……われわれは骨の髄まで健全な国民をつくり上げたい。男は健康でたくましく、女は完璧に女らしい国民、それこそわれわれの目標である。[10]

自然で健全な性本能を前にしては、結婚という社会制度も副次的な意義しかもたなかった。『黒色軍団』の論説は、「婚外性交はけっして妨げることはできない」と指摘した上で、若者が自然な欲求を満足させていることを「社会的障害と道徳説教者に対する健全な反発」として肯定し、キリスト教倫理にもとづいて未婚の母や私生児に不道徳の汚名を浴びせる連中を非難していた[11]。ヒトラーもまた内輪の会話のなかで、「笑うべきとんまども」が結婚という証文を何よりも重視して、人間の価値をもっぱらそれで判断し、他人の婚外性交を非難することの「道徳的偽善」を攻撃していた。そこにはもちろん、出生率の向上をめざす人口政策上の目的と並んで、若者を戦争に動員するための誘因を提供するという、実利的な意図もあった。「ドイツの男が兵士として無条件に死ぬ覚悟をするためには、無条件に愛する自由も与えられなければならない」と考えるヒトラーは、「健全な生の喜び」を発散させる必要をこう説明している。「闘争と愛はとにかく一体である。それに文句をつける俗物どもは、お余りを頂戴できるだけでもありがたく思え[12]」。

ただし欲望が肯定されたのも、それが女性に向かう場合だけだった。男性同士の同性愛は「国家政治的危険」と見なされ、徹底的に撲滅がはかられたが、自慰もまた「精子の浪費」と呼ばれ、しばしば同性愛の温床として危険視された。「われわれの若者の八〇〜九〇パーセントが自己弱体化の悪疫にとりつかれている。たいていの同性愛的過誤は遺伝的な欲求障害ではなく、誘惑が原因である[13]」。民族の存続を危険にさらすこの「悪疫」、とりわけ同性間の「生物学的に無意味」な過ちに対処するため、親衛隊機関紙がもとめたのは「清潔で健全な教育」であり、それは若者に対して、自分の「健全な感情」を――「民族共同体に対する責任感」の枠内で――「喜びをもって肯定」すべきことを訴えていた[14]。若者が「誤った道」に迷い込んだりしないよう、彼らには若い娘と接触する機会を与えてやる必要がある。ヒトラーをはじめとするナチ党の指導者たちはそう考えて、欲求の発散を積極的に奨励していたのである。

女性の役割

「健全な生の喜び」を肯定するこれらの主張のなかで、女性はしばしば性欲の対象に位置づけられたが、そのことをもっぱら出生奨励策との関連で、女性を「産む性」に押し込める保守的な道徳観をあらわすものと見なすのは、正鵠《せいこく》を射ていない。健康な子供を産み、家事を切り盛りする母親の役割が強調される一方で、ナチズムが描き出す女性像には、既成道徳による抑圧を打ち破ろうとする積極的な主張も含まれていた。なかでも『黒色軍団』の論説は、ある保守派の論客がナチ党公認の女性のヌード画を非難したことに反論して、この高貴な肉体をけなす「堕落した好色家」の偽善的な上品ぶりを攻撃している。こうした連中は、慈しみ深く子供に授乳する若い母親の姿を見ても崇高な美しさを感じることができず、女性を不純な肉体と悪しき精神をもった「罪人」、「誘惑者」、「男性の下僕」と見なすことで、「ドイツ人の品位を汚し、美しいもの、高貴なものすべてを計画的に破壊すること」をめざしているのだという。

　われわれにとって女性は、その自然の定める姿において神聖であり、いかなる男性も彼女の使命に畏敬の念を抱いている。彼女はドイツ民族の守護者であり、その本性は純粋である！　彼女はドイツの男性の下僕ではなく、生活の同志、伴侶なのだ。そして、ド

図版３　アドルフ・ツィーグラー『パリスの審判』

イツの女性を民族における最も威厳ある適切なこの地位に再びつけた人こそ、ほかならぬわれらの総統なのだ[15]！

もちろん、こうした美辞麗句が実態を反映したものだったかは、第三帝国下の女性の置かれた状況を考えれば、きわめて疑問である。ヒトラー自身、女性を「受動的な当事者」、男性に従属する存在にすぎないと見なしており、旧来の「男尊女卑」の観念にとらわれていたことは明らかである[16]。だが彼においては、男尊女卑か男女平等かという対立はほとんど意味をもっておらず、男女の自然な性秩序と健康な子供の出生をもとめる声高な要求にかき消されてしまっていた。

見逃せないのは、ナチズムの女性観が「結婚や家族のような自然な秩序」を志向し、健全な本能に根ざした性的関係を賛美することで、少なくともキリスト教倫理にもとづく女性罪悪観、禁欲的な性道徳からは、重要な一歩を踏み出していた点である[17]。ナチ芸術の主要なジャンルとなっていた女性裸像に対して、保守派が拒絶反応を示したのも、まったく驚くにはあたらない。羞恥心《しゅうちしん》やためらいをいっさい示すことなく、一糸まとわぬ健康な肉体を見せつける女たちは、性的タブーの排除、虚飾や猥褻性の否定、自然なるものの賛美、文明の抑圧からの解放といった積極的な価値を提示していた。[18]

さらにまた、ナチズムの描き出す女性像は、男性の欲情をかき立てたばかりでなく、女性自身に対しても旧弊からの解放を約束していた。第三帝国期の啓蒙書は、女性の性的主体性に注目し、オルガスムスの意義を強調するなど、性愛の喜びの向上をめざして具体的な行為の指示まで与えていた。[19] そうした性の肯定が、子供の出生をもたらすかぎりのものであったことはたしかだが、出生奨励策の枠組みのなかではあれ、意図せざる「性の解放」をもたらした可能性も否定できない。

愛による救済

ナチズムの本質を考える上でとくに重要な意味をもつのは、これらの性愛の賛美、「生の肯定」の要求が、好んでキリスト教への攻撃と結びつけられたことである。ヒトラーは側近との会話のなかで、「美の喜び」を抑圧する宗教を奉じていることこそ、ドイツ人の「不幸」にほかならないと述べている。この点では、少なくとも「カーニヴァルで罪を犯す」ことを許しているカトリック教会の方が、「ある種のプロテスタントの偽善」よりはましだという。[20]『黒色軍団』の論説はさらにはっきりと、「裸体の不道徳と闘うだけでは飽き足らない教会の「道徳」熱狂者」に反対を表明し、キリスト教の教義が「あらゆる自然な肉体の衝動、すべての健全な性生活を神に敵対するものと説明」するのに対して、ナチズムの世界観はこれとは逆に「力強く生を喜ぶ」ものだと主張する。

全般的に見て、こうした中世的で陰鬱な罪の信念の世界に対して、北方的な志操が勝利をおさめた。まだ北方的な感覚を有していた古代のギリシア人やローマ人がすでに認識していたように、われわれは健全な精神が健全な肉体にのみ宿ること、精神と肉体、内面と外面が完全な統一を形成するときにのみ、本当に完全な人間性が成り立つことを知っている。(21)

このようなキリスト教批判から見て取ることができるのは、ナチズムによる「生の肯定」が、既成宗教にかわる一種の此岸《しがん》的救済を約束していたことである。近代化による宗教の衰退、つまり世俗化の過程は、人々の価値観のよりどころを崩壊させたが、これによって生じた精神的空洞を埋め合わせるために、生に意味を与えてくれる新たな存在が渇望されることになった。その渇望に応えたものこそ、個人的な幸福感と結びついたロマンティックな愛にほかならない。「信仰についてあまりに多くのものが破壊された後、ますます多くの人々がなおも固執する唯一の信仰となったのが、愛への信仰であった」と、ハッティングベルクは指摘している。(22)『黒色軍団』の記者の手にかかると、愛の意味はこうなる。

愛とはたしかに手の届く現世のもの、およそ生の実現の最も現世的な形態である。……

われわれは新しい時代の人間である。われわれの感情は祖父のそれとは異なっている。愛の問題においては、ほかのどこよりもまして、誠実さが重要である。そしてわれわれはいまや、けっして上品ぶってなどいない[23]！

欲望の動員

第三帝国期には、こうした愛の神聖化が決定的になっていた。ハッティングベルクは宗教的な表現をもちいて、愛とは「生の偉大な驚異」、「神がわれわれに贈ることのできる最も偉大な思想」であり、「恩寵の状態にあること」を意味すると主張していたし、啓蒙書『性・愛・結婚』を著したヨハンネス・ハインリヒ・シュルツもまた、「あらゆる真の愛は贈り物、この生が与えうる最大の贈り物である！」と述べ、愛情に満ちた結婚は「神聖な国」であり、性交も「男女の神聖で自然な結合」であると説明していた[24]。

図版4　ヨーゼフ・トーラク『二人』

そこでは、愛の喜びが生の目的と見なされ、純粋な愛への情熱が理想化されるとともに、自然な性的欲求こそ、真の愛を基礎づけるものと考えられた。「愛はそれじたい本質的に性的であり、そのもっぱらやさしく友情的な傾向においてもそうである。自然な――

つまり肉体的な――充足のない愛は、阻害された愛、ないしは不自然な愛である」[25]。この点では、ヒトラーの考えも同じだった。「二人の人間の愛にとって、健康な子供の誕生以上に美しい聖別がありえようか。……自然は二人の愛を子供という成果を通じて目に見えるように祝福したのだ」。男女が「子供の誕生によって祝福される愛にもとづいて永遠に一緒にいること」こそ、理想ではないかというのである[26]。

愛を性と結びつけるこれらの主張は、人種的に望ましい結婚と健康な子供の出生をもとめるナチズムの目標を、かなりの程度まで反映している。だが性愛の賛美は、子孫の繁殖をめざす出生奨励策の装飾にとどまるものではなかった。重要なのは、ナチズムが旧来の禁欲的な性道徳を否定し、現世肯定的・自然主義的な世界観を提示することで、性愛の喜びを享受するよう人々を鼓舞していた点である。欲求の充足を促された個々人は、そのことによって体制への忠誠心を高めるとともに、子供の出生を通じて体制に奉仕し、公的な栄誉を獲得する。こうした連関について、ヘルベルト・マルクーゼは一九四〇年代はじめに次のように指摘していた。

広く認められたタブーの撤廃は、大衆支配の領域でナチズムが行った最も向こう見ずな企ての一つである。というのも、いかに逆説的に見えようとも、この撤廃が意味する自由や放縦は、個々人をナチ体制へと統合する「強制的同質化」を強化するのに役立つからである。

マルクーゼによれば、「性的タブーの廃止は、こうした欲求充足の領域を公認された政治的領域に変える傾向がある」。というのも、「個々人は自分の欲求充足を体制への愛国的な奉仕と見なし、それを実行して報酬を受け取る」からである。[27] ナチズムの「大衆支配」は、「性的タブーの撤廃」を通じた「欲望の動員」のメカニズムを形成していた。恐るべき帰結をもたらしたナチズムの支配が、性の解放とその道具化に根ざしていた事実こそ、われわれは問題としなければならないのである。

第二章　健全な性生活

ナチズムと性教育

ナチズムのもとでは、婚前の純潔と家庭生活の再建をもとめて、数多くの保守的な道徳家たちが熱心に自説を展開していた。この時代の代表的な性教育書の一つ、『ドイツ民族教育における性の問題』の著者ゲアハルト・ラインハルト・リッターは、個人主義的でリベラルな「新しい性道徳」の弊害を非難する一方、「ドイツの血の唯一の守護者」である家族を強化するため、「人種的・民族的な性の純潔」に立ち戻る必要を説いている。「わが民族においては、昔からずっと婚前の純潔と夫婦の貞節が倫理的規範だった」。家族こそ「人種の品種改良」の担い手であり、それのみが「健康な子供と健康な民族をも生み出す資格と能力をもつ」と考えるリッターにとって、青少年の性的関心を刺激するがごとき「科学的な性教育」は「一九世紀の性的衝動の反乱」の産物にほかならず、断固排斥すべきものであった(1)。

従来の研究においては、第三帝国期の性教育は一般に反知性主義的で、精神分析や性科学の知見を拒絶するとともに、性に関する専門知識の提供よりも、性的禁欲に向けた志操の育成を優先するものとされてきた(2)。たしかに教育行政に携わるナチ党の幹部や指導的な教育者の発言には、そうした後ろ向きの道徳観が色濃く表明されていた。プロイセン文部大臣（後の帝国文部大臣）ベルンハルト・ルストもまた、一九三三年四月に青少年の性教育に関して次のような布告を発している。

青少年の性教育の問題は、宗教的・道徳的に規定された教育の責任と、思春期の若者の心身ともに健全な発育への関心にもとづいており、知的な傾向の啓蒙という意味でも、純粋な有用性の倫理という意味でも、特定の病気を授業で取り扱うだけでは解決しえない。狭義の性教育もまた、その本質と課題からして、学級全体や他のもっと広い集団のなかで行われるべきものではない。……性教育の対象は次のものとなろう。すなわち、各人の個人的・社会的・宗教的責任にもとづく道徳と性欲の関係、生殖に関する必要な生物学的教育、抑制されない性欲と結びついた健康の危険である。原則として、性教育は家庭にゆだねられるべき事柄である。(3)

この布告は、性教育を基本的に家庭内の問題と見なし、学校に副次的な役割のみを認めているばかりでなく、正しい性知識の提供よりも、性的禁欲の強化をめざしている点で、多分に保守的な教育観を反映したものといえる。(4)ここには明らかに、結婚と家族を重視し、自制と純潔を要求するドイツの市民道徳、教会を中心に保持されてきた伝統的な性道徳の影響があった。純潔で献身的な結婚の倫理を説くとともに、不健全で非道徳的な性的行動を非難し、性の自己管理を徹底させることが、家族を核とする民族と国家の安寧につながると主張されたのである。(5) いずれにせよ、ナチズムが家庭生活の保護と性規範の回復を唱えることで、ヴァイマル共和国の道徳荒廃と風紀紊乱に憤慨する広範な市民層の支持を獲得したことは疑いなく、とくに権力掌握の過程においては、伝統的な性道徳が重要な役割をはたしたことは明らかである。

だがこうした保守的な見解は、第三帝国期の性教育を全面的に規定してはいなかった。この時代のドイツでは、純潔な結婚と家族の倫理を説く保守的な道徳家が跋扈《ばっこ》する一方、健康で豊かな性生活の実現をめざす医師や教育者の啓蒙活動が展開され、部分的には「性の解放」へ向かうような価値観の変化が生じつつあった。そのことは何よりも、性に関する啓蒙的な教育書が、発禁を受けることなく公然と出版されていた事実に示されている。そこでは性生活の喜びを率直に肯定しつつ、正しい性知識の提供によって禁欲的な性道徳の弊害を克服することをめざすといった、ある種の「進歩的」な見解が表明されていた。一九三〇年代半ばには、そうした啓蒙書の是非をめぐって教育当局内で意見対立が生じたが、ナチ党人種政策局がこれを支持する見解を表明して以来、事実に即した性的啓蒙が一部で推奨されるようになったのである。

1　性的啓蒙の展開

オッケルの提案

青少年の性教育に関する帝国文部省の保守的な指針の見直しをもとめる声は、人口政策と人種衛生の広報機関であるナチ党人種政策局から上がった。一九三五年二月の『ドイツ医師新聞』掲載のある論説に推薦文を寄せた人種政策局長ヴァルター・グロスは、「マルクス主義時代」の学校の性教育に反対した文部省の指針に一定の理解を示しつつも、「将来の国家と民族の新たな目標設定」という意味における性教育の具体的な提案がいまだになされていないことを指摘し、この問題を長期にわたって無関心に見過ごすわけにはいかない以上、民族の健康に責任をもつ医師が積極的に介入して、「過去の行き過ぎとはき違えを回避するとともに、自然なものを自然に見て、われわれの人口・人種政策のあらゆる大目標を達成するのに不可欠な前提を形成する精神的姿勢がしだいにドイツに出現するのを促すような、性の領域における思春期の青少年の指導と世話」を行うことを要求したのである。そして、こうした方向での新たな性教育の提案としてグロスが推奨したのが、ゲアハルト・オッケルの手になる論説「医師と教師よ、前線へ！」であった。

図版5　ヴァルター・グロス

オッケルはまず、青少年に性生活への準備をさせるという困難な課題のために、これまでほとんど何もなされなかったことから生じた「きわめて好ましくない状況」を指し示す。それはとくに、「婚外出生数と、家族を破壊するような、したがって民族を脅かすような傾向が、著しく増加している」ことにあらわれているという。こうした事態を打開するには、最大限の迅速さと最大限の力をもって、仕事にとりかからねばならない。オッケルは、性教育の問題が人口政策と強く結びついているという考えを示しつつ、開業医としての経験から、性教育の抜本的な改革を要求する。この改革に助力することが、まずもって医師と教師の課題であると主張するのである。

オッケルの提案は多分に進歩的な立場に立つもので、性教育の改革のためには何よりも、親や教育者が抱いている性生活への「誤った羞恥心」を克服する必要があるという考えにもとづいている。性の領域において啓蒙活動を行うべきだというこの提案は、さしあたって医師に、地区の教育委員とともに教師との作業チームを設置することをもとめる。それは自発的な協力にもとづき、活発な討論を通じて性教育の知識を深めるものでなければならない。この作業チームにおいて「誤った羞恥心」が克服され、新たな課題が認識されたとき、次のステップとして父母の集会、とりわけ最低学年の父母の集会を招集すべきである。この集会は、家庭内の子供への啓蒙の実践を促し、無理解な隣人の妨害を防ぐことを目的とするものであるが、単なる講演では効果がなく、討論を重視しなければならないという。

ここにはすでに、オッケルの実践的なアプローチが示されているが、彼はさらに具体的な提案として、性教育の次の三つの段階を区別する。第一の幼年期の啓蒙は、五歳から一〇歳に及ぶもので、主として両親にゆだねられるべき事柄である。その後、一二歳から思春期までつづくのが、「出生・生殖・出産の関係に関する知識への事実に即した導入教育」である。家庭と学校の協力がはじまるのは、この段階からである。そして、思春期から壮年期を通じてつづく第三の段階においては、学校と家庭の理解ある協力のもと、単なる知識の伝達ではなく、世界観の伝達や宗教的感情の育成など、「性格形成」という意味での本来の性的啓蒙が行われる。オッケルによれば、こうした第三段階の性的啓蒙を広範囲に実施することは現状では困難であり、まずは比較的容易な子供の啓蒙からはじめるべきである。これにある程度成果をおさめたら、「花から実ができるように」、青少年の啓蒙と指導もおのずから進展するだろうというのである。(6)

性生活を抑圧したナチズムという一般的なイメージとは対照的に、オッケルは幼年期の子供にも性に関する「事実に即した」教育を施し、無知蒙昧な偏見にもとづく性生活への「誤った羞恥心」を払拭することをもとめるのであり、しかもこれを上からの押しつけではなく、自発的な協力にもとづく活発な討論を通じて実現しようとしていた。こうしたきわめて進歩的な提案が、帝国文部省の指針に反するにもかかわらず、よりによってナチ党人種政策局に積極的に支持されたという事実は、第三帝国期の性教育に関する従来の見方に変更を迫っているように思われる。

『子供にそのことを話しましょう！』

ゲアハルト・オッケルは、一八九四年にフランクフルト・アン・デア・オーダーに生まれ、自然療法、性的啓蒙、個人精神衛生学の分野に精通した小児科医として、一九二四年から三七年までナイセ河畔の小都市グーベンで開業した。彼はナチ政権の成立までグーベンで積極的に社会活動に携わり、アメリカのクウェーカー教徒の援助でモンテッソーリ幼稚園を創立したり、市立劇場での民衆劇に打ち込んだり、教育的・医学的問題に関する数多くの講演を行ったり、教育に適した玩具や家具の展覧会を催したりした。オッケルの進歩的な姿勢はクウェーカー教への信仰にもとづいており、一九三四年に「宗教的な友の会（クウェーカー）」に入信した彼は、グーベンのクウェーカー教徒のグループを率いて、英米のクウェーカー教徒と親交を深めた。彼はまた、特定の政党で活動することはなかったものの、神学者でドイツ民主党の創立者フリードリヒ・ナウマンや、女権運動家ゲアトルート・ボイマーを支持するなど、ドイツ・ナショナルであると同時に平和主義的な傾向を示していたという(7)。

第三帝国期には、その国家に批判的でユダヤ人に好意的な姿勢のため、オッケルはまもなく当局から目をつけられることになったが、就業禁止や迫害を受けることはなく、当面はグーベン周辺で啓蒙活動を行うことができた。同市の属するクロッセン郡の教育委員がクアマルク大管区の人種政策局に送った報告によれば、オッケルは七度の集会で講演を行い、母親たちを前に性教育の問題について話をした。いずれの集会も客入りはよく、活発な議論が行われ、関心も高かったという。参加者の反応も好意的で、「実際のところ、こうした性的啓蒙に反感をもって集会にやってきたすべての人々が感化され、少なくとも討論においては黙るか、無言で出て行った」。こうした啓蒙活動にかかわることを拒否した信心深い人々からは、厳しい反対の声が上がったが、「多くの母親たちは、子供を愛し、力のかぎり成長に配慮したいなら、この問題をよく考えた上でそれに反対することはけっしてできないと述べた」。教育委員の報告によると、母親たちが気後れを感じた主な原因は、性的な事柄についての知識が乏しいことにあったが、オッケルが精力的に啓蒙活動を行ったのも、まさにそのためであった。彼の活動の最大の協力者は母親たちであり、彼らを指導する適切な教育者も育っていた。報告は、「好調なすべり出しである」と評価している。[8]

一九三四年に出版した著書『子供にそのことを話しましょう！』のなかで、オッケルは心理的な「生の支援」に向けた性教育についての実践的な提言を行っている。彼は「性的コンプレックス」という心理学の用語をもちいて潜在意識の働きに目を向け、誤って形成されたコンプレックスの有害な影響を克服するための具体的な方法を提示する。それはまず第一に、啓蒙の問題についてよく考えることであり、第二に、他の親や教育者と自由に討論することであり、第三に、子供に対して純粋に事実に即した啓蒙を行うことである。教育者がそこまで進めば、「誤った羞恥心」から解放され、「思春期の子供の啓蒙と青少年の精神的支援という、ずっと困難な課題」をはたすことが可能になるという。有能な教育者は、「事実に即した啓蒙」を行うことのできる人物だとされるが、子供と

図版６　ゲアハルト・オッケル『子供にそのことを話しましょう！』

の会話のなかで性的な事柄をどう説明すべきかについては、教理問答のように具体例が挙げられており、それらはいずれも、親子の深い愛情への理解に支えられている。親が子供の質問に答える際の原則は、「一般に子供がたずねるまで待ちましょう」、「まずはあなたが尋ねられたことだけに答えましょう」、「子供が理解でき、把握できる以上のことを話してはいけません」、「「講演」のような話し方をするのではなく、まったく簡潔に自明であるかのように話しましょう」、「すべての答えは正しく明確でなければいけません」といったもので、たとえば次のように答えるべきだという。

問い：赤ちゃんはどうやってママのお腹にやってくるの？

答え：赤ちゃんはけっしてお腹にやってくるんじゃなくて、お腹のなかで大きくなるんだよ。卵が雌鳥のお腹で大きくなり、栗の実が木で大きくなるようにね。

オッケルはさらに、思春期の性的啓蒙に必要な条件、確固たる世界観と倫理の重要性、「君の体は君のもの」という物質主義的な原則との闘争、内的な分裂の危険性についても論じている。性的な過ちの際に教育者がとるべき態度については、「教育は生の支援である」という原則が提示されている。(9) これらの提案が、古めかしい純潔教育とは一線を画すもので、子供の自発性を尊重している点など、きわめて進歩的な性格をもっていたことはたしかである。

教育当局者の支持

教育当局の一部は、この点からオッケルの提案を支持していた。ナチ教員同盟教育本部の鑑定書によれば、彼の著書は「事実をありのままに見て」おり、「教育と授業の全領域にとって模範的」である。性的な事柄について「事実に即した啓蒙」を行うことによって、思春期の青少年の苦悩は軽減されるだろうというのである。[10] だがここで注目したいのは、性的啓蒙への好意的な評価の背後に、性を抑圧してきた市民道徳への批判が見え隠れしていることである。別の鑑定書は、オッケルの著書を推奨に値するものとした上で、彼の提案を次のような理由で支持している。

性道徳の二重性を解消することに成功するかどうかということは、ドイツ民族の死活問題である。この問題は今日まで依然として一方では教会や市民の見せかけの態度によって、他方ではいかがわしい卑猥さによって特徴づけられている。ドイツの生を徐々に健全化し、生の形態と志操の単純さと自然さを取り戻すことは、この点で徐々に変化をもたらすだろう。だがこうした発展は、オッケルの著書が主張しているような、青少年の性的啓蒙と教育の改革に向けての明確な実践的努力を通じて支援されなければならない。[11]

図版７　ナチ党人種政策局のカレンダー

教会や市民によって保持されてきた伝統的な性道徳は、性生活を卑しいものとして忌避し、抑圧することで、必要とされる教育を放棄し、青少年を放任してきたのであり、そのことが結果的に不健全な状態をもたらしたのだとすれば、こうした性道徳の二重性を解消することは、民族の健全化、ないしは育種という人口・人種政策的観点からも必要である[12]。まさにこの点に、ナチ党人種政策局がオッケルの提案を支持した理由があった。

同局の鑑定書は、「発展し将来性の高い民族にとっての当然の前提は、子孫や性生活一般の問題に対する健全で純真な態度である」という認識に立って、「人間の生活のこうした側面を空疎で動物的なもののように思わせ、抑圧したり、あるいはまた、これを固有の目的、すなわち子供から遠ざけ、利己的な欲求の充足に還元しようとするかつての努力を通じて、民族の生活に計り知れない精神的損害が生じた」と指摘し、性的啓蒙の必要性を説くオッケルの提案を推奨している[13]。こうした評価は、ドイツの現状に対する危機感に裏づけられたものであった。クロッセン郡の教育委員が人種政策局のもとめに応じて執筆した鑑定書は、現状を次のように説明している。

われわれの民族体の数的衰退と減少は、残念ながら不安なペシミストの幻想ではなく、すでにたしかな民族・生物学的な没落のなかにあらわれている。……その際とくに注目されるのは、その原因がもっぱら経済的な困窮や危機にもとめられるのではないということである。……原因はむしろ、ますます蔓延する、民族を荒廃させるような精神的態度にあり、それは極端な利己主義のなかで、自民族の生に対する責任感をゆっくりと抹殺し、ついにはほぼすべての民族集団の存続を拒んだのである。

ナチズムの人口・人種政策の二つの支柱である「純血性」と「遺伝健康」は、「ドイツの血と名誉を保護するための法律」に頂点を見出したが、ドイツ民族の生の流れはまだ多くの点で濁っており、淀んでいる。なぜなら、生の源流である青少年の性生活が、不健全な状態に支配されているからである。鑑定書は、オッケルがその原因を性教育の不足にもとめたことに注目し、人種政策局長グロスがこれを支持したことに賛同する。ここにはすでに、オッケルへの積極的な支持が、出生数の減少を食い止め、健全な家族を奨励するという人口・人種政策的な目的と表裏一体であったことが示されている。

教育委員の鑑定書はまた、青少年の性教育を家庭にゆだねた帝国文部省の指針の不備を示唆する。というのも、家庭はこの問題に関して何もしてこなかったに等しいからである。赤ちゃんがどこからくるのかといったことについて、子供がためらいがちに尋ねたとき、コウノトリの話を聞かせるだけで、質問をはぐらかそうとする親のもとでは、子供は自分の欲求のみに、あるいは不適切な人間による啓蒙にゆだねられたままである。そこには何よりも、模範的な教育者の人格を通じて行われるいきいきとした感化や、幼年期から壮年期まで計画的に遂行される教化が欠けている。性の抑圧は問題の解決にならず、むしろ性教育の拡大が必要であるが、そのためには教育者も「歪んだ性的コンプレックス」を克服し、無理解な住民を啓蒙していかなければならない。

この点で、オッケルの提案は「責任を意識して行われる性教育を追求しており、青少年の道徳的訓練と民族共同体の新しい道徳的態度を目標として、知識伝達と性格形成をバランスよく包括するものである」。鑑定書は、オッケルが豊富な経験から性教育の問題に実践的な解決を与えようとしていることを評価して、彼の著書を学校の授業で使うことさえ提言している。「彼は心を揺り動かし、良心を鋭くし、頭と心を性的領域の泥沼化に対する攻撃に動員し、親と教師を味方に引き入れ、教育しようとする。この闘争に必要な知識として、この本はとくに適切である。本書は教師の手にゆだねられるべきである(14)」。

もちろん、既成の性道徳を批判するオッケルの主張と、これを支持する人種政策局の姿勢は、帝国文部省をはじめとする保守的な教育行政担当者の反発を招かざるをえなかった。

理解と無理解のはざまで

オッケルの啓蒙活動への反発は、最初に地方の教育行政担当者から上がった。一九三五年四月、クアマルク大管区の教育局長は文部省の参事官に宛てた書簡のなかで、オッケルの主張に「相当な懸念」を表明し、それがナチ教員同盟の機関紙で肯定的に論評されたことを紹介した上で、この問題に関する教員同盟の見解についての報告と、文部省の側からの態度表明を要請した。これに同意した参事官は、人種政策局に対してこの種の性的啓蒙を断固拒否するよう指示するとともに、局長グロスと協議してオッケルの活動を阻止するよう依頼した。⑮

だが人種政策局からの回答は、期待を裏切るものだった。同年七月、グロスは文部省の参事官に書簡を送り、オッケルの著書を推奨した人種政策局の鑑定書を提示して、同書がナチ党の検査委員会で承認されたことを指摘した。⑯先に一部紹介したこの鑑定書は、性生活への健全で純真な態度を確立するという目的のもと、それまでなおざりにされてきた性的啓蒙の必要性を説くものであったが、オッケルが医師としての経験にもとづいて、幼年期の子供に「事実に即した啓蒙」を行おうとしていることを評価し、彼の提案をどの程度まで実践に移すべきかは、「とくに教育者（親、教師、医師）の姿勢と実践的経験しだいだと考えられる」と結んでいる。⑰やや曖昧な評価であるが、そこには別の鑑定書に記された次のような認識があったと考えられる。

子供と青少年の啓蒙において困難なのは、冷静な事実に即した啓蒙と、生の神秘に対する畏敬の覚醒のちょうど中間を保つことである。オッケルにおいては、畏敬に満ちた予感がやや簡潔に表現されすぎていると思われるかもしれない。だがこれによって、この点の承認は疑問に付されるべきではない。さらにまた、人種衛生学や民族的な責任から、性的な領域における道徳的な意志形成を強力に推進しようとする可能性も、もっと顧慮されてよかったかもしれない[18]。

人種政策局の対応に業を煮やした文部省の参事官は、同年八月に内務省の参事官に書簡を送り、再度内務省から人種政策局に照会して、態度変更を迫るよう要請した[19]。そして、「必要ならすべての学校と教師に対して、オッケル博士の活動をけっして支持せず、これを断固拒否するよう要求しなければならない」と主張したのである。文部大臣ルストもまた、翌月はじめに人種政策局に送った書簡のなかで、部下がオッケルの著書に強い懸念を抱いていることを説明するとともに、その後この問題に関して人種政策局がどんな指示をしたかについての報告をもとめた。「現在すでに私は、場合によっては同書を学校に対して禁止せざるをえないと指示している[20]」。

態度表明を迫られた人種政策局の側は、オッケル支持の姿勢をさらに鮮明にすることとなった。一〇月に再度執筆された鑑定書は、オッケルの著書を推奨した同局の評価に変更がないことを明言している。そして、彼の提案を評価する際に重要なのは、幼年期の性的啓蒙と教育の方法をどう評価するかであるが、これまでそうした教育がどんな方向で行われるべきかが不明瞭であったために、親や教師はこの問題を放置し、悪しき結果を招いたのだと主張する。この点で、オッケルの提案は検討に値するものだという。

今日われわれにとっては、とくに民族の力を維持するという理由から、性教育の問題は最も重要で真剣な熟慮に値する問題である。たしかに、青少年を再び自分自身や民族、その遺伝質に対して責任を自覚した態度をとるよう教育するという目標を達成するためには、多くの伝統を廃止しなければならないだろう。私見によれば、オッケルの提案もまたこうした観点から、とくにそれがこの方向でわれわれを前進させるのにふさわしいかという点について検討し、評価しなければならない。事実に即した啓蒙を行おうとする彼の試みは、厳しい倫理的な考え方に支えられており、それのみがこの問題を扱うための基礎となりうる。

鑑定書は、オッケルの提案がしばしば純粋に医学的な啓蒙に陥っていることを認め、「民族的な責任という意味において道徳的・倫理的な側面から多くのことを補完しなければならない」と指摘しつつも、「最終的な価値を決めることができるのは実践的な経験だけである」として、教育現場からの報告をもとめることを提案し、ナチ党の認証を受けているオッケルの著書について、「学校に対して禁止の措置をとる必要があるかどうかについての検討は、さらなる報告が届くまで実施を見合わせた方がいいと思われる」と主張している。[21] この要請を受けて執筆されたクロッセン郡の教育委員の鑑定書は、先に見た通り、オッケルのめざす性的啓蒙を人口・人種政策的な観点から支持する内容であった。人種政策局長グロスもまた、彼の著書を「まぎれもなくナチ的な著書と見なすことはできない」としつつも、「この著書のなかで主張されている考えとその表現の形態は、あらゆる点で承認されうるものであり、出版後は、同書の普及を奨励することができると思われる」と主張している。[22]

オッケルからシュルツへ

性教育の是非をめぐる教育当局内の意見対立は、決着がはかられることなく、最後まで平行線をたどった。そのなかで、オッケルの活動は著しく制限されることになる。州政府が文部省に送った報告によれば、一九三六年二月の段階で、ナチ党支部長をつとめるグーベンの市長がオッケルの活動を拒否することを表明したからである。その理由として挙げられたのは、彼の反国家的な言動であった。「グーベンの教育委員カーナートは、オッケル博士との協議から、人種政策局による推奨にもかかわらず、同氏のナチ党に対する態度のため、彼の提案を利用することは不可能であると報告している」。[23]

オッケルはその後も就業禁止や迫害を受けることはなく、当面はグーベンで開業しつづけることができたが、同地での啓蒙活動が困難になったため、新天地をもとめるようになった。彼は一九三六年にイエナ大学の自然療法講座で一時的に働き、マッサージ、加熱浴、巻包法などを学んだ後、翌年春にはバート・ハルツボルン近郊のユングボルンに移り、自然療法サナトリウムの管理を引き受けることになった。同地でも当局の監視を受けていた彼は、三九年一〇月にサナトリウムを解雇されてからは、戦後までずっとフランクフルト・アム・

マインで開業した[24]。

こうした一連の経緯からすれば、オッケルの啓蒙活動はさしたる影響を及ぼさなかったように見えるかもしれない。だが彼の執筆した『子供にそのことを話しましょう！』や『健全な性生活』といった啓蒙書がその後も発禁を受けることなく、長く版を重ねたという事実からして、ナチ当局の側にこの種の性的啓蒙を――少なくとも一定の範囲で――受け入れる用意があったと見なすべきだろう[25]。しかもそれ以上に重要なのは、心理的な「生の支援」をめざした彼の実践的なアプローチが、当時の指導的な精神科医や心理学者に支持され、なかば公式に継承されたことである。

とくに「自律訓練法」の創始者として世界的に有名な精神科医ヨハンネス・ハインリヒ・シュルツは、一九三七年の「神経性性的障害」に関する論文のなかで、正しい知識にもとづく性的啓蒙の必要性を説き、その先駆としてオッケルの著書を推奨していた。彼によれば、性生活が「禁じられ、卑猥で、いかがわしい」ものとして忌避されると、青少年の心に不安や罪悪感が生じ、神経症や性的倒錯が起こりやすい。そうした障害を取り除くには、「事実に即した専門的な精神療法」が必要であるという。「この大きな医学的闘争にとって有益な助けとしては、同僚のオッケル氏の著書『子供にそのことを話しましょう！』と『健全な性生活』が特筆され、切に推奨される[26]」。

さらに注目すべきことに、シュルツはナチズムの人口・人種政策にも深くコミットしており、ドイツ随一の精神療法センターであるベルリンのドイツ心理学精神療法研究所の副所長・外来診療部長として、同性愛行為の鑑定と治療を行った人物であった。[27] オッケル自身も同研究所の会員に名を連ね、その活動を支援していたことを考えあわせるならば、性的啓蒙に向けた彼の取り組みは、性的障害の治療をめざすシュルツの手を介して、逆説的にも悪名高い人口・人種政策へとつながっていったということができよう。[28]

2　性生活の効用

シュルツの提案

第二次世界大戦中のドイツで版を重ねた性教育書『性・愛・結婚』のなかで、シュルツは性生活の意義を次のように説明している。

真の性体験に必要なのは、双方の人間が相手の心をとらえ、純粋な肉体性の喜びのなかへともに参入し、ついには至高の一体化の神秘のなかで自己を見出すまで、たえずくり返される求愛を形にすることである。

性愛の喜びを率直に肯定するこの教育書は、精神分析や性科学の知見にもとづいて、禁欲的な性道徳の弊害に警鐘を鳴らしていた。市民層が保持してきた厳しい性道徳のもとでは、あらゆる性的な事柄が下劣で不純なものとして抑圧されるため、子供や若者の心に罪悪感や良心の葛藤が生じ、神経症や性的倒錯が起こりやすい。こうした障害を克服して「真の進歩」をなしとげるためには、ある種の性的啓蒙が、つまり「性愛生活の決定的に重要な根本事実をはっきりと提示すること」が必要だというのである。[29]『性・愛・結婚』は、禁欲的な性道徳の弊害を批判するとともに、正しい性知識の提供によって性生活を抑圧から解放しようとする、ある種の啓蒙的な立場に立った教育書であり、そこで提示された「進歩的」ともいうべき性愛観は、ナチ党内の一部勢力からも積極的に支持されていた。しかも当時のドイツでは、性的啓蒙の必要性を訴える同様の教育書がいくつも出版されており、同書がけっして孤立した例外ではなかったことも、付言しておく必要があろう。[30]これらの性教育書が、第二次世界大戦後もわずかな改訂を加えられるだけで、長く版を重ねたという事実をふまえるなら、「性の解放」という二〇世紀初頭以来の長期的過程が、ナチズムによっても歯止めをかけられることなく、ひきつづき進行していたという推論も成り立つだろう。[31]

図版8　ヨハンネス・ハインリヒ・シュルツ

ヨハンネス・ハインリヒ・シュルツは一八八四年にゲッティンゲンに生まれ、第一次世界大戦に軍医として従軍した後、一九一九年にイエナ大学で神経病理学の教授となった。一九二四年にベルリンで開業した彼は、まもなく精神療法の主唱者の一人と目されるようになり、一九三三年にナチ党が政権を掌握すると、ナチ自動車運転手団に加入して新体制に忠誠を誓う一方、たしかな識見をそなえた愛国者として、精神療法の制度化に精力を注いだ[32]。一九三六年のドイツ心理学精神療法研究所の設立にあたっては、副所長・外来診療部長として卓抜な行政手腕を発揮し、ナチ党に疑念をもたれていた精神療法を専門領域として確立するとともに、心理的健康の維持・向上の手段としてこれを国家に奉仕させることをめざした。現代の「神経質な時代」に生きる個人の心理的問題に注目するシュルツは、人間本来の精神力を強化する必要を唱え、合理的で意識的な療法の普及をはかったが、彼が一九三二年に考案した自律訓練法は、自己催眠を中心とする簡便な暗示療法であり、比較的短期間で治療効果が挙がるため、一般への普及に適していた[33]。一九四〇年の著作『性・愛・結婚』もまた、性的啓蒙をめざした一般向けの教育書で、精神療法の実践的な有効性を訴えるものであった。それゆえ、同書に見られる「進歩的」な性愛観は、精神療法とナチズムのかかわりというより大きな文脈のなかで、その位置づけが問われなければならない。

ナチズムと精神療法

一九三三年一月にヒトラー政権が成立すると、ドイツの心理学界は窮地に立たされることになった[34]。精神分析の創始者ジクムント・フロイトがユダヤ人であったことから、精神療法を含む心理学全体が「ユダヤ的学問」という嫌疑をかけられ、攻撃の対象とされたのである。学問のナチ化を目的に進められた一連の粛正キャンペーン、いわゆる「強制的同質化」の過程で、多くの精神科医や心理学者が職を追われ、精神分析や性科学の著作が焼き捨てられたが、それは何よりもフロイトの汎性欲説《はんせいよくせつ》をはじめ、すべてを性的衝動に還元するかのごとき精神分析的手法が、ドイツの性生活を汚染して民族の力を破壊しようとするユダヤ人の陰謀をあらわすものと考えられ、急進的なナチ党員たちの憤激を呼び起こしていたからであった。ある性教育書の著者はこう述べている。「ユダヤ人がまさに性的領域にヨーロッパ諸民族の破壊のための主な侵入地をもとめ、見出したのは偶然ではない。恐ろしい疫病のように、ドイツのマルクス主義的没落時代には、公共生活の性愛化が蔓延した」[35]。精神分析や性科学は、ヴァイマル共和国の性的退廃と結びつけられて批判された。それゆえ、心理学界が存続をはかろうとすれば、ユダヤ人メンバーの排除を進めるとともに、「ユダヤ的学問」という嫌疑を払拭する必要があった。

図版９　マティアス・ハインリヒ・ゲーリング

こうした状況のもと、ベルリン精神分析研究所の所長でフロイト派のカール・ミュラー＝ブラウンシュヴァイクは、精神分析が人間の心理を性欲の働きに還元し、性的衝動の解放を神経症の治療手段と見なしているとする偏見に抗して、精神分析は患者に「性欲の支配」を教えることで、非力な弱虫を力強く本能的な人間に変

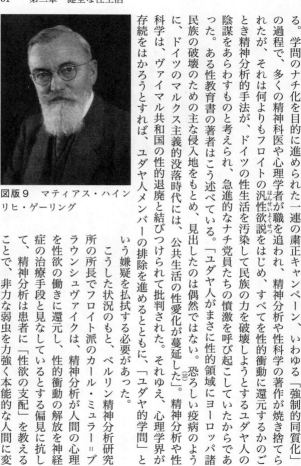

図版10　ドイツ心理学精神療法研究所（ゲーリング研究所）のメンバーたち。中央の軍服姿の二人がゲーリングとシュルツである

え、新しい英雄的な人生観の形成に貢献しうるものであると主張した[36]。これはフロイトの精神分析を汚名から救い、研究所の存続をはかるための発言であったが、多くの心理学者はまた、性欲を絶対視する精神分析の一面的な見方を克服するものとして、「集合的無意識」や「元型」の概念を導入したカール・グスタフ・ユングの分析心理学に注目し、親ナチ的言動で知られる彼の教説にもとづいて、ナチズムの精神に即した新しい精神療法の確立をめざしていた。

　フロイト的な性の理論は克服されるべきであるが、これをユダヤ的であるとして否定するだけでは不十分であり、分析の核をなす衝動と発展の理論を適切に受け入れ、人間の心理の宗教的な深層の理解に役立てなければならない。ユング派のハンス・フォン・ハッティングベルクによれば、精神分析が性生活に関心を集中させ、個人主義的でリベラルな基本傾向を有するのに対して、精神療法は権力要求を重視し、患者に世界観を伝達することで、国家に奉仕するものにほかならなかった。精神療法家は受動的な分析家ではなく、精神的な指導者でなくてはならない。「今日われわれにとって、国家倫理は性倫理よりも重要である」[37]。

新体制に忠誠を誓った心理学界は、さらなる勢力拡大をめざして、政府に顔のきくビッグネームを代表者に迎えることとなった。その人物こそ、帝国元帥ヘルマン・ゲーリングの従兄弟で精神科医のマティアス・ハインリヒ・ゲーリングである。一九三六年五月、帝国医師指導者と帝国内務大臣の指示のもと、ベルリン精神分析研究所の改組によって「ドイツ心理学精神療法研究所」が設立され、ゲーリングが所長に就任した。この研究所（以下「ゲーリング研究所」）は、精神療法と深層心理学のセンター的施設であり、心理学の主要な三学派（フロイト、ユング、アドラー）の対立を止揚して、統一的な世界観にもとづく「ドイツの精神療法」の確立をめざすものであった[38]。精神療法はいまや、「生の意義への信仰とより高次の価値の世界への結びつき」を強化し、「わが民族の偉大な運命共同体に組み込まれ、結びついている」という意識を患者に伝えるものとされることになった[39]。精神分析からユダヤ色を一掃し、新生ドイツの精神療法を一手に独占したゲーリング研究所には、様々な心理的障害とその治療法を研究する部局のほか、通院患者に診断と治療を施す外来診療部も設置されるなどして、同研究所は精神療法の実践的領域において主導的な役割をはたすことになった[40]。

精神療法の効用

ナチ政権が精神療法にかけた期待の大きさは、ゲーリング研究所が帝国医師指導者の管轄下に置かれて公的な便宜を与えられたばかりでなく、ドイツ労働戦線とも提携して多大な資金援助を受けていた事実が物語っている。[41]「支配人種」内に治療不能な遺伝的疾患を認める精神医学とは違って、心理的な機能不全の改善と回復を約束し、患者の社会復帰の希望を提供する精神療法は、人間の生産性に関心をもつ国家にとって実践的な効用を有するものであった。同研究所のメンバーとなったハッティングベルクは、この点を誤解の余地なく明言している。「患者の大多数において、遺伝生物学的に見ても重要なのは、生きる価値のない生命ではなく、障害から解放されれば、少なくとも平均的な、しばしば特別な業績を発揮できる人間である」[42]。国家に可能なかぎり多くの有用な成員を提供するのは、人種的・生物学的な排除ではなく、心理的健康を促進する治療だというのである。

こうした精神療法の効用は、とりわけドイツ労働戦線の指導者ローベルト・ライのめざす目的にかなうものであった。民族同胞の業績向上をはかるライは、健康こそ生産性の前提であり、力強い経済を保証するためには人間の精神的強さを高める必要があるとして、社会的・産業的問題への心理学の応用をもとめており、職業教育・経営指導局長カール・アルンホルトを通じて、ゲーリング研究所に「経営における正しい人間待遇と人間指導」や「労働の闘いでの成果のための精神的な健康指導」の強化、「労働神経症」の予防についての研究を委託するなどしていた[43]。一九四〇年のゲーリングの演説は、労働戦線と研究所の関係を次のように説明している。

帝国組織指導者ライ博士は、医学にとってばかりでなく、生のあらゆる領域、とりわけ経済にとっても、深層心理学がいかに重要であるかを認識している。彼のおかげで、わが研究所の財政的基盤は確固たるものとなった。そのことに対して、われわれは彼に心から感謝する。(44)

生産性向上に寄与するという目的のもと、ゲーリング研究所はさらに性生活の領域にも目を向けた。心理的健康と生産性を阻害する様々な性的障害、とりわけ同性愛や不妊症、青少年犯罪などの問題が研究されたが、それは何よりも、これらの「障害」の大半が心因性のものであり、精神療法によって治療可能であると考えられたからであった。(45)幼少期のトラウマや有害な環境が障害の原因として措定《そてい》され、自然な家族単位と適切な社会環境こそ生産的な男女の性を保証するものとされた。「家族こそ「民族」という有機体の不可欠の構成要素である」というのが、研究所のメンバーの共通認識であった。(46)そしてまさにこの点で、彼らはナチズムの人口・人種政策に奉仕することになった。

出産奨励に血道を上げたエリート組織・親衛隊は、「肯定的な人口政策」の一環として不妊治療に関与し、性的障害を解消する精神療法の有効性に着目しており、その指導者ハインリヒ・ヒムラー自身、健全な性生活が来るべき世代の繁栄を保証するとの考えから、ゲーリング研究所に同性愛や不妊症の問題についての助言をもとめ、親衛隊員とその家族の心理的問題の治療を依頼するなど、一定の協力姿勢を示していた。(47)性の問題に異常なまでに執着したこの親衛隊帝国指導者は、人種的エリートの性的障害の原因として、治療不能な遺伝的疾患を公然と認めるわけにはいかなかったため、改善と回復というポジティブな解決策を提示する精神療法は、彼にとっても好都合であった。声高なイデオロギーでは同性愛や不妊症の問題を解決することができず、人種的純粋さもこれらの障害を防ぐ保証にならなかったことから、精神療法が約束する実践的な目的が脚光を浴びることになったのである。

こうした背景のもと、ゲーリング研究所は同性愛者の治療や性犯罪者の鑑定など、精神療法の実践的領域において国家に奉仕することになるが、同研究所の外来診療部長をつとめたシュルツが著した性教育書こそ、先述の『性・愛・結婚』であった。

『性・愛・結婚』

『性・愛・結婚』のなかで、シュルツはまず新生ドイツにおける医師の責務として、保健福祉への積極的な介入を要求する。新生ドイツの世界観は「人間の自然な全体性の考察」にもとづいており、「健康はもはや個人の恣意にゆだねられるものではなく、共同体に対する義務の一部である」。人間が共同体のなかでのみ意味をもつ以上、医師は民族全体の健康を守ることを課題としなければならない。著者によれば、民族の健康にとって何よりも重要なのは「性生活の再建」であり、そのためには「性愛生活の決定的に重要な根本事実をはっきりと提示すること」と、そこに横たわる「しばしば生死を分けるような困難と過ちの可能性」を認識することが必要である。というのも、ドイツの存続を脅かす出生率低下の最大の原因は「性生活の精神的・神経的障害」にあり、これについての知識と理解なしには「健全で幸福な結婚・性生活」が不可能だからである。こうした啓蒙的な立場から、彼はさらに「健全で価値のある、未来を確証する民族的な生の決定的な前提条件」としての性生活を考察していく。[48] 強いシュルツが描き出す結婚・性生活は、幸福で喜ばしき共同体というべきものである。強い愛の絆で結ばれた男女が形成するのは「神聖な国」であり、二人が営む性的関係は「男女の最も神聖で自然な結合」であるとされる。ここでは性的快楽も自然な喜びとして肯定され、欲望の追求が奨励されるが、著者はさらにオルガスムスの意義を強調して、これを達成するためにキスや胸の愛撫、性器への刺激を勧め、安全な避妊方法を論じるなど、性生活向上の得策まで教示する。[49] 性体験における「きわめて激しい肉体的情熱」や、「純粋な肉体性の喜びのなかへともに参入し、ついには至高の一体化の神秘のなかで自己を見出す」ことを熱っぽく語るシュルツの口ぶりは、まさしく性解放論者のそれである。

もっとも、快楽それじたいを追求することは「精神を欠いた享楽主義」に陥る危険があり、真の目的にはなりえないと、彼は釘をさす。新生ドイツの「真に自然な人生観」によれば、自然との結びつきと共同体への義務を自覚する者こそ、健全で豊かな性生活を享受し、民族の未来に貢献できるのであって、無思慮で自分勝手な享楽主義も、不自然で弱々しい禁欲主義も、どちらも誤りである。性生活への正しい態度の不可欠の前提は、「自然の聖なる法則の完全な肯定」、「人間の肉体という神の驚くべき作品への完全な畏敬」であって、この贈り物を受け取る者のみが、性生活への入場を許されるという。このようにシュルツは、性生活の意義を「深い内的な生の共同体」の形成に見出し、単に衝動的な欲求の充足ではなく、「肉体的・精神的領域において全存在をもって他の人間と内的に結合すること」をもとめるのである。[50]

この生の共同体は、「われわれの現世の不滅性」を健康な子供という形で提示する。「性生活の成果は出産であり、性生活の最初にあるのは責任である」。[51] シュルツによれば、純粋な享楽としての性生活は価値の低い不完全なものであって、真の意味における性生活の目的と意義は「子だくさんの結婚の達成」にある。だがここで留意しておかねばならないのは、結婚生活がもっぱら人口政策上の理由から賛美されているわけではないことである。著者はそれ以上に、幸福な家庭環境が子供の心的発達と性的健康に与える影響を重視し、愛情に満ちた温かい結婚生活こそ「活力ある健康でたくましい子供たちの喜ぶべき成長の最もたしかな保証」であると述べる。母親にやさしく保護されて育った子供は、心の最も深いところで幸福をもとめる欲求を抱き、愛に満ちた共同体の形成を望むようになる。それゆえ、育児においては冷淡で思いやりのない態度は禁物であり、愛撫やキスによって子供への愛情を示す必要があるという。[52]

ここにはシュルツのリベラルな教育観がうかがわれるが、それは性に敵対的な教育を批判する主張にもはっきりと示されている。彼によれば、健全な性的発達を阻害する最大の要因は、「間違って理解された家庭の市民性という意味での虚偽や潔癖さや不誠実さ」であり、そうした環境のもとで育った子供は、性的感情を「不潔で許されざるもの、隠されるべきものという感情」と結びつけ、「重大な内的な罪悪感と良心の呵責」に陥ることになる。それゆえ、子供に対して性的な事柄を口にするのを禁じたり、自慰をとがめたりすることは、無条件に避けるべきである[53]。性の問題を抑圧・隠蔽する不誠実な態度こそ、性的な倒錯や逸脱の原因であり、親がなすべきことは、子供の心から性への不安や罪悪感を取り除き、自己指導と自己支配への道を開いてやることである。著者はこう述べて、子供の心的発達と性的健康が阻害されるのを避けるためには、親や教師が誠実な態度で子供に正しい性知識を与えること、つまり「性的啓蒙」が必要であると説く。こうした彼の姿勢が、無知や偏見にもとづく性への固定観念とは無縁の、すぐれて進歩的な性格のものであることは明らかであろう。

不健全な家庭環境がもたらす性的障害の例として、シュルツはとくに同性愛の問題を取り上げる。彼によれば、遺伝的な同性愛者はごく少数であり、同性愛の大部分は「深層の心的発達障害」によるものである。たとえば、やさしい父と強圧的な母のもとで育った男子は、憎むべき母のイメージを女性への憎悪と結びつけることにより、無意識のうちに同性を愛するようになる。このように「性生活の病的な逸脱」、いわゆる「倒錯」は、その多くが幼少期の特定の状況によって生じた障害であって、基本的にはつねに「適切な専門医による精神的な治療（精神療法）」によって「治療可能」である[54]。シュルツの見るところ、精神療法の効用はまさにこの点にあった。実際にもゲーリング研究所では、同性愛者を異性愛者に「転極」するために精神療法が応用されたが、その過程でシュルツ自身もまた、ナチズムの人口・人種政策に深くコミットすることになるのである。

性的障害の治療

同性愛者の治療を進めたゲーリング研究所は、国家にその価値を証明することに躍起になっていた。[55] 一九三八年はじめ、帝国内務省保健局の参事官ヘルベルト・リンデンからの治療実績の問い合わせに対して、同研究所のフェリックス・ベームは、過去一五年の間に六〇人の精神療法家によって五一〇人の同性愛者が治療され、そのうち三四一人が回復したと回答し、すべての治療対象者において異性愛的傾向が確認されただけでなく、「同性愛の蔓延への予防措置」も明らかになったと報告している。この報告のなかで、ベームはまた羞恥心や偽善を排した家庭での性教育を奨励し、性病や自慰への過度の警告によって、青少年の異性愛的感情を抑圧することを批判している。彼によれば、性に敵対的な文化的伝統や、青年組織における厳しい性の分断は、「間接的に同性愛的現象の発展を助長している」。さらに同性愛者への対策については、性的な過敏さを抑制する去勢の効果は精神療法によっても達成できるものであり、青少年の刑事訴訟手続きにおいては、被告人に「性的行動が変化する可能性がある」かどうかについて鑑定を行うべきで、その可能性がある場合は、被告人を懲罰するかわりに保護観察して治療すべきであると彼は主張している。[56]

こうした要求が功を奏してか、一九四〇年にゲーリング研究所の外来診療部に犯罪心理学局が付設され、青少年の性犯罪者（とくに同性愛と露出）の鑑定を行うようになった。フロイト派のマリア・カラウ・フォン・ホーフェに任されたこの部局は、青年組織、党組織、警察、国防軍、司法・教育当局などから送られてきた多くの若い同性愛者を鑑定し、診断に応

図版11　ゲーリング研究所の所長室のシュルツ

じて治療を指示するとともに、精神療法による治療に効果が期待される場合には、司法当局に意見を答申して量刑を軽減させた[57]。またこれとは別に、ハッティングベルクを代表者とする研究部にはいくつもの研究グループが設けられ、同性愛や不妊症の問題に関する包括的な研究が進められた[58]。さらに、開戦とともに帝国空軍との関係を強めた同研究所は、灯火管制と空襲の心理的影響についての調査も委託された。シュルツは空軍将校としてこれらの調査に従事し、軍関係者に人間指導と短期療法を指導する一方、空軍将校の制服を着用して、空軍省内に個人事務所まで与えられたという[59]。ゲーリング研究所の活動は「戦争にとって重要」と見なされ、ますますナチ体制の要求と戦争指導の必要性に従属することとなった。

ゲーリング研究所が多岐にわたる研究・鑑定活動に乗り出した背景には、精神療法の有効性への確信とその制度化に向けた熱意があったが、この万能幻想と権利要求は、逆に手に負えない患者の存在を浮かび上がらせることになった。治療の試みが限界に突き当たったとき、これを正当化するために持ち出されたのが、治療不能な「遺伝的」な障害であった。「同性愛問題の科学的究明」に従事していたベームは、「先天的な同性愛が存在するかどうかという問題については判断がつかない」としながらも、多くの症例においては同性愛行為が「劣等な素因の症状」である可能性があると指摘している[60]。フリッツ・モーアはさらに進んで、「本質的に心理的に条件づけられている」同性愛も、「多かれ少なかれ遺伝的な負荷の上に[61]」発展するものであって、精神療法がつねに効果を挙げるとはかぎらないことを認めている。

かくして、治療可能な同性愛者と治療不能な同性愛者をどう選り分け、どこに線を引くかという問題が焦点となったが、実際の線引きにあたっては、同性愛行為の頻度が基準とされることが多かったようである。国防軍司法部の一九四二年八月の報告によれば、帝国刑事警察局と秘密国家警察局は、環境に規定された同性愛と素因にもとづく同性愛を区別しており、「一度だけ逸脱した者」や「誘惑された者」は保護観察の対象とされ、「民族共同体への再編入」を目的とする精神療法的な治療にゆだねられたのに対し、何度も刑を受けた者や「複数の相手を誘惑した者」は警察に予防拘禁され、強制収容所へ送られた。

注目されるのは、すでにこの時点で、精神療法的な治療による更生のチャンスが狭まり、ナチ的な生物学的教条主義が幅をきかせるようになっていたことである。国防軍司法部の報告によると、帝国司法省の方針は、同性愛の原因が遺伝的素因にあるとして、周囲への危険から思春期の逸脱以外には穏健な対応をとるべきでないというものだったし、秘密国家警察局もまた、同性愛の素因をもつ者は「共同体に有害な分子」であり、改善や保護は拒否すべきであるとの立場だった[62]。同性愛は治療不能な遺伝病として扱われるようになり、精神療法ではなく警察の問題とされるようになったのである。

治療から抹殺へ

同性愛者の更生をめざした精神療法的な治療の試みは、戦況の悪化とともに、成果をもとめてますますラディカルな手段を講じるようになったナチ党指導部の反対に直面することとなった。一九四三年六月、三人の同性愛者に対する親衛隊帝国指導者の死刑判決に異議を唱えたシュルツと、親衛隊保安本部の鑑定医マルティン・ブルストマンは、ヒムラー本人から名指しで非難された。いわく、平時であれば、二人がめざす「異常な人間への教育の試みは、……その成果がまったく疑わしいとしても、これを戦時よりも大規模に行う」用意がある。だが、「わが民族の存亡がかかっている戦争の間は、成果と何の関係もないのに、そのような生やさしい方法を追究し、何人かの逸脱したならず者のために人員を費やすようなこと」は認められない。戦争は数百数千の正常な人間の命を奪っており、あらゆる人員が勝利のために投入されるべきであるとすれば、「異常な人間、誘惑されてとはいえ部隊に害を与える人間の根絶をためらうべきではない」。

戦時においては、「同性愛の領域でも、あらゆる犯罪を最も厳しく罰する以外なく、明らかに正常な青少年の誘惑が問題となっているような場合にのみ、穏やかさが支配しうる」。それゆえ、この問題への鑑定医の関与はただちに中止されるべきで、今後は「医師の意見を聞くことが必要と思われる」場合にかぎり、鑑定医が調査にあたればよい、というのだった。[63] 急速な成果をもたらさない精神療法的アプローチは、その必要性を認めるヒムラーによっても、戦局転換後はコストの面から懐疑的に受け止められるようになったのである。[64]

しかしながら、同性愛者の治療を試みるシュルツらの姿勢が、その迫害と根絶をめざした親衛隊帝国指導者のそれと一面で通じ合っていたことも忘れてはならない。同性愛者を異常で倒錯した人間と見なし、個人の性的指向を許容することなく、民族の名のもとに異性愛者への「転極」を強制した点で、精神療法的なアプローチが結局のところ同性愛に敵対的なものであったことは疑いえないし、断種や去勢、あるいはホルモン治療のように肉体的存在を脅かさなかったにせよ、同性愛を積極的な介入によって解消すべき喫緊の問題と見なしていた点で、ナチズムの酷薄な健康政策と基本的に同じ目標を追求していたことは明らかである。[65]

それどころか、ゲーリング研究所のメンバーは、同性愛の主要な原因を幼少期のトラウマや有害な環境、思春期の誘惑などにもとめ、これらの環境的要因を除去することで問題を解決しうると約束する一方で、治療不能な「遺伝的」な同性愛者に対しては、その物理的抹殺さえ許容していた。同性愛行為の鑑定を任されたシュルツは、その治療可能性を判定するため、目の前で同性愛者に売春婦と性交させて、これに成功した者を懲罰から救ったが、それは同時に、失敗した者を強制収容所へ送ることを意味していた。[66] ここではまさに、同性愛者を救済しようとする温情的な姿勢が、治療不能な同性愛者を物理的に抹殺する恐るべき犯罪行為と、表裏一体の関係で結びついていたのである。

一九四〇年二月、様々な精神障害を治療可能なものと治療不能なものに区分する「診断シェーマ」をまとめたシュルツは、「遺伝的精神薄弱とまったく同様に、ドイツにおいてわが民族の繁栄のために遺伝法の適用を受ける遺伝的形態がある」と述べ、精神障害者の断種や殺害を公然と支持した。それればかりか、彼はみずからの「自明の責務」を強調し、「生きる価値のない生命の絶滅」によって「精神病院がこのような意味ですぐに変革され、空にされる」ことを要求していた。[67]「今日問題となっていることについての血なまぐさい誠実な理解」を打ち明けるこの精神科医は、いまや「診断」をもって患者に「死刑判決」を下すことになった。[68]

市民道徳への反発

それにしても、進歩的ともいえる性愛観を抱く当の人物が、同性愛者の殺害に手を染めるというこの理解しがたい行動を、われわれはいったいどう説明したらいいのか。そこに何らかの一貫した論理をもとめようとするなら、何よりも注目されるのは、「性生活の再建」をめざすシュルツの使命感が、性を抑圧してきた市民道徳への反発に根ざしていたことである。ゲーリング研究所における彼の同僚だったハッティングベルクは、そうした反発こそがみずからを性の解放へと駆り立てる原動力であったと告白している。

こうしたあずま屋の二重道徳は、私の世代を……「自由恋愛」とその純粋さの前衛にした。……われわれの親たちは……性の問題について本当のことを話そうとはしなかった。われわれは自分の子供に嘘をつきたくない。われわれがそうしたくないのは、とくに科学（精神分析という若い学問）が、そうした自然な欲求の否定と抑圧によって重い精神的な平衡障害が生じうることを示したからである。[69]

ハッティングベルクにとって、性を不純なものとして抑圧するブルジョワ的な偽善こそ、精神障害の原因にほかならなかった。だがそうした偽善を攻撃し、性の解放を唱えることは、結局のところ、性生活を既成道徳の影響から引き離し、医学的介入の対象に仕立てることを意味していたのではないだろうか。少なくともゲーリング研究所の活動においては、解放の約束と介入の拡大が対をなしていたことは明らかである。性を抑圧する「間違った教育」に心理的障害の原因を見出す研究所長ゲーリングは、教育の失敗を避けるために「性的啓蒙について医師が両親に助言すること」をもとめ、子供の心身の健康を監視する医師の役割を強調していた。いわく、「誰も病気でないときにも、家族を定期的に訪問するホームドクターの活動は、民族の健康のためにはきわめて重要である」[70]。同研究所の理事で内務省参事官のリンデンはさらに明確に、性的啓蒙の必要性を次のように力説する。

子供の教育はあらゆる偽善を排して行われなければならない。罪の観念をあまりにも強調することは有害である。子供の性生活は自然で健全な方向に向ける必要がある。……

ホームドクターの課題は、自然な性的感情の健全な発達を妨げうる間違った教育にも注意することである。しかるべき医師の養成が望ましい。……国民が性的関係のなかに自然なものを見出せば見出すほど、ますます倒錯は減っていく。(71)

性的啓蒙の推進をもとめる声高な主張は、性生活への介入を強化しようとする精神療法の権力要求と結びついていた。それは性の抑圧に悩む人間を解放するかわりに、彼らを一種の性の牢獄に閉じ込め、国家の用に供するものにほかならなかったのである。

いうまでもなく、この牢獄は排除のメカニズムを内包していた。ゲーリング研究所では、「社会的・生物学的に価値の高い、一定の期間で確実に治癒の見込みのある患者のみ」が健康保険の負担で治療を受けることができたが、それは同時に、不治の患者がコストの面で切り捨てられたことを意味している。(72) 治療不能な患者の存在は、民族の健康を守る精神療法の限界を露呈させるものにほかならなかった。「生きる価値のない生命の絶滅」は、心理的健康の促進と生産性の向上という精神療法的治療の目的にもかなっていたのであり、その意味で、治療と抹殺は表裏一体であった。ちなみに、研究所の理事をつとめたリンデンは、精神障害者の安楽死作戦、いわゆる「T４作戦」の主導者の一人であった。

性と権力

だがこうした排除の側面に目を奪われるあまり、精神療法のめざす健康管理のシステムが本質的に「ポジティブ」な性格をもち、性の問題に対して「肯定的」に作用するものだったことを見逃してはならない[73]。『性・愛・結婚』を著したシュルツは、同書のなかでくり返し愛情に満ちた結婚生活を賛美し、自然から与えられた性愛の喜びを享受するよう奨励しているが、そこにはまぎれもなく、性の解放をもとめる進歩的な姿勢が表明されていた。しかもこの精神科医の治療的なまなざしは、性的障害をかかえる患者個人を超えて、その障害をもたらす環境的要因にまで向けられており、同性愛問題の解決にかけたその熱意もまた、偏狭な同性愛嫌悪とはまったく別物であった。

「健全な性生活」をもとめるシュルツの主張が、ナチズムの人口・人種政策の枠組みのなかにあったことはたしかだが、性生活の向上をめざす彼の実践的な提言は、もっぱら生殖を目的とする性-政策の装飾にとどまるものではなかった。もしそうであったなら、自慰の無害性を強調し、避妊の方法まで指示する彼の姿勢を、いったいどう説明できるのだろうか。われわれはむしろ、性の問題が単に抑圧されるものでも、単なる生殖のためのものでもなく、積極的に語られかつ生み出されるべきものとして、これに介入する権力の発動を促す触媒のごとき役割をはたしていた点に目を向けるべきだろう。そこでは性への関心が肯定されるばかりか、過剰に奨励され、扇動されることになる。性的啓蒙の必要性に関するゲーリングの主張は、その一端を明らかにしている。

あらゆる子供の質問には答えるべきで、たとえば「そんなことはまだ知らなくていい」

などとはぐらかして片付けるべきではない。質問をする子供は遅かれ早かれ知識欲を満たすものである。だがこれが正しい方法で行われるかはきわめて疑わしい。両親によって答えられないままにされた真剣な子供の質問は、いかなる場合にも信頼関係を弱める。[74]

子供が抱く自然な欲求を抑圧するのではなく、性的啓蒙を通じて誠実かつ適切にこれを満たしてやるべきだというのだが、そこに生み出される性の言説は、子供の性への介入を正当化して、これを取り巻く監視網の強化に寄与することになるだろう。それはまさに、性をめぐる知の産出を統治技術の根幹に組み込むという、フーコー的な権力のあり方を示すものである。[75]

シュルツがめざしたのは、旧来の禁欲的な性道徳を批判し、性愛の喜びを肯定しつつ、これを「健全な性生活」へと方向づけて、人口・人種政策上の目的のために動員することだった。そうした観点から、ナチズムの人口・人種政策もまた、性を媒介とする動員のメカニズムを形成していたということができるだろう。[76]人種的に望ましい結婚と健康な子供の出生を奨励することで、ナチズムはそれまでベールに覆い隠され、抑圧されてきた性を白日のもとにさらし、良心の呵責や罪悪感から解放すると同時に、丸裸になった性を権力の網にからめ取って、民族の再生産装置として有効活用をはかったのである。

第三章　男たちの慎み

一九四三年一〇月、ハインリヒ・ヒムラーはポーゼンで親衛隊将校たちを前に演説し、東部での恐るべき任務に臨む気構えを説いている。

諸君のほとんどは、一〇〇の死体が、五〇〇の死体が、あるいは一〇〇〇の死体が累々と横たわっているというのがどういうことか、知ることになるだろう。これに耐え抜き、しかも——人間的な弱さゆえの例外を別とすれば——慎《つつし》みある態度を崩さなかったこと、それがわれわれを鍛えたのだ。これは過去にも将来にもけっして書かれることのない、われわれの歴史の輝かしい一ページである。(1)

親衛隊員の慎み

親衛隊帝国指導者はこう述べて、数百万もの人々の組織的殺害を歴史的な偉業と讃えるのだが、この発言をいっそうグロテスクにしているのは、彼が部下たちに無慈悲な虐殺を命じながら、ある種の道徳的なふるまいを要求していることである。ヒムラーがここで親衛隊員たちに説いた「慎み」とはいったい何なのか。彼らは累々たる屍を前にどうして「慎みある態度」を保持できるというのか。
ヒムラーは演説のなかで公然とユダヤ人の根絶に言及しつつ、部下たちがそれを個人的な利益のために利用しないよう警告していた。ユダヤ人から奪った財産は残らず国家に引き渡すべきであり、一マルクでも横領した者は厳しく罰せられなければならない。私腹を肥やすような行為は、親衛隊員の信義にもとるというのである。[2]
この点だけをとれば、彼はごくまっとうな要求をしているようにも思われる。そもそも、「慎み Anständigkeit」とは一般に市民道徳との関連でもちいられる言葉であり、市民にふさわしい節度ある適切な態度を指すものである。その意味では、ハンス・ペーター・ブロイエルがヒムラーの発言に「倒錯した小市民的道徳」の反映を見出したのも、もっともなことといってよい。[3]とはいえ、ヒムラーがこの言葉を未曾有の犯罪と結びつけたことで、意味内容に大きな変化が生じていたことも見落としてはならないだろう。ラファエル・グロスはまさにこの点を問題にしつつ、ヒムラーの説く「道徳」が共同体への帰属感と歴史的な使命感に支えられていたことを明らかにしている。[4]親衛隊員たちは、自分たちに課せられた仕事がドイツ民族を守るための崇高な義務であり、個々人の存在を超えた偉大な意味を有

図版12　ハインリヒ・ヒムラー

するものだという自負心をもたねばならなかった。「民族への愛」を心の支えにすることによってのみ、彼らはこのおぞましい任務に耐え抜くことができたのである。

そうなると、「慎み」はもはや市民としての普遍的な美徳であることをやめて、民族の前衛部隊にのみ要求される排他的な戒律へと転化する。ヒムラーが同じ演説のなかで強調しているように、「われわれは自分自身の血に属する者に対してのみ、誠実で、慎み深く、忠実で、同志的な態度をとらなければならない」のであって、自分たちを脅かす敵に対しては、容赦なき暴力をもって応じる必要があった。(5)「わが名誉は忠誠」という親衛隊の戒律には、命令とあらば殺人も辞さない冷酷なメンタリティがあらわれている。

だがさらに重要なのは、こうした酷薄な「道徳」を奉ずる親衛隊そのものに、ドイツ民族の存続を保証する中核的な役割が期待されていたことである。ヒムラーは、この精鋭部隊に受け継がれているすぐれた血を維持することで、北方人種の未来永劫の存続を確保しようと躍起になっていた。彼によれば、親衛隊は「北方系の男たちの国民社会主義的結社」(6)、「誓約にもとづく氏族共同体」であり、その使命は「人間の育種にまで及ぶ」ものであった。

われわれはドイツのために、何世紀にもわたってたえず選抜される指導層、われわれの民族の最良の息子たちと娘たちによってたえず補充される新しい貴族をつくり出そうとしているのであり、それはけっして老いることがなく、必要とあらば太古の昔にまで伝統と過去をもとめ、われわれの民族のために永遠に若くありつづける貴族である。(7)

いうまでもなく、この永遠の循環は生殖を通じて保証されるほかない。こうしてヒムラーは、部下たちの性生活にかかわる問題に対して異常なまでの執着を示すことになった。彼の性的な強迫観念は、みずからの部隊に対する非道な要求となってあらわれた。人種的に価値ある子供を増やすためなら、婚外性交だろうが人工繁殖だろうが行うべきだが、これを妨げる裏切り者は、たとえ身内であろうと容赦なく抹殺しなければならない。ポーゼンで演説したヒムラーは、一〇年近く前の事件のことを思い出していた。一九三四年六月三〇日、親衛隊は同性愛の脅威から民族を守る先兵として、突撃隊の「過ちを犯した同志たち」を射殺する任務を引き受けた。こうした苛酷な試練にも敢然と立ち向かうこと、これを称してヒムラーは「慎み」と表現したのだった(8)。この狂信的なモラリストのもとで、ナチズムの「性‐政治」はどのような展開をとげたのであろうか。本章では、親衛隊を中心に論議・実施された性‐政策の論理を追うことで、ヒムラーのいう「慎み」の意味合いをいわば内側から理解していくことにしたい。

1　男性国家の悪疫

同性愛の脅威

親衛隊帝国指導者の最大の関心事の一つは、部下たちが多くの子宝に恵まれることだった。民族の将来が人種的にすぐれた血の維持にかかっていると信じる彼は、壮健な男たちが子孫の繁殖に貢献できるようたえず気を配り、これを妨げるいかなる障害の克服にも心血を注いだ。とくに深刻な脅威と考えられたのは、男性の間にはびこる同性愛の問題だった。彼の危機感は大きかった。「正常で慎み深い人間にとって、この問題を調べ、すべてを説明するのはそう容易ではない。私は自問した。わが民族がこれほど道徳的に堕落し、ひどい状態になってしまったというのは本当なのかと」[9]。一九三七年二月、バート・テルツで親衛隊将校たちを前に演説したヒムラーは、同性愛の及ぼす破壊的影響に注意を喚起し、これを民族存亡の危機のように言い立てている。この演説は、ナチズムの「性‐政治」の核心にかかわる内容を含んでおり、とくに詳細な検討に値する[10]。

ヒムラーはまず、同性愛がいかにドイツを蝕んでいるかを強調するために、具体的な数字を挙げる。彼の試算によれば、ドイツには一〇〇万人から二〇〇万人の同性愛者がおり、それはドイツ人男性の一〇パーセント近くが子供をつくらないことを意味した。こうした事態を放置すれば、「わが民族はこの悪疫に冒されて破滅する」に違いない。「血統のすぐれた民族も、子供の数がきわめて少なければ没落することは確実で、五〇年から一〇〇年で重要性は失われ、二〇〇年から五〇〇年で確実に消滅する」[11]。同性愛が出生率の低下を招き、民族の没落をもたらすというのだが、こうした人口政策上の脅威が、同性愛問題の一つの焦点をなしていたことは疑いない。ヒムラーの主人、アドルフ・ヒトラーもやはりこの点を重視し、古代ギリシアの例を挙げながら、同性愛が民族を滅ぼす危険を次のように力説していた。

その伝染力はいったん力を得ると、自然法則のように確実に、最良で最も男らしい人物の間に広がり、ついにはその子孫にこそ民族の命運がかかっている人々を、生殖から切り離してしまう。だがこの悪習の直接的な結果は、放っておくと自然に反した情熱がたちまち国政を支配するようになることである。[12]

親衛隊機関紙『黒色軍団』の主張によれば、同性愛は医学的問題ではなく政治的問題であった。この「自由主義時代のおぞましい遺産」にとりつかれ、「自然な生殖過程」に背を向ける連中は、「民族共同体の存続」に反対する「国家の敵」にほかならないというわけである。だがこの論説も指摘するように、同性愛の主たる危険はむしろ、それが指導者層に蔓延して、「国家のなかの国家」――「民族の利害に反する国家に敵対的な秘密組織」――を形成することにあった。[13]同性愛者は性的な原則によって仲間を寵遇するので、個人の能力や成果にもとづく人事を阻害し、国家に破滅的な損害をもたらすと、ヒムラーはバート・テルツで警告していた。[14]彼は後に側近に対してもこう説明している。

突撃隊や親衛隊や国家の人事が同性愛的性向にしたがって行われるようになったら、正常な人間が冷遇されて、同性愛者の倒錯した世界が支配することになるだろう。……国家を危険にさらすそんな事態を許してはならない。だから同性愛者を一人残らず排除しなくてはならないのだ。[15]

男性国家の悪疫

同性愛者が徒党を組んで謀反を企てるという危険がいかに現実的なものかは、あらためて説明するまでもなかった。一九三四年六月三〇日の突撃隊幹部の粛清――いわゆる「長いナイフの夜」――は、同性愛者の陰謀に対する制裁として公式に正当化されていたからである。事件後に発表された「突撃隊に対する一二の要求」のなかで、ヒトラーは突撃隊が「純粋で清潔」な機関たるべきこと、母親が息子を安心して預けられるような組織運営を行うことを指示し、同性愛行為に対する断固たる処罰をもとめた。[16] 突撃隊幕僚長エルンスト・レームが同性愛者であることは周知の事実で、ヒトラーもそれを長らく黙認していたにもかかわらず、突撃隊と国防軍の対立が表面化するに及んで、彼は政治的理由からレームを切り捨て、道徳的純潔の擁護者になりすましたのだった。

この突撃隊の一件が、同性愛の脅威に対するヒムラーの不安を高めたことは間違いない。レームとその部下たちの行状は、戦闘的な男性集団のなかで同性愛の害毒が容易に蔓延しうることを示していたからである。彼らが粛清された後、突撃隊にかわって権力を握った親衛隊の長官は、みずからの部隊が同性愛に汚染されることを極度に恐れ、あらゆる手段を講じてその防止につとめた。だが部隊から病根を完全に一掃するにはいたらなかったようである。彼自身も認めているように、親衛隊内では月に一件の同性愛事件が発生しており、年に一〇件近くに達していたのである[17]。人種的エリートたる親衛隊員の間ですら同性愛行為が後を絶たないとすれば、劣等な遺伝質に原因をもとめることはできず、誰もがその誘惑に屈しうると考えざるをえない。ヒムラーはむしろ、男だけで組織されたエリート集団そのものに同性愛を呼び起こす要因が内在しているのではないかと疑っていた。ハンス・ブリューアの著作を読んで青年運動の同性愛的傾向に当惑した彼は、男性間の同志愛が同性愛へと転化することに不安を募らせていた[18]。だがそこに深刻な危険を認めるにせよ、男性エリートが国家の中核を担わなければならないことは自明であった。ヒムラーは部下たちに向かってこう力説する。「われわれは男性国家であり、この男性国家がどんな過ちを犯そうとも、断固としてこれを維持しなければならない。なぜなら男性国家は最良の制度だからである[19]」。

図版13　エルンスト・レーム。背後にヒムラーが立っている

親衛隊帝国指導者はここで疑いなく、「男性同盟 Männerbund」の理念を引き合いに出していた。帝政期の青年運動の潮流に根ざし、第一次世界大戦時の塹壕のなかで息を吹き込まれたこの理念は、ヴァイマル共和国に反対して立ち上がった多くの準軍事団体に引き継がれ、闘争期をへて権力を掌握したナチ党によって新国家の中核に据えられた。それは男同士の友愛を共同体意識やカリスマ的指導力、戦闘的精神、自己犠牲などと結びつけ、ドイツ的な美徳として賞賛するものだ

った。[20]ヒムラーの率いる親衛隊もまた、北方系の男たちの騎士団、「規律と血によって北方の血に結びつけられた国民社会主義の兵士的結社」であるとされ、太古の昔から存在するゲルマン的男性同盟の継承者として、歴史のなかに位置づけられた。「何世紀も何千年もゲルマン民族、とりわけドイツ民族は男性国家的に統治されてきた」。黒色騎士団の長官が危惧したのは、この男性同盟が同性愛によって自滅することであった。「男性国家の質と男性同盟の利点を過ちへと堕落させるのを許すわけにはいかない」と考える彼は、こうして同性愛の弾圧に血道を上げることになるのである。[21]

治療か抹殺か

ヒムラーが描き出す同性愛者のイメージは、露骨なまでの偏見と憎悪に満ちていた。いわく、同性愛者は「徹頭徹尾精神的に病んだ人間」であり、「軟弱で決定的なときに臆病」である。彼らは嘘つきで、自分のついた嘘を信じており、口が軽く、すぐに仲間を売る。[22]惰弱で女々しい同性愛者のイメージは、忠誠を重んじる男らしい親衛隊員の理想像とはまさしく対極にあった。だが注目に値するのは、同性愛そのものは生得的な素因によるものというより、伝染する社会的な病気と考えられていたことである。『黒色軍団』の論説は、同性愛を遺伝的・生得的な異常と見なす見解に反論し、同性愛者の二パーセントのみが「治療不能」で、残りの圧倒的多数は誘惑に屈した「同調者」にすぎないと指摘している。同性愛は性的指向が流動的な思春期の過ちと見なすべきで、「誰もが発達の過程である程度この害毒に冒されやすい時期を無意識に経験している」という[23]。

同紙はまた、同性愛を蔓延させる社会的な要因にも言及し、従来の教育が若者の性的問題に対処してこなかったことを問題視しつつ、性交を「恥ずべき罪」として抑圧する「市民道徳」が「過去数年間に無数の若者を悪疫に罹患させた元凶である」と断言する。同性愛を防止するために必要なのは、若者に真実を伝えること、性生活を「神と自然が望む人間存在の最高の成就」として説明することだというのである[24]。こうした同性愛の社会的規定性についての認識はしかし、同性愛者への寛大な対応をもたらさなかった。事態はむしろ逆で、刑罰の脅しが抑止効果をもつと考えられたため、同性愛者は厳しく処罰されることになった。この点についてヒトラーは次のように説明している。

図版14　同性愛者のイメージ。帝国青年指導部が作成したモンタージュ

同性愛は容赦ない厳しさで弾圧しなければならないが、それは若者の性的感覚が容易に間違った方向に向けられる時期が青年期には存在するからである。まさにこうした年代の若者が同性愛者に誘惑される。一人の同性愛者がたいてい無数の若者を誘惑するので、同性愛は実際に疫病と

同様に伝染し、危険なのである。……だがわれわれの若者は堕落してはならず、反対に正しい方法で教育されなければならない。それゆえ、若者の間に同性愛の現象が見られる場合には、残忍な厳しさをもってこれを弾圧しなければならないのだ。[25]

同性愛者は再教育によって正道に引き戻す必要があるというわけだが、まさにそうした目的で行われたのが、精神医学や精神療法による治療の試みだった。[26] 親衛隊機関紙がもとめたのは、ある種の労働を通じた矯正だった。

彼らを計画的に労働させ……「正常」な人間から隔離して厳重な監視下に置き、人前で病気ゆえの独善的な態度をとるのを妨げ、仲間の姿にたえず自分の無能さの反映を見るように強いるならば、驚くほどすみやかに変化が生じる。「病人」は健康になる。「異常者」はまったく正常であることが明らかになる。彼は若いときに経験しそこなった発達段階を経験するだけなのである。

だがすべての同性愛者を矯正するなどということは、もとより無理な相談であった。なぜなら、「国家は二〇〇万人の「病人」のために療養所をつくるわけにはいかない」からである。[27] ヒムラー自身もまた、こうした方法に懐疑的だった。二万人の男娼を収容所に送れば、おそらく三〇〇〇〜四〇〇〇人は「正道に引き戻す」ことができるだろう。だが男娼がいなくなれば、新たな犠牲者が生まれることになる。過ちを犯した若者をすべて健全化しても、問題は解決しないというのである[28]。もっと思い切った手段が必要だと考えた彼は、こういう連中を根こそぎ消してしまうべきだとして、同性愛者を沼に沈めたゲルマンの風習を賞賛した。「それは刑罰ではなく、この異常な生命の抹消にすぎなかった。刺草《いらくさ》を引き抜き、積み上げて燃やしてしまうのと同様に、そういうものは始末しなければならないのだ[29]」。

ヒムラーのこの発言に影響を与えたのは、『黒色軍団』に掲載された親衛隊少尉カール・アウグスト・エックハルトの論説であった。「自然に反する猥褻行為は死刑に値する」と題するこの論説は、ゲルマン人が同性愛を「人種への裏切り」と見なし、「女々しい男たち」を罰として沼に沈めたことを紹介するとともに、「同性愛という人種を滅ぼす退廃現象を判断するのにも、退廃者の根絶という北方的な基本原則に立ち戻らねばならない」と主張していた[30]。ヒムラーの考えでは、こうした方法をとるのは今日では「残念ながら」不可能であったが、同性愛者が存在を許されないことにかわりはなかった。そこでせめて親衛隊から同性愛者を一掃するため、彼は隊員たちに次のような刑罰を告示した。「こうした人間はもちろんいかなる場合も公的に降格・追放され、法廷に引き渡される。法廷で下された刑期を終えた後、彼らは私の指令で強制収容所に送られ、強制収容所で逃亡をはかって射殺される[31]」。

同性愛者の迫害

もっとも、同性愛者が強制収容所にいたるまでの過程は複雑で、迫害の理由も一貫していなかった。一九三三年一月三〇日にヒトラーが政権を掌握した直後、新政府は矢継ぎ早に政令を出して、連れ込み宿や同性愛者の溜り場の閉鎖、猥褻な出版物の禁止とともに、同性愛者解放団体の解体、同性愛者の逮捕などを進めたが、この段階ではまだ同性愛の風紀上の危険が問題とされたにすぎず、「ドイツ民族の道徳的刷新」という目的が中心を占めていた[32]。だがレーム事件後、同性愛が政治問題化されるに及んで、同性愛者の組織的な迫害が始まる[33]。一九三四年一〇月、秘密国家警察は各地の警察当局に対して、「何らかの同性愛行為を行ったすべての人物の名簿」を作成し、ベルリン秘密国家警察局の特別班に提出するよう命じた[34]。

一九三五年六月には刑法一七五条が強化され、男性間の「性交に似た」行為だけでなく、相互オナニーを含むあらゆる「猥褻行為」が処罰の対象となった[35]。これによって同性愛行為の立証が容易となり、同性愛者の恣意的な逮捕が可能となった。一九三六年六月にヒムラーがドイツ警察を掌握すると、迫害はさらに強化される。同年一〇月には「同性愛・中絶撲滅帝国本部」が設立され、「統一的な方針にしたがったこの違反行為の一元的な把握と効果的な撲滅」が宣言された[36]。

こうした一連の取り締まり強化の動きによって、同性愛者の逮捕は急増した[37]。だがそれでも有罪判決を受けた者の数はせいぜい数万人程度であり、二〇〇万人と推定される同性愛者すべての捕捉には遠く及ばなかった[38]。同性愛の「撲滅」は十分に組織化されず、反対派の弾圧のために政治的に利用された面が大きかった。この点でとくに攻撃の矛先が向けられたのはカトリック教会であり、一九三六年から三七年にかけて司祭と修道士に対する同性愛の告発がつぎつぎに行われ、聖職者の風紀犯罪に関する裁判の報道が新聞紙面をにぎわせた。[39]同性愛の告発が有効な政治的手段であることは、一九三八年にヒトラーが陸軍総司令官を更迭した際にも明らかとなった。

ヒムラーはその間も同性愛の取り締まりを進め、一九三七年三月には刑法改革論議のなかで一七五条のさらなる強化を提起し、違反行為に懲役刑を科すことを要求した。[40]彼はまた、一九三九年五月には断種に同意した同性愛者の釈放を認めるよう指示し、翌年七月には「複数の相手を誘惑」した同性愛者を予防拘禁する決定を下した。[41]だが戦時下という状況のもとでは、秘密国家警察と警察は同性愛の問題に労力を費やすわけにはいかなくなっていた。こうした優先度の低下に対応して、ヒムラーは一九四〇年二月には同性愛という「悪習」の「克服」を宣言し、同性愛者の数を五〇万人に下方修正することになった。[42]ここには疑いなく、同性愛の政治的利用をはかった彼のプラグマティズムがあらわれている。

他方、ナチ党組織においては、同性愛は徹底的に撲滅がはかられた。たとえばヒトラー・ユーゲントでは、同性愛は「国家政治的危険」と見なされ、「共謀と相互依存によって同志関係と職務関係を揺さぶり、規律を掘り崩し、わが民族の戦闘能力を弱め、容易に秘密の政治的陰謀集団の形成をもたらす」ものと説明されており、すでに一九三六年には、同性愛行為の報告義務が課せられた。[43]だが同性愛行為を理由とする除名は行われたものの、この青年組織では同性愛者を死罪に問うような命令は発せられなかった。「異常な生命の抹消」がもとめられたのは、ヒムラー配下の親衛隊と警察だけであった。バート・テルツで同性愛者の処刑を示唆した親衛隊帝国指導者は、一九三八年九月にも「親衛隊内の同性愛者は何年もしないうちに死刑をもって罰せられるようになるだろう」と述べ、厳罰の導入を告示していた。(44)過ちを犯した隊員たちの処罰の問題は、最終的に一九四一年一一月の「親衛隊と警察の純潔維持のための総統命令」で決着がついた。ヒムラーのもとめに応じて総統みずからが発したこの秘密命令は、親衛隊と警察から「同性愛的性向の害虫」を一掃するため、「他の男性と猥褻行為を行った者、あるいは猥褻行為に悪用された者」を死刑に処し、軽度の場合でも六年以上の懲役または禁固刑に処すことを定めていた。この問題に関しては、親衛隊と警察の特別法廷が秘密裏に問題処理にあたることになっており、この命令じたいも「誤解を招く恐れがある」として、官報その他で公表することを禁じられた。(45)ヒムラーは自分の要望が容れられたことに満足し、部下たちに「ドイツ民族の同性愛撲滅闘争の前衛」としての自覚を説いた。いわく、同性愛事件は親衛隊と警察では「きわめてまれにしか」生じないが、「容赦のない厳しさで」処罰する必要がある。なぜなら、総統はこれらの組織を「無条件に清潔」に保ち、この「危険で伝染する疫病」を一掃することを望んでいるからである。(46)ヒムラーの精鋭部隊はあくまで純潔かつ健全で、あらゆる退廃から守られなければならなかったのである。

とはいえ、この悪名高い命令が発せられた後も、親衛隊と警察において同性愛者に対する死刑が常態化したわけではなかった。(47)特別法廷で死刑判決が下されることはめったになく、死刑が宣告されてもヒムラーが却下したり、専門家が刑罰の軽減をもとめて介入したりする場合もあった。[48] ヒムラーは軍事的理由から同性愛者の再教育には否定的で、「異常な人間」への厳しい処罰を要求したが、戦争末期にいたるまで同性愛の病因を探る試みに関心を示し、医学的な治療の可能性にも期待をもちつづけた。[49] 彼の煮え切らない態度は、同性愛への対応が親衛隊の存在理由に関わる微妙な問題であり、単なる人種的な問題ではなかったことを再確認させてくれる。同性愛者に対する迫害がユダヤ人の場合ほど大規模かつ組織的なものにならなかったのも、この点から説明できよう。[50] もちろん、同性愛者を排除するだけでは、親衛隊員のすぐれた血を維持することはできなかった。ヒムラーは部下たちの結婚と性生活にまで介入して、民族の未来を担う価値ある子孫の繁殖をはかったのだった。

2　結婚を超えて

氏族としての親衛隊

バート・テルツに集まった部下たちに同性愛の危険を説いた親衛隊帝国指導者は、この悪疫を駆逐する具体的方策にも言及していた。彼の主張によれば、親衛隊やヒトラー・ユーゲントのような男性集団では、軍事的な規律ばかりが要求され、男女が交流する機会も少ないため、メンバーの間に女嫌いの態度が広まりやすい。[51] このような「過度の男性化」のなかこそ、「同性愛の温床」が見出されるとヒムラーはいう。したがって、若者が誤った道に迷い込むのを防ぐには、彼らにもっと女性に向かうよう促し、よき伴侶を見つけさせる必要がある。ヒムラーはこうして、親衛隊員たちに結婚と生殖を命じることになるのである。

異性愛の奨励というこの処方箋は、親衛隊が純粋な男性同盟の理念を志向するのではなく、女性を含む「氏族 Sippe」として、ヒムラーの育種計画の核心を担うべき存在とされたことを意味していた[52]。「われわれの法のもとでは、婚約者も妻も、夫と同じようにこの共同体、この親衛隊の結社に属している[53]」。何世紀にもわたって存続すべきこのエリート団の隊員は、血の価値にもとづいて人種的に選抜されたが、女性もそこに属するとなれば、当然ながら男性と同じ基準を満たさなければならない。ドイツ中から優者を集めて精鋭部隊を結成しても、好きなように結婚させていては意味がなく、彼らが適切な伴侶を選んでこそ、純粋な北方系の氏族が形成され、すぐれた血の維持が可能となろう。こうした認識にもとづいて、ヒムラーは一九三一年一二月に親衛隊員に対して「婚約・結婚命令」を出すとともに、三四年から翌年にかけて「結婚許可」の手続きを定めた[54]。

それによれば、結婚を望む親衛隊員とその婚約者は、個人調書に記入し、親衛隊の医師の診断を受けた上で、双方の家系図、頭部および全身の写真を、親衛隊の人種局――一九三五年以降は人種・植民本局の氏族局――に提出して、許可を得なければならなかった[55]。「親衛隊のメンバーが人種的に価値ある健康なドイツ的家族を築くこと」を可能にするため、ヒムラーは婚約者が「外見上・健康上・遺伝健康上の最高の要求」を満たすことをもとめ、産婦人科の診察を受けることも指示した[56]。彼は早婚を要求したが、二五歳以下の親衛隊員は家族を扶養できなければ結婚を許可されなかった。申請が却下されてもしたがわなかった場合、申請者は親衛隊から追放されたが、疑問の余地があるケースでは、自己責任で結婚が認められるかわりに、親衛隊の氏族台帳への登録が見送られた。親衛隊の高官の結婚申請や、却下された申請、外国人女性との結婚といった事案については、帝国指導者みずからの判断を仰ぐことになっていた㊼。

しかしながら、結婚申請の手続きはあまりにも煩雑で時間がかかったため、すぐに厳格な実施が困難になり、婚約後や妊娠後に申請が行われるケースも続出した。人種・植民本局の事務処理はまったく追いつかず、未決定のまま放置されたり、暫定的に許可されたりする申請が大半を占めるようになった㊽。こういう状況では、ヒムラーも結婚許可の基準をゆるめざるをえなくなった。彼は一九三七年六月には命令に違反した者への罰則を廃止し、四〇年末には違反者全員に恩赦を与えた。これによって命令にしたがわなかった親衛隊員が不問に付されただけでなく、すでに除名されていた者も親衛隊への復帰が許されることになった。

図版15　親衛隊員の家族

戦時中には手続きがさらに簡素化され、必要書類の提出も戦後まで延期された㊾。一九四三年三月、ヒムラーは部下に対して基準緩和の方針をはっきりと表明している。いわく、開戦時には厳しい選抜を貫くか、結婚の可能性を広げるかの二つの道があったが、自分は後者を選んだ。重要なのは、「できるだけすべての親衛隊員が戦死する前に子供をつくる」ことであって、子供の数が全体として増えれば、「なかには――育種用語を使うなら――育種失敗作が出てもやむをえない」。戦時中には、「子供がまったくいないよりは一人でもいる方がまし」だというのである(60)。軍事的必要を前にして、ヒムラーでさえ質よりも量をとらざるをえなくなったことは明白であった。それゆえ、「氏族共同体」という目標がレトリックにとどまったのも驚くに値しない。

結婚と生殖の奨励

「産めよ殖やせよ」と呼号したのは、もちろん親衛隊だけではなかった。ヒトラーはすでに『わが闘争』のなかで、結婚は「種と人種の増加と維持というより大きな目標」に奉仕するものでなければならないと説いていた。「この点からしてすでに、早婚は正しい。それは若い夫婦に、健康で抵抗力のある子孫を産むのに不可欠な力を与えるからである(61)」。

結婚を奨励し出生率の向上をはかるため、ナチ党は政権獲得直後から財政上・宣伝上の施策を推し進めた。一九三三年六月に導入された「結婚資金貸与」制度は、もともと失業対策を目的としたもので、夫婦に一〇〇〇マルクを無利子で貸与し、子供が一人産まれるごとに二五パーセントを免除、子供四人で全額免除とした。もちろん、受給資格は「遺伝的に健康」な者にかぎられ、申請者には健康診断書の提出が要求された。「夫婦の一方に遺伝的な心身の疾患があり、その結婚が民族共同体の利益にかなうと思われない場合……結婚資金貸与は認められない」[62]。ナチ党はまた、家事の負担軽減をはかることで、母親の出産意欲を高める対策もとった。一九三四年三月に創設されたナチ国民福祉団の援助事業「母と子」は、「子だくさんで遺伝的に健康な家族に自由な発達・発展の可能性を保証」しようと、ナチ女性団その他の党機関と連携しながら、妊婦の世話、母親講座の実施、乳幼児の養護、託児所の運営などの福祉事業を大々的に行った[63]。さらに一九三八年一二月には、多産の母親たちを表彰するため、「ドイツ母親名誉十字勲章」が創設された[64]。「出産戦争」で輝かしい成果をおさめた母親たちの「功績」は、民族と祖国を守るために挺身した兵士たちのそれに等しいとされたのである。

図版16　子だくさんの母親の理想像。『ナチ女性視点』の表紙

だがこうした一連の施策もまた、固有の矛盾に直面していた。すなわち、質と量の問題である。子だくさんの家族が増えれば、人種的な質を維持することが難しくなった。ナチ政権はすでに一九三三年七月には「遺伝的疾患を有する子孫の出生を抑止する法律」、一九三五年九月には「ドイツの血と名誉を保護するための法律」を発布して、民族の健康と血の純潔の保護をはかったが、出産の奨励によって望ましくない子孫が増えることへの憂慮は絶えなかった[65]。『黒色軍団』はこの点について、「懸命に子だくさんを宣伝・達成」しようとする努力にもかかわらず、大

家族が往々にして「人種的な劣等性」を示していることを問題視している。[66] ナチ党人種政策局やドイツ家族帝国連盟などといった関係機関がくり返し、人種的に純潔で健康な結婚の重要性を強調したのもそのためだった。[67] こういった執拗な訴えには、大事なのはとにかく価値ある子供を増やすことで、結婚そのものは副次的な意味しかもたないという基本的認識があらわれていた。それどころか、子供のできない夫婦に結婚生活をつづけさせるのは有害だという見解が表明されることもあった。親衛隊機関紙は、「民族の生殖細胞としての結婚の意義を子供の出産を通じて満たす」ことの必要性を強調しつつ、こう力説する。

子なしの結婚そのものは絶対に神聖なものとはいえない。子供をつくらないと決めた場合は……明らかにそういえるし、つくろうとしてできない場合も民族に害を与える。そういう結婚生活を送る夫婦は、民族の生殖に寄与しないからである。この場合、夫婦の一方ばかりか、もしかすると双方とも、結婚をやり直せば子供ができるということも十分ありうる。[68]

子供のできない夫婦は離婚して新しい家庭を築くべきだという要求が、一九三八年七月の離婚法改正を後押しした。新たな法律のもとでは、三年以上別居していることや子供ができないことも離婚の原因として認められるようになり、事実上破綻した結婚を法的に解消することが容易となった。[69] こうした改革がヒトラーの意に沿うものだったことは、「配偶者双方の気持ちが完全に離れているのに、結婚を維持しようとするのは間違いである」という発言からも明らかである[70]。

この独身の独裁者が離婚の破綻主義を支持したのは、結婚の目的を子孫の繁殖という一点にもとめたからだった。いわく、結婚などというものは瑣末な形式にすぎず、男女が真の愛で結ばれ、多くの子宝に恵まれることが肝心である。「そのような結婚だけが本当に申し分のない子供の教育の保証となり、ドイツの将来にとっても価値のある基盤となる」。愛情もないのに結婚という形式にこだわるのは、国家の証文をありがたがる無節操な態度のあらわれであり、女性にある種の権利を認めることにもつながる[71]。ヒトラーのいう「真の愛」とは、夫婦の幸福のためのものではなく、次の世代を産むという目的に奉仕するものであった。それゆえ、「健康で人種的に申し分のない者」だけが結婚すべきであって、性的必要を満たすために人種的に劣った女と結婚するなどもってのほかである。「そのようなある種のだらしなさから生じた結婚よりも、内密の浮気を認める方がずっとましだ[72]」。生殖の奨励はこうして、婚外関係の容認へと向かうことになる。

婚外関係の容認

未婚の母と子の問題は、進歩的な性道徳の擁護者をもって自認する総統のお気に入りのテーマだった。彼にとって重要だったのは、女性が子供をつくることであり、彼女が結婚しているかどうかなど、副次的な問題にすぎなかった。

少女が結婚することこそ目標とされるし、目標とされなければならない。だが彼女がオールドミスになる前に、一人でも子供をつくる方がよい。あらかじめ証人の前で宣誓が行われたかどうかなど、自然にとってはまったくどうでもいいことだ！　自然が望んでいるのは、女性が子供をつくることであり、子供ができなければ、多くの女性は病気になってしまう。……そう、悲嘆に暮れて隠遁するより、子供をつくって生き甲斐をもつ方が、ずっとよいのだ[73]！

こうした見地からすると、未婚の母と子に非難を浴びせる俗物たちの偽善ぶりは、唾棄すべきものにほかならなかった。「最も偽善的なのは「上層の一万人」だ。……彼らは他人が婚外「交渉」をしたといって非難するが、自分は離婚歴のある女性と結婚しているのだ！」[74]。健康な子供の誕生こそ、男女の愛を祝福するものであるにもかかわらず、これらの偽善者たちのせいで、多くの健康な女性たちが子供を産まなくなっている。農村にはいまでも、花嫁が妊娠してから婚礼を行う「試験期間」の風習が残っているが、農家の存続に不可欠なこの古きよき慣行までも、彼らは恥ずべきものに貶《おとし》めている。こうした悪辣な非難から母と子を守ろうと、ヒトラーはいかに多くの偉大な人々が孤児院から育ったかを強調し、私生児が産まれたのは両親の間に身分を超えた本物の愛があったからだと説く。「この中世の有益な施設である孤児院を廃止し、真の情熱が子供の出生に手を貸した場合でも、未婚の母ると子に最大の侮辱を浴びせたのは、一九世紀の道徳的偽善である」[75]。これらの発言には、婚外交渉をタブー視する市民道徳への批判が強くあらわれている。

総統の忠臣たちは、この問題でも競って態度を表明した。なかでも総統代理ルドルフ・ヘスは、開戦後の一九三九年一二月末に「未婚の母への手紙」という公開書簡を発表し、次のような配慮に満ちた提案を行っている。いわく、婚約者を戦争で失った未婚の母親とその子供は、扶養の面では婚姻が成立している場合と同等に扱われる。子供の戸籍登録に際しては、父親の名前のかわりに、あるいはそれに添えて、「戦争の父」と記すことにする。母親は旧姓のままだが、「夫人」と呼称される。母親が望めば、党は子供の後見人を指名する。ヘスはこうした処遇を理由づけるために、困難な状況のなかで子供の出産を決意した母親が蔑まれるようなことがあってはならないと説き、いずれそうした母親が最高の敬意を払われる日がくると期待を表明する。

ほかの時代にならば必要かもしれない市民道徳と慣習の枠を超えて、戦争による血の犠牲を埋め合わせた母親たちすべてを、全ドイツ民族が支援するようになるだろう――農村の住民がずっと昔から、私生児の問題に対してより自由な態度を示してきたのと同じように。[76]婚外出産は古くさい因習には反するだろうが、ともかくも子供を産んだ母親は民族に対する義務をはたしたのであり、国家は彼女たちを手厚く保護すべきである。総統代理はこうした見地から、婚外交渉に否定的な従来の党の立場をひるがえし、人口政策の領域における影響力の強化をはかったのだった[77]。彼の提案は反響を呼び、親衛隊機関紙でも取り上げられたが、同紙が示した見解は、さらに強制の響きを強めていた。「結婚によろうとよるまいと、出産というこの最高の義務から何らかの方法で逃れようとする少女は、兵役拒否者と同様に敵前逃亡をはかる者である[78]」。

生命の泉

支配人種の繁殖に血道を上げた親衛隊帝国指導者は、すでに数年前からこの問題に携わっていた。一九三五年一二月に設立された「生命の泉」協会は、親衛隊に附属する母子養護施設で、「人種的に価値の高い」子供を未婚の母からも調達することを目的としていた。「「生命の泉」協会は主として親衛隊のメンバーから成り立っている。それは子だくさんの母親たちに、模範的な施設での最善の出産と、産前・産後の休養を可能にしている。さらにまた、すぐれた血統の未婚または婚外の母親たちにも、快適な出産の機会を提供している[79]」。会則によれば、この協会は「人種的・遺伝生物学的に価値の高い子だくさんの家族」を支援するものとされていたが、活動の重点はむしろ、未婚の母親に対して秘密裏に出産する機会を提供することに置かれていた[80]。年間数十万件に及ぶとされた中絶を防止するためにも、まずは経済的・社会的窮境にある未婚の母親たちに手を差し伸べる必要があったのである[81]。

ヒムラーは側近にこう説明している。「私が生命の泉を設立したときにまず考慮したのは、私生児を出産する人種的に申し分のない女性に対して、無料で出産し、調和のとれた環境のなかで出産前の最後の数週間を快適に過ごし、来るべき偉大な出来事に備える機会を与えるという差し迫った必要に応じることであった」[82]。協会は産前・産後を過ごす施設に加えて、独自の戸籍登録所をもち、子供の後見や養子縁組も引き受けた。既婚の女性、とくに親衛隊員の妻も施設を利用することができたが、未婚か既婚かどうかの詮索を避けるため、すべてファーストネームで呼称された[83]。施設への受け入れに際しては、両親とも親衛隊員と同じ人種的基準を満たさねばならず、親衛隊の医師の診断が必要であった。入念に調査されたのは、「価値の高い子供」の誕生が期待されるかどうかであった。「会の任務は人口政策の領域にある。「生命の泉」は親衛隊が多くの子宝を得ることを支援し、すぐれた血統の母親に保護と世話を与え、援助を必要とする母親とすぐれた血統の子供を助けるものとする」[84]。

図版17　「よき血をもつ母親はみな神聖である」。「生命の泉」の施設を紹介する『黒色軍団』の記事

　親衛隊の家族に価値ある子供を調達するという協会の任務からすれば、親衛隊員に特別の要求が課されたのも不思議ではなかった。ヒムラーは親衛隊将校たちに向けた声明のなかで、親衛隊が人口政

策の領域で模範を示すようもとめた。いわく、多くの子供をもつことは個人の問題ではなく、「祖先と民族に対する義務」である。親衛隊はすでに一九三一年の「婚約・結婚命令」でこの方向へ歩み出したが、「婚姻を結んでも多くの子供が産まれなければ無意味である」。したがって、親衛隊員は健全な結婚で少なくとも四人の子供をもうける必要があり、それがうまくいかない場合は、「人種的・遺伝健康的に価値の高い子供」を養子にし、「ナチズムの理念にもとづいて」教育すべきである。「適切な子供の選定と割り当て」は生命の泉が引き受ける。(85)ヒムラーはこう述べて、協会が——必要なら私生児の養子縁組までして——親衛隊の家族の子供不足を補うと宣言したのである。協会は自立運営されたものの、当初から親衛隊の人種・植民本局、一九三八年以降はヒムラーの個人幕僚部の管轄下に置かれ、親衛隊員から強制徴収される会費によって支えられた。一九三六年八月に最初の施設がオーバーバイエルンのシュタインヘーリングに開設された後、三九年までにさらに五つの施設が開設された。(86)

ドイツ各地に設立されたこれらの施設は、住民の間に様々な憶測を生み、親衛隊員が若い女性を妊娠させる「種つけ場」であるとか、そういった卑俗な噂の対象となった。実際には施設で組織的な交配が行われることはなかったのだが、これに志願するドイツ人女性が後を絶たず、親衛隊機関紙までも噂の否定に乗り出した。「人種をいわば実験室で改良したり、人間をたがいに「交配」し、何らかの理論にしたがって「北方の超人」の子供をつくったりすることなど、誰も考えてはいない」(87)。もっとも、一部のナチ党指導者の間にその種の計画があったことはたしかで、そのかぎりで住民の噂にも根拠があった。ヒムラー自身は側近にこう説明していた。「子供の欲しい未婚女性は安心して生命の泉を頼ればいい。……われわれが真に価値の高い、人種的に申し分のない男たちだけを「繁殖助力者」として推薦していることがわかるだろう」。彼の計画では、戦争が終わったら「三〇歳になっても子供のない女性にはすべて、子供を産むことを帝国に対する名誉ある義務と見なすようにさせる」というのだった。(88)

婚姻制度の解体

ヒムラーの遠大な計画は、婚姻法の改革にも及んだ。一九四一年はじめ、彼は側近にこう打ち明けていた。子供のない結婚は国家が援助するに値しない関係である。「ミュラー夫妻が幸福だったかどうかなどどうでもいいことで、大事なのは彼らが子供をつくったかどうかだけである。もし子供ができなかったのであれば、結婚をやり直して子供ができるようにすべきである」。それゆえ、新しい婚姻法には五年たっても子供のできない夫婦は離婚すべしという規定を盛り込む。こうした「ゲルマン的精神」にもとづく法律こそ、「ドイツ民族の新たな精神的興隆の基礎」となるはずだというのである。(89) 親衛隊帝国指導者が大胆な改革をはかったのは、既存の婚姻制度が「教会の精神的影響」のもとにあることを問題視したからだった。彼によれば、「今日の婚姻形態はカトリック教会の悪魔的所産であり、婚姻法じたいが不道徳である」。単婚制のもとでは、妻は権利を保障されているので、夫のために心を砕かなくなるし、夫もずっと妻だけで満足できないから、不実と偽善を強いられることになる。これでは夫は妻が嫌になって子供をつくらなくなるし、社会的非難を恐れて愛人に子供を産ませることもできない。

ヒムラーはそこに未婚の母と子の問題とも共通する「二重道徳」の弊害を見出し、これを克服する解決策を提示する。すなわち、多婚制の導入である。一九四三年五月、彼は側近に総統が戦後婚姻法を改正し、戦争功労者に重婚を認めることを決定したと伝えた。勇敢な戦士たちに二人の妻を認めれば、産まれる子供はずっと増えるし、妻たちも競って夫の気に入るようつとめるだろう。重要なのは、彼らが「最上質の子供を世に送り出す」ことであった。[90]生命の泉で自信を深めた育種長官は、改革の成功を確信していた。

つい数年前まで、私生児はまだ一般に不名誉とされていた。現行法に逆らって、私が親衛隊員たちに徹底的に教え込んだのは、私生児であろうとなかろうと、子宝こそ最も美しく最善のものだということである。その結果、彼らは今日では目を輝かせて私生児の誕生を報告しにくる。現行の法環境にもかかわらず、相手の娘たちはそれを名誉と考え、恥とは思っていない。[91]

壮健な若者たちを子づくりに向かわせようと、親衛隊帝国指導者はバート・テルツで部下たちに次のように要求していた。「われわれの男たちが――私が先鞭をつけたように――夏

図版18　少女たちとダンスを踊る労働奉仕団員たち

至の祭りの際に娘たちとダンスを踊れるよう配慮したまえ」。若い男たちが最良の娘たちと出会い、楽しく過ごせる機会をつくるべきである。そうすれば、彼らが「同性愛に向かう誤った道」に迷い込んだり、「人種的に劣った娘」と結婚したりすることは避けられるだろう。ヒムラーが「過度の男性化」に同性愛の温床を見出していたことは先に見た通りだが、示唆するところが多いのは、彼が男女を近づけることで同性愛の危険を防止できると信じていたことである。いわく、一五〜一六歳は男子が性的に不安定になる年齢であり、この時期に女子と接触する機会をもつことで、危険な段階を通過することができる。ダンスで知り合った娘に惚れれば、彼は勝利をおさめたことになるのである。若い男女をあまりに早く性に目覚めさせることを心配する必要はない。この年代の若者はそれを純粋で理想的な愛と見なすものだからである。[92]

ヒムラーのこうした主張に呼応して、『黒色軍団』もくり返し若者の自然な欲求を肯定し、それを抑圧する「市民道徳」に非難を浴びせていた。「若者のなかに湧き起こる健全な本能」には「自然なはけ口」を与えるべきであり、それを卑しむべき「罪深い欲求」として否定すると、彼は不健全な「誤った道」に迷い込むことになる。この「同性愛の過ち」にくらべれば、「軽薄でふしだらな娘」との交際など取るに足らない問題である。[93] 同紙はさらに、若者の間の婚前交渉は「社会的障害と道徳説教者に対する健全な反発」であるとさえ主張する。健全な青年にとって、異性は汚れのない純粋な存在であり、若い男女の無邪気さは、親たちの秘密めいた関係よりよっぽど「道徳的」である。男女の交際に反対する連中こそ、若者の堕落に手を貸す「汚い道徳」の提唱者だというのである。[94]

婚前交渉の奨励

『黒色軍団』も認めているように、若者の間では婚前交渉が一般化していた。同紙が紹介した調査によれば、性交渉の初経験平均年齢は男性二一歳、女性一九歳で、双方とも初婚平均年齢より七年も早く、婚前交渉未経験者はわずか数パーセントにすぎなかった。[95] ヒムラーもまた、帝国内務省の人種・人口政策諮問委員会に対してこの点を認め、市民道徳が教えるのとは異なって、男子の大半が二二歳には性交を経験していると指摘していた。こういう状況に対する理想的な対処法は早婚を奨励することだろうが、若い男女に家庭を築く経済力がなければ、現実的には婚前交渉を許容するしかない。「ドイツ民族が私生児の問題ゆえに崩壊するなどと考える必要はない」のであり、むしろこの問題には――男女関係を過度に制限する「既成の道徳的見解」に反して――「ある程度のゲルマン的寛容」をもって対処すべきだというのである。「実際に性交が行われているのであれば、つまらぬことにこだわってこの性交の産物、すなわち子供を非難すべきではない」。

ヒムラーはもちろん、婚前交渉によって子供の出生が増えることを期待していたのだが、生殖に寄与するかどうかを問わず、彼が性交そのものに積極的な意義を見出していたことも事実だった。それは男性の健全な本能の発露と見なされたのである。「さらに確実なのは、多くの女と遊んだ経験があるか、いまも遊んでいる兵士こそ、たいてい非常にすぐれた兵士だという事実である。われわれの運動においても闘争期にはよく経験したことだが、ひどく道徳家ぶる男は、必ずしも最高の闘士ではなかった」[96]。

性交が男性の士気を高めると信じていたのは、親衛隊帝国指導者にとどまらなかった。彼の主人、ヒトラーも私的な談話のなかで、若者に「健全な生の喜び」を認める必要を説き、「兵士の戦闘力を保つのに、性愛の禁欲を命じる教会の戒律など無用である」と強調していた[97]。彼はこうした考えから、帰休兵と交遊する身持ちの悪い女たちを取り締まることに反対だった。「カフェから尻軽女たちを排除してしまうと、兵士に必要な休暇中の楽しみを奪うことになる。……どこかで何らかの行き過ぎがあったとしても、すぐに警察の措置をもとめるより、教育によって働きかけるようにしなければならない」。

総統はそればかりか、帰休兵が若い娘と出会うことのできるよう、ダンスやその他の催しを大規模に組織することも指示していた。一九四〇年七月までに、そうした「国防軍の催し」が約一〇万回行われ、延べ約一億三〇〇〇万人が参加した[98]。もちろん、これらの催しは兵士に休暇中の楽しみを与えるだけでなく、結婚と出産を増加させることも目的としていた。党官房長マルティン・ボルマンは、この点について次のように指示している。「帰休兵のためによい交際の機会をつくってやることは、人口政策的理由から不可欠である。独身の前線兵士が戦争中でも結婚したいと望むならば、よい形で娘と知り合う機会も与えなければならない[99]」。

だがこうした発言の背後に、性交渉の奨励を通じて士気の高揚をはかる狙いがあったことは疑いない。というのも、体制はこの時期には売春宿の運営に乗り出していたからである。すでに一九三六年には、国防軍最高司令部はこう指示していた。「軍司令部は、売春宿の設置が早急に必要であると表明した。……それゆえ、売春婦の逮捕は控えめにしなければならない[100]」。ヒムラーもバート・テルツでの演説のなかで、売春を容認する姿勢を明確にしていた。思春期の若者が同性愛に引きずり込まれるのを防ぐためには、何としても若い娘と接触させる必要があると彼は主張する。

この問題(同性愛問題)にくらべれば、それじたいまったく無害な売春問題を組織することができる。それは特定の措置を講ずれば、文化民族に許容できる組織にもっていくことができる。われわれはこの領域では、きわめて寛容であろうと考えている。というのも、一方で全青年が同性愛へ向かうのを妨げようとしながら、他方で逃げ道をふさぐことはできないからである。それは狂気の沙汰である。結局のところ、都会で娘たちと出会う機会を与えること——たとえ金によってであれ——が、他方での大きな成果をもたらすのである。

ヒムラーによれば、農村では性に対する「自然で健康」な態度が保たれており、数世紀に及ぶ「キリスト教道徳」の影響にもかかわらず、若者が夜な夜な娘たちのもとへ出かけている。その結果、私生児が産まれるかもしれないが、それはたいした問題ではない。これに対して、都会の若者にはそういう女性との接触機会が欠如しているので、不道徳を奨励してでも、彼らの性欲にはけ口を与えなければならない。(101) こうした方針は、売春の撲滅を掲げてきた体制の公式政策と正面から対立するものだった。同性愛の脅威に対する不安は、「ドイツ民族の道徳的刷新」という目標までもわきへ押しやったのだった。

崇高な義務

開戦後の一九三九年一〇月、親衛隊帝国指導者は「全親衛隊・警察に対する命令」を出して、部下たちにあらためて子孫の繁殖に貢献するよう要求した。いわく、戦争で最良の男子が死ぬこと以上に困るのは、子供が産まれずじまいになることである。剣の勝利をおさめても、子供の勝利がそれにつづかなければ無意味である。それゆえ、戦時下では子供をつくることが「崇高な義務」とされなければならない。

自分の氏族……が子孫に継承されることを知る者のみが、安らかに死ぬことができる。

戦死者の未亡人にとって最大の贈り物は、彼女の愛した夫の子供である。ほかの時代なら必要かもしれない市民的な掟や慣習の枠を超えて、たとえ結婚によらずとも、帰還するかドイツのために戦死するか運命のみが知る出征兵士のために、軽率さからではなく深い道徳的真剣さをもって子供の母親となることが、すぐれた血のドイツの婦人と少女の崇高な使命となるだろう。

ヒムラーはこう述べて、戦死者の――嫡出と庶出とを問わず――すべての子供に対する後見と教育、物質的・経済的援助を引き受けると保証したのである(102)。この言明じたいは、彼が「生命の泉」を設立するにあたって示した人口政策的な目的を別の表現でいいかえたものにすぎない。ここで目を引くのはむしろ、親衛隊の長官が結婚によらない生殖を要求することで「市民的な掟や慣習」を打破する意志を表明し、なおかつその要求を「深い道徳的真剣さ」にもとづくものとして倫理的に正当化している点である。つまり、既成の市民道徳を超えたところに親衛隊独自の「道徳」を打ち立てる姿勢を明確にしているわけだが、本章の考察をふまえるなら、婚外性交さえも崇高な義務といいきる彼の道徳的確信の源泉は、以下の諸点にもとめることができる。

まず挙げられるのは、この新たな「道徳」がドイツ民族を守る前衛としての使命感と自負心に支えられていたことである。大ドイツ帝国の雄大な未来を思い描いていた親衛隊の長官にとって、民族の存続をはかることこそ何よりも優先される目標であり、それに役立つならどんな非道な手段も厭うべきではなかった。将来の世代の繁栄を考えれば、個々人の運命など問題にする必要はないとさえヒムラーは断言する。

過去数世紀の間にいくつもの不幸な結婚が結ばれたが、そこからでも数多くの力強い人間が産まれたではないか。ミュラー嬢やシュルツェ嬢が不幸だったかどうかを、三〇〇年、五〇〇年後に誰が尋ねるというのか。全体として見れば、そんなことはまったくどうでもよいことである。重要なのはむしろ、われわれの生きるこの空間のなかで、人種的・肉体的にすぐれた種族が生きつづけ、みずからに託された遺産を管理し、たえずそれを更新することである。[103]

図版19　親衛隊警護連隊を観閲するヒトラーとヒムラー

民族の安寧のためには個人への同情心を捨てて、冷徹かつ断固たる態度をとるべきである。ヒムラーが配下の精鋭たちに要求したことのなかには、たとえば次のようなものがあった。親衛隊員が恋人をもつことは恥ではないが、民族に対する責任を自覚して相手を選ぶ必要がある。不適格な女性に対しては、「君とは結婚できない」とはっきり伝えなければならない。そうした酷薄な態度こそ、人種的エリートの持すべき「慎み」だというのである。[104]

こういう非道な要求はもちろん、世間一般にすんなりと受け入れられたわけではなかった。開戦後のあけすけな生殖命令にしても、多くの人々の間に「無理解と誤解」を生じさせたため、ヒムラーは翌年はじめに再度命令を出して、釈明に乗り出すことになった。親衛隊員に対して婚姻の有無にかかわらず子供をつくるよう命じたからといって、出征兵士の妻に近づけと勧めたわけではないというのである。[105] だがそうした釈明の内容にもまして注目されるのは、この「民族存亡の問題」に対する一般人の反感と偏見を、ヒムラー自身が暗に想定していたことである。そこには彼がかつて親衛隊員に自覚を促したのと同じ、ある種の屈折したエリート意識があらわれている。「ドイツにはこの黒い制服を見ると気分が悪くなる連中がいることを、私は知っている。われわれはそんなことはわかっているし、そう大勢から愛されようと期待もしていない[106]」。

親衛隊の道徳

この精鋭部隊の「道徳」はさらに、既成の市民道徳を打破しようとする意志からも力を得ていた。いやむしろ、その意志こそ「道徳」の実質をなしていたといえるかもしれない。『黒色軍団』がくり返し批判したように、キリスト教倫理にもとづく伝統的な性道徳は、性生活を罪深いものとして抑圧することで若者の間に同性愛を蔓延させただけでなく、結婚という形式への執着から未婚の母と子に対する差別をも生み出してきた。それは子供の大量生産をはかる国家においては、とうてい容認できない考えだった。ヒムラーは一九三六年四月の覚え書きのなかで、そうした性に敵対的な教会の姿勢に異議を唱えている。

キリスト教によって築かれ、なおも美しい動機に支えられた道徳的な掟なるものは無用であり、それはキリスト教にとって、他人の罪を許すことのできる制度として自己を不可欠な存在にするという唯一の目的に奉仕するものだった。……私はこの偽善的な教えを親衛隊の隊列から完全に一掃し、それによってドイツ民族全体に模範を与えたいと考えている。

ヒムラーの考えでは、親衛隊は教会の説く性道徳を容赦なく攻撃することで、人口政策における前衛の役割を担うべきだった。既成道徳の制約をやすやすと乗り越え、世間の誤解や偏見にも動じずに新たな「道徳」を貫くこと、その確信に満ちた態度を称して彼は「慎み」と呼んだのだった。「ここではもちろん、他の領域におけるのと同様、次の条件が妥当する。すなわち、男女があらゆる事柄を騎士にふさわしく、慎みのある態度で、清廉潔白に行うことである」(107)。

こうした発言にみなぎる道徳的確信は、キリスト教にかわる新たな信仰を確立せんとする親衛隊帝国指導者の一貫した情熱を例証している。デートレフ・ポイカートはこの点について、ナチズムの人種主義は個人と民族の二分法を通じて生と死を意味づけ、一種の世俗宗教の役割をはたしたと指摘しているが、これは何にもまして、親衛隊が奉ずる信仰の教義を明らかにしたものといってよい[108]。個人は束の間の存在であり、死すべきものであるが、そのかわりに民族はその血統の流れのなかで、永遠に生きつづける。戦争による壮健な男子の犠牲も、その血が子孫に受け継がれることで、民族の永遠の発展に役立つものとなる。生と死をこのように極端な形で結びつけるヒムラーの信仰は、戦時中にすでに不吉な未来を予告していた。一九四二年四月、親衛隊員に血の維持を命じた二年前の命令のことを話題にしたヒムラーに対して、ヒトラーはベルヒテスガーデンでも「親衛隊の血の刷新の影響」があらわれてきていることを喜び、こう述べたという。

今日この地域で再び元気で健康な子供が走り回っているのは、警護連隊のおかげである。住民の構成が血統的に悪い地域にはすべて、血の刷新のために精鋭部隊を送り込むべきである。一〇年か二〇年後には、よい影響があらわれるだろう。それゆえ、まさに警護連隊のような親衛隊の精鋭部隊が、子供をつくることを民族の義務と見なしていると知って、うれしく思う。われわれのすぐれた血が流れている今日においてはまさに、「種」の維持はとくに重大な問題である[109]。

その少し前、オーバーザルツベルクで五〇世帯に二四人の子供が産まれたというボルマンの報告を聞いた総統は、満足げにこう語っていた。「これはもうロシアのような状態だ！

そう、住居さえあれば子供ができる！……われわれは子供の数でも頂点に立つのだ！」[110]。

しかしながら、これはあくまで彼の山荘の周囲の出来事にすぎなかった。統計によれば、旧帝国内の出生率は一九三三年の一〇〇〇人あたり一四・七人から、一九三六年の一九・〇人、三九年の二〇・四人へと増加したが、それでも二〇年代前半の水準には及ばなかったし、経済恐慌による落ち込みへの反動という面も大きかった。開戦後に出生率が再び下降に転じたことを考えあわせるならば、第三帝国下でも期待された人口爆発が起こらなかったことは明白である[111]。すでに一九三四年一〇月の時点で、人口政策の効果に限界があることは政府当局者の目にも明らかになっていた。帝国内務省参事官の報告によれば、ナチ政権が権力掌握後に実行した「人口政策的闘争」は、「子供への意志」を強化した点で「一定の成果」をおさめたものの、過去数十年にわたる出生率の低下をわずかに押し戻しただけで、ドイツ民族の存続に十分な向上を達成したとはいえなかった。「子供に対する精神的な態度の意識的な変化は、ごくわずかしか生じていない。一九三四年に乳児の数のわずかな増加が見込めるとしても、ドイツ民族の人口政策的状況は依然としてきわめて深刻である」[112]。こうした憂うべき状況は、結婚資金貸与をはじめとする様々な便宜の提供にもかかわらず、その後もほとんど改善されなかった。「生命の泉」の施設で産まれた子供の数も、ドイツ全体でわずか一万二〇〇〇人にとどまった[113]。親衛隊の性‐政策は、その隊員たちの信条にふさわしく、きわめて「慎ましい」成果しかもたらさなかったのである。

第四章　美しく純粋な裸体

裸体とエロティシズム

一九三八年一〇月、宣伝省幹部で親衛隊准将のハンス・ヒンケルは、ベルリンの喜劇俳優ヴィリー・シェファースが寄席の司会で次のように発言し、会場をどっと沸かせたことを苦々しく報告している。

うちのヌードダンサーは今日は自宅待機です。というのは、二度も『黒色軍団』の紙面を飾る気はないからです。みなさんがその記事をご覧になったかどうかわかりません。どうやらご覧になってないようですね。それはこの新聞が編集部の考えているほど広く読まれていない証拠です！　そう、こうしてうちのヌードダンサーが無料で新聞に載るわけです。といっても、私たちの写真ではなくて、もちろんダンサーの写真ですよ。[1]

発行部数五〇万部を超える親衛隊の機関紙『黒色軍団』への露骨な嘲笑に、報告者は我慢がならなかったようだが、それ以上に注目されるのは、反体制分子への過激な中傷で知られるこの新聞に女性のヌード写真が掲載されたという事実、しかもそのことが会場を沸かせる

図版20　ヴィリー・シェファース

笑いの種になりえたという文脈の存在である。風紀取り締まりに容赦のない厳しさで臨んだはずの親衛隊の機関紙が、攻撃の勢い余って扇情的な写真の流通に一役買ってしまったという皮肉な事態が、聴衆の笑いを誘う一因となったわけである。

　とはいうものの、一般に考えられているのとは異なり、「健全なる民族感情」の執行人たる親衛隊にしても、社会生活にはびこるエロティシズムを一掃するつもりはなかったし、宣伝省をはじめとする検閲当局も、映画や出版物におけるヌードの使用を黙認していた。この時代の人々がヌードをタブー視しておらず、むしろそれをあけすけに楽しんでいたことは、ドイツ随一のグラビア紙『ベルリン画報』の紙面に目を通せば、おのずと明らかとなる。発行部数一五〇万部を誇る同紙の映画・演劇の紹介欄には、たびたび肌を露出した女性の官能的な写真が登場する[2]。映画や舞台の紹介に名を借りた女性のむき出しのエロティシズムは、退廃的なキャバレー文化を彷彿《ほうふつ》とさせるものさえあったが、それだけにいっそう、刺激に飢えた男性読者の視線を惹きつけ、重苦しい現実を忘れさせてくれる一服の清涼剤となったに違いない。

　こうしたヌードの氾濫はしかし、センセーションをもとめる読者の欲求への迎合、ある種のガス抜きというだけに

図版21　『ベルリン画報』に掲載されたヌードダンサーの写真

はとどまらなかった。なぜなら、ナチ党内には他方で、帝政期以降に興隆した裸体文化運動の影響のもと、衣服をまとわない裸の肉体を健康美の象徴、北方人種の理想型として礼賛する勢力が存在したからである。彼らが賛美したのは、官能性を払拭した「美しく純粋な」裸体であったが、生の喜びを謳歌するその若々しい肉体は、映画や出版物にあふれるエロティシズムと容易に混同される恐れがあり、その違いの曖昧さこそ、上述のようなヌードの氾濫を招いていたのだった。そうすると問題は、崇高なヌードと猥褻なヌードをどう区別すべきかということになるはずだが、この点をめぐっては、ナチ党内に明確な基準が存在したわけではなく、検閲当局の対応も明らかに混乱していた。こういう状況のもとで、健康美と猥褻さの間の線引きは実際にはどのように行われたのだろうか。そもそも、そんな線引きは可能だったのか。

　このあたりの微妙で複雑な実情を明らかにするために、本章では第三帝国におけるヌードの位置づけを、裸体文化運動への賛否両論含めた反応を手がかりとして考察するとともに、多様なメディアを通じたヌードの氾濫の意味を、この時代のセクシュアリティのあり方とかかわらせながら論じていきたい。

1　裸体への意志

美しく純粋な裸体

シェファースが言及していたのは、寄席の一週間前に『黒色軍団』に掲載された写真入りの論説であった。「真の高貴な裸体のために」と題するこの論説は、日光浴をする「美しく純粋な」女性と、「破廉恥な商売」に従事する女性のヌードをそれぞれ全面で掲載し、両者を対照的なものとして扱っている。[3] 衣服を脱いだダンサーの淫靡《いんび》な肉体が、褐色の肌の健康的な少女の裸体とまるで別物であることは、誰の目にも明らかではないかというのである。

ここに提示された婦人、そのポーズや身ぶりがあの気品に満ちた少女と異なることは、澄みきった砂丘風景の「環境」がキャバレーの赤いビロードの雰囲気と異なり、海にふりそそぐ昼光が劇場の舞台装置のスポットライトと異なり、少女の肌の光沢ある褐色が真っ白な化粧と異なるのと同様である。

とはいえ、この論説が強調するほど両者の違いが明白かというと、必ずしもそうは感じない読者がいてもおかしくないと思われる。「美しく純粋な」女性もまた、その肉体を露出していることにかわりはなく、「破廉恥な」ダンサーとは違った形であれ、明らかに性的な魅

図版22　「美しく純粋な」裸体。『黒色軍団』の記事

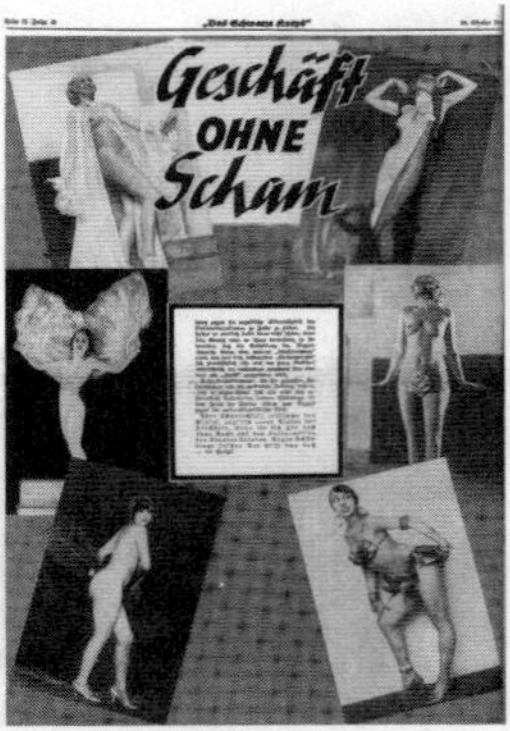

図版23　「破廉恥な商売」。右上の女性がシェファースの雇ったダンサーである

力を発散しているからである。そうした反応を想定してか、論説は威嚇的な口調でこう釘をさす。

　健全な感覚をもっている者なら、形式張らず純粋にのびのびと提示された少女の体を見ても、あまりの美しさと気取りのない自然さへの喜び以外のものを感じないだろう……。下劣な人間だけがその際、あらゆる自然なものをナイトクラブの赤い薄明かりに染める好色家の眼鏡をかけるのである。

　論説はこう主張して、「美しい肉体の純粋で高貴な裸体性」を好色なまなざしから守ろうとするのだが、実はここでは、少女の体に欲情する男性読者の卑猥さだけが問題とされていたのではなかった。むしろそれ以上に激しい敵意を向けられていたのは、裸体の美を浅薄なエロティシズムと同一視し、その猥褻さに道徳的な非難を浴びせる「俗物の上品ぶりと偽善的な憤激の喜び」にほかならなかった。いわく、健全な肉体の美しさを理解しない反動的な道徳家たちが、女性が裸で日光浴をするのを見て憤慨するのは、そこに純粋な喜び以外のものを感じるからである。こういう下劣な連中が裸体の非道徳性を攻撃するのは、それこそ恥知らずな猫かぶりではないか。新しい時代が要請しているのは、自然のままの裸体に最も高貴な美しさを見出す人間であって、そうした美の理想にけちをつける偽善者どもは、断固として粉砕しなければならない。「われわれの健全で自信に満ちた世界観は、あらゆる上品ぶりの天敵である」。

ただしこの論説は、「かびくさい市民道徳」への攻撃に乗じて、公然と猥褻なヌードを垂れ流す商売熱心な「芸術家たち」に対しても、批判の矛先を向けるのを忘れていなかった。こうした手合いは厚かましくも「国家の文化意志」を担ぎ出し、「誤った上品ぶりの束縛から民族を解放すること」を使命と考えているが、それはまったくの見当違いで、「われわれの時代の健全な努力と自然な姿勢を誤解しているこれらの不当利得者たちは、趣味の悪いアウトサイダーであるばかりでなく、ナチズムの世界を攻撃するための武器を敵に渡す害虫である。……この種の害虫には、もっぱら警察だけが役立つ」。裸体の美に対する健全で自然な感覚を喚起するため、論説はこうしてある種の二正面作戦を要求することになる。

裸体性と道徳の問題のため、そして一方ではかびくさい道徳家の見解の最後の残滓《ざんし》を一掃し、他方ではまた「現代の好色家」のいかがわしい小遣い稼ぎを抹殺するため、民族においてさらに多大な教育活動を行うべきである。

いずれの敵が重視されているかは、一目瞭然だった。同じ論説は、ある雑誌の表紙を飾る裸体彫刻に苦情を寄せた「かびくさい道徳家」の手紙を紹介し、「汚物と粗悪品に反対している第三帝国において、そうした写真を公衆に提示することがどうして可能なのか、私には理解できない」と述べる差出人のせせこましい考えを嘲笑している。この「あまりにも不快な」裸体に憤慨した別の人物は、これに着せる服の図案

Es ist im Volk noch sehr viel Erziehungsarbeit zu leisten um das Problem Nacktheit und Sittlichkeit, um damit einerseits die letzten Reste der Anschauungen muffiger Moraltheologen zu vertreiben und um auch andererseits die üblen Geschäftchen „moderner Erotiker" zu durchkreuzen. Die Versuche der letzteren haben wir gebührend an Hand zahlreicher Beispiele auf dieser und der nächsten Seite beleuchtet. Aus dem anderen Lager kam der nachstehende Brief, gerichtet an eine Dienststelle der Deutschen Arbeitsfront:

Gegen das Titelbild sowie die Einlage in dem Heft „Kampf der Gefahr" lege ich hiermit Protest ein. Ich verstehe nicht, wie es möglich ist im Dritten Reich, das gegen Schmutz und Schund kämpft, solche Bilder der Öffentlichkeit vorzulegen.

Weitere Ausführungen will ich mir versagen, in der Erwartung, daß dieser Hinweis genügt.

Suudern/Röhre,
den 4. Oktober 1938.
Heil Hitler!
F. W.

Ein anderer, diesmal anonymer Briefschreiber ging in seiner sittlichen Entrüstung sogar so weit, gleich eine Verhüllungsvorschrift für den so anstößigen griechischen Jüngling beizulegen. Wir haben dem guten Mann den Gefallen getan. Wir haben die „Anstößigkeit" angezogen. Vielleicht erkennt er und seine Gesinnungsgenossen daran am besten die traurige Atmosphäre einer Welt, in die wir endlich frische Luft bringen wollen.

図版24　服を着たギリシア彫刻。『黒色軍団』の記事

まで送ってよこしたという。そこで編集部は陰険な悪ふざけぶりを発揮して、この善良な男の願いをかなえてやろうと、服を着たギリシア彫刻を紙面に登場させた。論説は読者の共感をあてにしつつ、得意げにいわく、「われわれがいま新鮮な空気を送り込もうとしている世界のみじめな雰囲気が理解できるはずである(4)」。

ところで、『黒色軍団』が裸体を擁護する論説を掲載したのは、これがはじめてではなかった。ブルジョワへの憎悪に満ちた攻撃で読者の関心を集めた同紙は、たびたびこの問題を取り上げ、裸体の美しさを理解しない頑迷な道徳家たちを槍玉に挙げていた。そのやり口はいつもだいたい同じで、親衛隊の賛美する「美しく純粋な」ヌードを道徳的に非難する声を耳にするや、時を得たりとばかりに声の主に襲いかかって、その偽善的な上品ぶりと下劣な意図を暴き立てるというものだった。たとえば、ある保守派の論客がナチ党公認の農民カレンダーに掲載された女性のヌード画を「裸体文化のプロパガンダ」であると非難したとき、『黒色軍団』の記者はこれに猛然と反論して、この高貴な肉体をけなすことができるのは「堕落した好色家」だけだと主張している。この種の俗物どもは、「若い母親の威厳」を感じることができないばかりか、女性を不純で卑しい存在へと貶めることで、「ドイツ人の品位を汚し、美しいもの、高貴なものすべてを計画的に破壊すること」をめざしている。健全な感覚をもったドイツ人なら、純粋で美しいものを見て罪を感じたりはしないはずだというのである。(5)

これと同様に、ナチ党機関紙『フェルキッシャー・ベオバハター』がヌード画を掲載したことに憤慨し、「裸体文化」を導入しようとするものではないかと苦情を寄せてきたある牧師に対しても、『黒色軍団』は即座に応酬して、「裸体がいつの時代も人間の表現芸術の最高の目標と見なされてきた」ことは明らかであり、「裸体、とりわけ女性の裸体は高貴でなく、不快で卑しいものである」という牧師の姿勢は、「異端審問時代の不健全で偏狭な思考形態」にすぎないと一蹴している。(6) さらに辛辣な批判が展開されたのは、あるカトリックの司祭がナチ党人種政策局発行の雑誌『新しい民族』のカレンダーの販売に異議を唱えたときで、『黒色軍団』の論説は、このカレンダーに収録された写真に猥褻さを見出すことこそ問題ではないかと噛みついている。赤子に授乳する若い農婦の写真を挙げていわく、「最も放《ほう》埒《らつ》な「女たらし」でさえ、こうした姿を見れば沈黙し、敬虔な気持ちにかられたものである。健全な人間がその際、どうしてほかのことを感じえただろうか」。この美しい母親の姿を非難する輩は、みずからの艶《なま》めかしい想像に不快さを感じているだけであって、彼が見ているのは、ナイトクラブで踊る女性の卑猥な露出なのだ。「だがここで猥褻なのはどちらか。写真か、鑑賞者か」。(7)

直接の批判相手は異なるものの、これらの論説がいずれも肉体蔑視の黒幕として挙げていたのは「外来の教え」、つまりキリスト教で、これに対する執拗な攻撃は、『黒色軍団』の裸体礼賛がたえず教会批判と表裏一体をなしていたことを示している。同紙はきわめて率直に、「裸体の不道徳と闘うだけでは飽き足らない教会の『道徳』熱狂者」に反対を表明し、キリスト教の「中世的で陰鬱な」教義が「あらゆる自然な肉体の衝動、すべての健全な性生活を神に敵対するものと説明」するのに対して、ナチズムの「北方的な」世界観はこれとは逆に「力強く生を喜ぶ」ものだと主張している。「われわれは、ゲルマンの先祖の健全な感覚へ回帰したことを誇りに思っており、それゆえ新たな国家は、来るべき世代の人種的・肉体的健康にまったく特別の配慮を払うのである」。(8) 教会が抑圧してきた人間の肉体にしかるべき地位を与え、北方的な生の感情にふさわしい人種的な美の理想を表現することで、民族の再生をはからねばならないというのである。

もっとも、『黒色軍団』の論説によれば、教会もつねに肉体を蔑視してきたわけではなく、かつては肉体の自然な美しさのなかに神の啓示を見出す真の芸術を奨励していたのだが、しだいに健全な感覚を失い、民族の生に害をもたらすようになった。その道徳的な堕落ぶりは、みずからは女性聖人の裸体像を崇拝しながら、外部のいかなる裸体の提示にも反対するという二重基準にあらわれているという。(9)これに対して、ナチズムは今日再び高貴な肉体を自然な形で提示しようとしており、それは「われわれの民族の肉体的高貴さと美への本能を根絶すること」に貢献したあの上品ぶりとは無関係である。そして、この「美しく純粋な」肉体の理想像を提示することこそ、芸術の使命にほかならない。「ギリシア人が北方の肉体を調和のなかで提示することを理解していたように、彫刻と絵画においてドイツ民族の理想に応じることもまた、われわれの芸術の課題となろう(10)」。

北方人種の理想型

『黒色軍団』はさらに、肉体の表現において何が重要であるかを説明する。いわく、金髪碧眼《きんぱつへきがん》の美しい人間を模範として示すだけでは十分ではない。外面的な属性のみを強調する皮相な「人種物質主義」は、民族の健全な本能を堕落させる危険性がある。そうではなく、「高貴な精神と完璧な肉体の一致という模範、いつの時代もわれわれの民族に政治的・文化的な創造行為の最も強力な刺激を与えたあの人種像」を提示しなくてはならない。「北方における裸体性は、それがより高い神的なものの啓示であり、肉体によって永遠の不死のものが輝くときにのみ、説得的なものとなる」からである。裸体の提示において重要なのは、「空疎な肉体性の賛美」ではなく、「いきいきとした美しさ」を表現することであり、これによってはじめて裸体は「有効な教育手段」たりうるというのである。[11]

もっとも、それではなぜ裸体でなくてはならないのかという当然の疑問に対しては、『黒色軍団』はさしあたってごく簡潔に、裸体がいつの時代も「およそ考えうる芸術的創造の最高の表現対象」だったからだと回答する。偉大な芸術家は、隠し立てのない裸体の描写をもって「人間の美の感覚の完全な形態化」をなしとげたのであり、システィナ礼拝堂のミケランジェロの天井画を見れば、教会もかつてはたくましい裸体を賛美していたことは明らかではないかというのである。こうした見地から、同紙は芸術と裸体の関係を次のように特徴づける。すなわち、ドイツ民族にとって芸術は「文化生活の、そして国民の永遠性への意志の最高の表現」であり、その形態化の意志の対象として、芸術が「創造主の最も完全な作品」である裸体を選ぶことは当然ではないかと。[12]

だが『黒色軍団』が裸体を賛美した究極的な理由は、実は別のところにあった。すなわち、裸体文化運動の影響がそれである。裸の肉体に健康で自然な美しさを見出し、これを北方人種の理想像として賞賛するという姿勢は、まさにこの運動が帝政期以来ずっと堅持してきたものだった。教会や保守派の代弁者がナチ党による「裸体文化」の奨励を非難したとき、『黒色軍団』が猛然と反論せざるをえなかったのも、そこに一面の真理が含まれていたからだろう。(13) 実際にも、同紙は裸体文化運動の基本理念を踏襲しつつ、自然のなかで衣服を脱ぎ捨て、全裸で日光や水や空気に触れることの健康上の意義を強調していた。いわく、人間の肉体は「裸で隠し立てのない」状態が自然で、覆い隠された状態が例外なのであって、「あらゆる裸体、自然な状態における裸体は、真正であるとともに高貴である」。体を覆う衣服は、人間を自然から疎外する境界であり、日光、空気、水が及ぼす神聖な力を封じ、自然な循環を阻害することで、人間を何世紀にもわたって堕落させてきた。いまやわれわれは、みずからを衣服の拘束から解放し、「健康で美しい」人間へと脱皮しなければならない。こうした「裸体の自然で道徳的な価値」が認められれば、ドイツ民族は最高の力を手にすることになるだろうというのである。(14)

それればかりか、『黒色軍団』はまた、裸体文化運動の指導者ハンス・ズーレンの著作『人間と太陽』を絶賛し、「肉体文化と人種健康の相互関係を最も重要なものとして認識し、われわれの民族、いや北方人種全体の存立を脅かしている自然疎外を克服するための前提をつくりだしたこと」を、その功績に数えている。新しい国家の肉体教育には、「われわれの人種の本質的な基本特性」であった「あの典型的に北方的な肉体感情を喚起すること」が必要だが、これに寄与するのが「ズーレンによって生み出された裸体文化」で、「それがわれわれの民族の健全化にとって巨大な価値をもつこと」、「裸体文化がドイツ民族の将来の運命と内的に結びついていること」に目を向けなければならないという。もちろん、臆面もなく裸体文化を中傷する「不平屋や道徳説教者」もいるが、それは「彼らの古くさい心情が、あらゆる肉体文化にとって自明の前提をなす裸体性を『卑猥』だとか、『非道徳的』などと感じるからにすぎない」。ここでもまた、例によってあの威嚇がくり返される。「裸の肉体はそれじたい、けっして非道徳的に作用することはありえない――鑑賞者がみずからの歪んだ感覚にもとづいて、そこに卑猥な考えを持ち込むのでないかぎりは」[15]。

とはいえ、親衛隊の機関紙がいくら声高に裸体文化を擁護したところで、これを猥褻であると非難する声は止まなかったし、それどころか、ナチ党内でも裸体文化に理解を示したのは比較的少数にすぎず、多くは依然としてそこに風紀紊乱の危険性を見出していた。全般的に見て、裸体文化運動に対するナチ党の態度は両義的で、そこに新時代の福音を見出す声があるかと思えば、法的措置を講じてその撲滅をはかる動きも存在するなど、きわめて混乱した様相を呈していた。ナチ政権成立後に裸体文化運動が直面した賛否入り交じった複雑な反応は、そうした混乱を如実に示している。

抑圧される裸体文化

すでにヴァイマル期から、裸体文化運動は風紀紊乱として国家や教会の取り締まりを受けていたが、ナチ党の権力掌握後、裸体文化を禁止する政令が公布され、警察による監視が強化された[16]。プロイセン内務大臣ヘルマン・ゲーリングの一九三三年三月三日の政令は、裸体文化運動をドイツ国民への道徳的脅威として断罪するものだった。

ドイツの文化と風紀にとっての最大の危険の一つは、いわゆる裸体文化運動である。ますます多くの、とりわけ大都市の住民が、太陽と空気と水の治癒力を身体のために利用しようとつとめているが、国民の健康にとってそれがいかに歓迎すべきこととはいえ、いわゆる裸体文化運動は文化的錯誤であり、断固として拒絶されなければならない。裸体文化運動は、女性においては自然な羞恥心を抹殺し、男性から女性への敬意を奪い、それによってあらゆる真の文化の前提を破壊する。それゆえあらゆる警察当局は、国民運動によって発展した精神的な力の支持のもと、いわゆる裸体文化運動を根絶するためにあらゆる警察的措置を講じるべきである。[17]

ナチ党内の保守派は当初、ヴァイマル期の性的退廃を浄化しようとする目的から、裸体文化運動の撲滅を要求していた。この政令によって、裸で水浴を楽しむ男女のグループは警察の監視下に置かれ、公の場での活動を禁じられた。[18] しかも警察当局は裸体文化団体が国家に敵対的なグループ、とりわけマルクス主義者の巣窟をなしているとの疑念を抱いていた。裸体文化運動はもともと民族主義的な青年運動から発生したが、ヴァイマル期にはアドルフ・コッホがマルクス主義的・共産主義的な活動を展開し、道徳面でも自由恋愛を唱えるなどしたため、保守派の攻撃の対象となっていた。[19] そうした意味で、ナチ政権下での裸体文化の弾圧は、ヴァイマル共和国の道徳的・政治的荒廃を克服しようとする意志のあらわれだったと

図版25　裸で水浴を楽しむ男女。『ドイツ肉体訓練』掲載の写真

いえる。

だが警察の取り締まりは徹底せず、裸体文化運動はその後も活動をつづけた。それは一つには、裸体文化団体がみずから民族主義的な性格を鮮明にすることで、ナチ体制への適応をはかったためである。一九三三年五月には「民族主義的裸体文化闘争連合」、後の「肉体訓練同盟」が設立され、指導者カール・ビュックマンのもと、「理性に即した生活態度、野外生活によるメンバーの肉体鍛錬、ハイキングとスポーツ、民族の人種的育種への寄与、種にふさわしい文化の奨励」が目標に掲げられた。この団体は帝国スポーツ指導部に編入され、スポーツ団体として活動の基盤が与えられただけでなく、一九三四年一月には帝国国民健康委員会のメンバーとなり、ナチ体制の人種政策の一翼を担うこととなった[20]。この「強制的同質化」された裸体文化団体の成立によって、裸体文化を禁止する決定はすぐに覆され、その活動が全国で再び認められるようになった。

そもそも、ゲーリングの政令は全国一律の規制ではなかったため、地方レベルでは警察の規定が個別に適用され、対応がまちまちにならざるをえなかった。そのため、たとえばテューリンゲンでは、一九三四年一月に裸体文化を制限する警察的措置が撤廃されたし、アンハルト、ヘッセン、メクレンブルク、ブラウンシュヴァイクでは、裸体文化が事実上自由化された。プロイセン、バーデン、バイエルン、ヴュルテンベルクでも、部分的な規制が加えられただけだった。[21] 地方警察当局は、裸の男女が人目につかない場所で活動しているかぎり、これを黙認することが一般的になった。もっとも、これで裸体文化運動への疑念が払拭されたわけではなく、警察当局による捜索や弾圧もなくならなかった。一九三九年の肉体訓練同盟の映画上映会を内偵した秘密国家警察の報告によれば、上映会の様子には「マルクス主義的・同盟的傾向」が見られ、参加者にも「かつてのマルクス主義的裸体文化同盟や生改革者のメンバー」が多かったが、メンバーにマルクス主義との直接の関係は認められなかった。報告は結論として、裸体文化は「わが民族の新たな道徳観念」をもたらしえないと指摘している。[22]

裸体文化の支持者たち

他方、裸体文化運動はナチ党指導部内に一連の有力な支持者を獲得していた。総統代理ルドルフ・ヘス、帝国農民指導者リヒャルト・ヴァルター・ダレー、ナチ党人種政策局長ヴァルター・グロスらがそれで、彼らは健康で人種的に純潔な民族の創出というナチズムの人種政策的目標の実現をはかり、裸体文化をその課題にとって決定的なものと見なしていた。なかでもヘスは、裸体文化運動への明確な支持を表明し、マルクス主義との本質的な違いを強調している。

様々な、たいていは教会の側の人々は、裸体文化同盟がしばしばマルクス主義に汚染されている事実を、そのような同盟に対する国家や党の一般的な態度表明のために利用しようと試みている。私見によれば、党と国家はそのような態度表明にせき立てられる理由はない。疑いなく、裸体文化の領域でのこれまでの現象は、明らかになっているかぎり、喜ばしいものとはいえない。周知のように、たいていの団体は純粋にボルシェヴィズム的な団体であった。だがそれと並んで、ばらばらな小さく理想的で立派な申し分のない同様の民族主義的団体が存在した。しかも、裸体文化運動の根本思想は健全で、自然に即した自然にもとづく革新運動の観点から歓迎すべきである。

こうしてヘスは、「運動の奨励すべき根本観念を清潔で純粋に実現しうる方法」を見出すべきで、これを禁止したり拒否したりするべきではないと結論づける(23)。裸体文化運動とマルクス主義の関連をめぐる疑念は教会の中傷によるものにすぎず、ナチズムはそうした疑念を払拭して裸体文化運動を積極的に擁護するべきだというのである。

同様にグロスもまた、「ナチズムの生の感情全体が自然に即した自然にもとづく人間の姿勢をめざしている」との立場から、これに寄与する裸体文化運動を擁護し、国家による取り締まりの不当性まで訴える。「裸体文化の全般的な禁止は、この運動のメンバーの生活への国家の強力な介入を意味することになろう。この介入は、公衆と民族の利益にとって必要であるときにのみ、正当化される。こうした必要性は、所与のものと見なすことはできない」。裸体文化団体の活動が公の視線から守られていさえすれば、一般人の感情を害したり、反道徳的な影響をもたらしたりすることはありえず、その活動は個人の自由にゆだねられるべきだというのである。

注目されるのは、こうした主張が人間の肉体を隠すべきものと見なす教会への批判と結びついていたことである。「肉体の蔑視、教会の発展から理解できる裸体の罪深さの観念、裸体はそれじたい必然的にエロティックなものであり、多くの人々に提示された場合、卑猥な感情を喚起するという見解は、今日でも何百万もの民族同胞にとって理解できるかもしれないが、革命的なナチ政権の法律文書によって未来永劫正当化されてはならない」(24)。人種政策局長のこの発言は、人種主義とセクシュアリティの交点としての裸体文化の重要性を照らし出している。

健康な肉体への喜び

裸体文化団体の側でも、肉体を蔑視する教会の姿勢と、その影響を受けた警察の干渉に対して、くり返し異議が唱えられた。肉体訓練同盟の指導者ビュックマンは、裸体文化の禁止を支持した内務省の警察係官がカトリックの側に立ち、「原罪やとりわけ肉体の罪深さの思想」にとらわれているため、「真に民族主義的な立場から精神と肉体の統一を強調し、肉体と精神の規律正しい生の形成の可能性と、わが民族の育種の可能性を信じている運動」に関

図版26　肉体への喜び。裸体文化は人種的健康の増進に役立つと考えられた

する決定を行うのにふさわしくないと主張する。「ゲーリングの政令が及ぼす破壊的な影響を顧慮して、党および国家の立場から、ドイツ人が肉体を覆い隠すことなく、生まれたままの姿で、ドイツ肉体訓練の旗印のもと、公衆の目に触れないところならどこでも、人間を治癒し強化する自然の力に身をゆだねる権利を、できるだけ早く明確に認めるよう要請する」[25]。

肉体訓練同盟のメンバーたちは、たえず裸体文化の実践の余地をもとめて活動したが、彼らを突き動かしていたのは、「健康な肉体への純真な喜び」を抑圧する偽善的な態度への反発であった。機関誌『ドイツ裸体文化』に掲載された宣言文は、「不法な道徳審判者と嘘つきの純潔唱道者」を槍玉に挙げた帝国国民啓蒙・宣伝大臣ヨーゼフ・ゲッベルスの論説を引用しながら、「教会と小市民の黒幕」、「黒と青の反動、知ったかぶり屋、あら探し屋、時代遅れの人間の攻撃」を非難し、みずからの目的および課題として、「血と土と結びついた自然に即した肉体教育による民族育種の奨励」を掲げている[26]。裸体文化に関するある解説書はさらに、性欲を自然な衝動として肯定し、これを抑圧する「上品ぶり」に攻撃の矛先を向ける。

上品ぶりは今日人間の全生活を支配しており、それは……肉体と性的な事柄に対する純真なまなざしと無害な感覚を奪い、全領域を好色さにゆだねた。……性欲と官能は、他のあらゆる純朴な性質と同様に、人間のすばらしい神聖な天賦の資質である。……それゆえ、われわれはいかなる上品ぶりにも全力で立ち向かい、本当の純潔をこれに対置しなければならない。

こう述べる論者は、自然な本能を抑圧する「狂信的な厳格主義」にも、純朴な感覚を堕落させる「奔放な恣意」にも反対し、「上品ぶりと粗野な官能性の間」の「無垢な純潔性」を要求する。「自然なものを自然に、単純に、無害に扱う」ことこそ、「健全で自然な人間」のとるべき態度だというのである。(27) 別の論者によれば、「裸の人間の肉体への喜び」を抑圧する「息苦しい小市民的な道徳」は、民族教育にとっても有害であった。「性の違いを強調するあらゆる指標を不純で罪深いものとして隠すべきだとなおも考えている者は、自分自身の生の領域を汚しているだけでなく、その民族の精神を性と生殖という事実をめぐる過度の曖昧さによって害している」。むしろ裸体を提示し、その美しさを享受することこそ、「民族教育の規範」、ひいては「人種的選別の手段」となるものだという。

心身が健康な人間は、自由な自然のなかで、異性の前でも、手足を使った楽しい遊びや肉体の隠し立てのない美しさを享受することが許されると考えるなら、そこには性的逸脱の危険ではなく、健康で誠実で自然な男女関係に向けた卓越した教育手段が見出されるのであり、それは子供にも提供するべき実証済みの教育手段である(28)。

ビュックマンによれば、北方人には「異性の肉体の美しさを見ることへの憧れ」が存在するのであり、この「北方的な憧れ」が抑圧されている現状を「肉体への新しい態度」によって打破するべきであった。裸体は「人種的自明性」(29)、「育種の観点からの必然性」であって、支配人種の育成に向けた有効な手段だというのである。

人種的健康の称揚

裸体文化の人種政策上の意義はまた、自然の治癒力とその健康増進の効用という面からも、くり返し強調された。ヴァイマル期からの裸体文化運動の主唱者の一人で、第三帝国期には親衛隊将校および帝国農民指導者の特命全権として肉体教育の指導に携わったハンス・ズーレンは、健康で美しいアーリア人の肉体をつくり上げるために「自然の実り多い影響」を重視すべきであると説いている。「太陽、空気、日光を裸体に活用すること、堅実な生活、適切な栄養摂取、……これが『ドイツの体操』で示した生活スタイルである(30)」。

人種的健康の向上をめざすズーレンの見解は、ナチ党の保健政策とも親和的であった。帝国医師指導者ゲアハルト・ヴァーグナーによれば、民族の健康の指導者たる医師は治療よりも予防に傾注するべきで、そのためにはとくに「自然とその治癒力」を積極的に活用する必要があった。「医師はもはや大学で習得した学校医学の知識の教義にのみ信頼を寄せるのではなく、自然療法、ホメオパシー、国民医学の方法にも取り組み、これらの方法に習熟するべきである」[31]。「予防的健康保護」には日頃の生活習慣が重要であるとされ、健康を維持する最善の方法として定期的な日光浴や外気浴が奨励された。ヒトラー・ユーゲントの団員に課された「健康な生活を送るための十戒」には、こう記されている。「君はたえず清潔を保ち、体をケアし、運動しなければならない。日光、空気、水がそれに役立つ」[32]。ナチズムと裸体文化運動が、人種的に純潔で健康な民族の創出という目標を共有していたことは明らかである。

それにもかかわらず、裸体文化団体が公式に承認されることはなく、依然として流動的な状況がつづいた。その最大の原因は、治安機構のトップに君臨するハインリヒ・ヒムラーの姿勢にあった。民族育種の思想にとりつかれ、自然療法にも関心を示したこの親衛隊帝国指導者は、イデオロギー的には裸体文化運動のメンバーや支持者たちと近い立場にいたが、ドイツ警察長官として、マルクス主義との関係が疑われる団体の活動をはっきりと支持することには慎重たらざるをえなかったのである。そのため、彼は当面は裸体文化を制限する政令を維持したまま、基本的にこれを黙認するという対応をとることになった。

その複雑な胸中は、肉体訓練同盟の過度な自己主張に対する彼の憤慨にあらわれている。「親衛隊帝国指導者は同盟の宣伝の仕方に憤慨している。彼はこうした卑劣な方法で名前を売り込むことができると同盟が考えているなら、同盟に対する彼の寛容さもすぐに変化するだろうと伝えるよう指示している」[33]。肉体訓練同盟は再三にわたって「政令の緩和」を訴え、ヒムラーも一九三七年にこの問題について検討することを約束したものの、最終的な決定は引き延ばされ、政令は有効なままであった[34]。一九三八年には保安警察長官ラインハルト・ハイドリヒが裸体文化運動の是非に関する「包括的な覚書」をヒムラーに提案したが、その内容は公表されなかった[35]。いずれにせよ、一九四二年七月の「水浴の規制に関する警察指令」によって、「所与の状況のもと、部外者に見られないと考えられる場合、同性または両性の個々人またはグループは公の場でも裸で水浴してよい」とされるまで、裸体文化運動はどっちつかずの状況に置かれたのである[36]。

もっとも、裸体文化運動が賛否入り交じった反応に直面する一方で、それが理想とする「美しく純粋な」ヌードの描写、とりわけ写真による提示は基本的に黙認され、雑誌や書籍を通じて大量に流布することになった。こうしたヌードの氾濫に、検閲当局は疑念を抱きつづけたのだった。

2 ヌードの氾濫

氾濫する裸体文化

裸体文化運動の取り締まりが禁止と承認の間で揺れ動くなか、裸体文化関連の雑誌や書籍の刊行は継続した。一九三三年の夏には肉体訓練同盟（当時は民族主義的裸体文化闘争連合）の機関誌『ドイツ裸体文化』だけが刊行を認められ、三四年八月からは『法と自由』、三七年からは『ドイツ肉体訓練』の題名で継続刊行されたが、三〇年代半ば以降になると、裸体文化に関する書籍や双書の出版があいついだ。代表的なものだけでも、一九三六年末にはズーレンの『人間と太陽』の改訂版が出版され、『黒色軍団』や『フェルキッシャー・ベオバハター』で絶賛されたのをはじめ、三九年にはヴィルム・ブルクハルト編集の双書『精神と美』や、ヘルマン・ヴィルケの著書『肉体を肯定せよ！』、四〇年にはブルクハルトの著書『肉体の喜びの勝利』や、クルト・ライヒャートのカラー写真集『肉体訓練と肉体美』などが刊行された[37]。いうまでもなく、これらの出版物には裸で水浴を楽しむ男女のヌード写真が数多く掲載されていた。

図版27　雑誌スタンド。裸体文化雑誌が陳列されている

こうしたヌードの氾濫は、ナチ政権成立直後には考えにくいことだった。新政府は猥褻物を取り締まる既存の「汚物・俗悪物撲滅法」を適用して、新聞や雑誌の浄化に乗り出しただけでなく、一九三三年三月七日にはプロイセン司法省が次の指令を布告して、「猥褻な文書・図画・公演などの撲滅」を宣言したからで

ある。

文書と図画の汚物の撲滅は、それがもたらしたわが民族の身体的・道徳的健康に対する特別な危険ゆえに、最大限の力をもって進められなければならない。……官能性をあてこんで商売を営む者は、容赦ない弾圧と厳格な懲罰によってしか威嚇することができない。(38)

その後、裸体文化の意義が一定の理解を得て、関連雑誌や書籍の刊行が認められるようになっても、これらを猥褻物として非難する声は止まなかった。一九三〇年代後半にあいついで出版された雑誌や書籍に対しても、党や国家の関係部局からたびたび疑念が表明された。出版物の検閲を担当する帝国著述院の係官は、一九四〇年にこう報告している。

裸体文化のモットーのもと、最近再びいわゆる裸体文化に関する本や雑誌の出版が増えている。これらの本や雑誌はたいてい非常に多くの写真を掲載している。裸の写真がこれらの本や雑誌の売れ行きにとって決定的といえないまでも、重要である。これらの写真集には特別な文化的ないし理想的な思想が認められない。というのも、その写真はむしろ趣味が悪く、妖しげなロマン主義を提示しているからである。

出版物のなかには、「まぎれもなくキッチュで趣味を堕落させるような、その影響においても疑いなくきわめてネガティブなパンフレットや本」が見られたが、そこではしばしば「エレガントな女性のタイプ」が描写され、「巧みなアトリエ写真、とりわけ寝室や脱衣シーン」までもが提示されていたという。係官によれば、その販売方法からして、これらの本や雑誌はいかがわしいものに違いなかった。「このような出版物がもっぱら駅や新聞スタンド、文房具屋などで販売されている事実からして、この販売においては何らかの理想的な観点が支配しているのではなく、単に好色家をあてこんだ思惑が決定的影響を与えていることは明らかである(39)」。

代用ポルノか？

帝国青年指導部もまた、裸体文化の一見理想的な外観の裏側に、商売人のいかがわしい思惑を見出していた。

新聞や書籍の記事や写真は、以前から顕著に公然と性的な事柄を取り上げている。本、雑誌、とりわけ写真誌には、ヌード写真が多数掲載されている。これらの出版物はもちろん、まじめを装った見せかけのもとに発行されている（「北方的」肉体文化の宣伝や写真技術の入門書など）。……そのような写真や記事を掲載する理由は、たいていの場合、売れ行きと利益の向上をもとめる努力にほかならない。新たな「裸体文化時代」に寄与する雑誌、写真誌、ダンスなどの公演の洪水は明らかに、国民に真の芸術と高貴な肉体文化を提供しようとする意図に由来するものではなく、組織時代のユダヤ的・物質主義的な精神といかがわしい類似性をもつ商売精神に由来するものである。

この報告は、ヌード写真の供給源として裸体文化雑誌と写真技術入門書の二つを挙げ、それらが無害さを装いながら事実上ポルノとして普及し、青少年に悪影響を及ぼしていることを問題にする。「いずれにせよ、それらはほぼ無制限に若者の手に入ることによって、計り知れない危険をもたらしている。駅の雑誌キオスクを一度のぞいてみれば、若者も裸体文化雑誌まですべて購入できることがわかる。未熟な若者に対してそのような表現がどんな影響を与えるかは、示唆するだけで十分である(40)」。

ライン地方の青年局の報告によれば、ヌード写真が掲載された雑誌は「道徳的領域における青少年へのさらなる危険の源泉」であり、そうした出版物の蔓延と青少年への堕落的影響を防止するため、ヒトラー・ユーゲントと連携して警察的措置をとる必要があった。注目されるのは、ここでは「商売上の目的のためにエロティックな描写がまったく公然と利用されている写真誌」はもちろん、『ドイツ肉体訓練』や『精神と美』のような「大人の観点からはあまり異議が唱えられない」出版物についても、「思春期の若者への悪影響を考慮すると、公に提示したり、街頭の雑誌スタンドで販売することは、とくに今日においてはまったく望ましくない」とされていることである。「若者の不安定な精神的状況に対して、これらすべての出版物は、個々の違いにもかかわらず、写真素材と文章の傾向によって性を刺激し、羞恥心をなくすように作用している」というのである。しかもそのような雑誌が出版されていることじたい、「党と国家の権限をもつ部局の是認を受けており、それゆえ安心して受け入れてもよい」という誤ったシグナルを送ることになる。報告は、裸体文化雑誌が「写真素材の普及のための安い婉曲的手段としか見なせない」ものであるとして、「ヌード雑誌が少なくともショーウィンドーから撤去され、写真誌にいつものヌード写真が掲載されないようにすることが、若者の道徳的健康維持の目的にかなうだろう」と主張している[41]。

図版28　「誰でもできるヌード写真」

商売人たちの弁明

裸体文化関連の出版物が「北方的理想」を隠れ蓑にした商売目的の猥褻物ではないかという疑念に対して、裸体文化団体の側はみずからの目的を明確にし、似たような出版物を発行する「商売熱心な業者」を非難することで応じようとしていた。一九四〇年に肉体訓練同盟の出版申請が帝国著述院に却下されたとき、ビュックマンはこれに反論して同盟の努力の正当性を主張し、「残念ながら過去二年間、われわれの努力とまったく関係がない商売熱心な業者がこの領域に参入してきて、われわれの同盟の目標を危険にさらすようないかがわしい出版物を市場に氾濫させている」と非難している。彼が名を挙げているのは、双書『精神と美』を発行していたヴィルム・ブルクハルトであった。「彼らはわれわれから理念を盗み、そこからいかがわしい冒険を行った。彼らは見せかけだけ民族的な生活や育種について語りながら、子供に関心をもたず、子供を産む気がなく、それゆえ真の育種にまったく貢献しないエレガントな女性のタイプを、見え透いた理由で描写の対象にしている[42]」。

　裸体を提示した写真集や写真入門書の著者たちもまた、ヌードを享楽の対象とすることに異議を唱え、「北方の人生観」や「健全で自然な肉体感情」の意義を強調していた。ある写真集の序文によれば、裸体の「覆いをとった美しさ」は「その生気によって、またその官能的だがよき趣味の限界を超えない上品な形態によって時代の趣味の変動を超越」し、「あらゆる不自由でひどい本能の蔓延」、つまり「ポルノグラフィー」に対抗するものだった。そこには「レヴューガールの厚顔無恥なむき出しの肉体」とは正反対の「自然な優雅さと美しさ」があり、「裸」に感じられるのは「空虚な写真の魂のない人間」だけだという[43]。別の写真入門書の著者は、「私はナイトクラブのメンバーではないし、不適切な場所で服を脱ぐように読者やわが国民を諭すつもりもない。だがそれを適切な場所で行う者は、俗物や偽善者を気にせずにそうできるべきである」と述べ、裸とヌードを混同する「偽善者」に対しては、「あらゆる点で申し分のない、すぐれたヌード写真を創造する」ことによって対抗するしかないと主張している[44]。

とはいえ、こうした裸とヌードを区別しようとする努力にも、読者の下卑た欲求に迎合する姿勢が透けて見えていた。同じ写真入門書は、よい写真を撮るには「あらゆる点で――体つきに関してだけでなく――申し分のないモデルが必要である」として、モデル選びの重要性を次のように説明している。

ヌード写真において最も重要なのはモデルであり、同時に最大の問題でもある。……いまこのグループのなかに欠点のない女性を見つけて、モデルをやってもよいといったとしても、彼女が服を脱いだとき、服を着ていたときには気づかなかった欠点が示されるかもしれない。このことは、とくにバストにあてはまる――それまで申し分なく見えていたのに、それはもっぱらよい形のブラジャーによるものだったというわけである。(45)

このような扇情的な出版物が、ポルノのない「清潔な帝国」において、ポルノの代用品となった可能性は否定できない。しかも、そうした代用ポルノは裸体文化関連の雑誌や書籍にとどまらなかった。

裸体画の称揚

「健全なる民族感情」の代弁者をもって自任したナチズムは、疑いなくヌードの氾濫を黙認し、奨励すらしていた。第三帝国期の絵画や彫刻においても、男性の性的欲望を喚起する肉

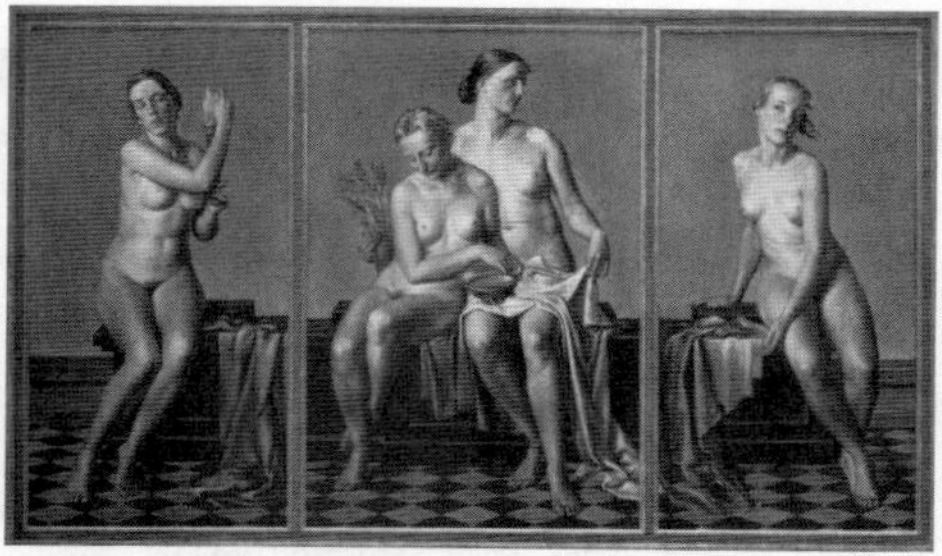
図版29　アドルフ・ツィーグラー『四元素』

感的な女性の裸体が好んで取り上げられ、子供を産み育てる清純な母親像を数の上で圧倒していた。ナチ党公認の大ドイツ芸術展に出展された絵画のうち、女性のヌード画だけで約一〇パーセントも占めるほどだった。それらの作品はいずれも写実的な描写を特徴としており、乳房や陰部にいたるまで包み隠すことなく提示していた。「恥毛の巨匠」の異名をとっていたアドルフ・ツィーグラーの『四元素』や、パウル・マティアス・パドゥアの『レダと白鳥』など、ポルノまがいの露骨な裸体画は展覧会で大きな関心を集め、その卑猥さゆえにセンセーションを巻き起こしたが、ヒトラーに大いに賞賛され、多くが買い取られた[46]。戦時中、展覧会に出展されるヌード画が多すぎると苦情を訴えた秘書に対し、総統はドイツのために戦う兵士たちを引き合いに出して、こう弁明したという。「前線から帰ってきたとき、彼らは美しい造形に感嘆して嫌なことをすべて忘れたいという肉体的欲求をもつものだ[47]」。美しい女性の裸体は、まずもって男たちの目を楽しませるべきものだった。ヒトラーは兵士たちの「健全な生の喜び」を満たす必要を強調して、側近にこう述べていた。「ドイツの男が兵士として無条件に死ぬ覚悟をするためには、無条件に愛する自由も与えられなければならない」。[48]もっとも、女性の裸体は浅薄なエロティシズムを超えた美の理想を提示するものとされ、「生の喜び」や「生の肯定」の表現としてイデオロギー的に正当化された。そこにはまぎれもなく、性を抑圧する市民社会への反発があらわれていた。そのことは、ある美術評論家の批評からも読み取ることができる。

クリムシュの「見る人」は、今日の若い女性の一つの型を具現している。かつての市民的な時代のいかなる上品ぶりも、逆にいかなる意図的なエロティシズムも、そこには見られない。その美しさはもっぱら、自然で健康な肉体におのずとあらわれるリズムと気高さにある。[49]

女性の裸体はけっして恥ずべきものではなく、生まれながらにして美しく崇高だというわけである。

生の喜びと人種的模範

親衛隊機関紙『黒色軍団』は、こうした裸体の賛美を教会への批判と結びつけていた。同紙によれば、「健全なドイツ人にとって、純粋で美しいものが罪であったことは一度もない」のであって、「わが民族の肉体的高貴さと美への本能」を衰退させたキリスト教の偽善

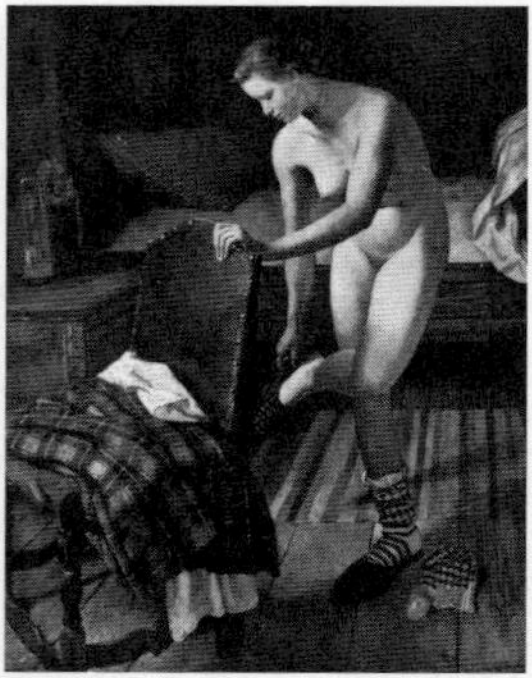

図版30　ゼップ・ヒルツ『農村のヴィーナス』

的な教えは、断固として排撃されるべきものである。[50] ヒトラーもまた、「美の喜び」を抑圧する宗教を奉じていることこそ、ドイツ人の「不幸」にほかならないと述べ、「兵士の戦闘力を保つのに、性愛の禁欲を命じる教会の戒律など無用である」と主張する。[51]

　肉体を蔑視するキリスト教的観念から解放されて、男たちは美しい女性の裸体を味わう喜びを取り戻すはずだった。この時代のヌード画が、様式の上では一九世紀の絵画の伝統を踏襲しつつも、女性の肉体を隠し立てなくあからさまに提示し、露骨に扇情的な印象を与えているのも、その点から説明できよう。あらゆる性的タブーを打ち破り、豊満な肢体をさらけ出した女神たちは、男性の視姦的欲求を十分に満足させたという意味で、一種の「売春」的な役割をはたしたと見ることもできるかもしれない。[52] なかでもゼップ・ヒルツの『農村のヴィーナス』は、寝室で服を脱ぐ肉感的な農婦の姿を通じて「健康な肉体の喜び」を描き出しており、豊かな胸とたくましい腰をもつその肉体は、窃視を楽しむ男性の視線に応じるかのように艶めかしく輝いている。履物に手をかけた仕草もまた、脱ぎ捨てた衣服とあいまって露出的な印象を与え、エロティックな雰囲気を醸し出している。ある批評家の言葉を借りれば、そこには「自然のままの肉体、ベストフォルム、清らかに発育した体つき、若々しい張り、血行のよい肌、生まれもっての動きの美しさ、目に見える生気」が表現されていた。[53]

こうした裸体はまた、もう一つの役目もはたしていた。すなわち、人種的な理想像を提示することである。美術評論家のヴェルナー・リティヒによれば、ヒルツの作品の「本質的なテーマ」は、「生まれや教育、身分にかかわらず、人種的に完璧な外観はつねに美の理想として心に訴えるという自明の認識」にあった。[54]『黒色軍団』はさらにはっきりと、人種的模範を説得力ある形で提示することこそ、芸術の使命にほかならないと断言する。

裸体および北方人種型の描写において重要なのはむしろ、いきいきとした美しさを本来の意味で明示し、顕現させることであり、根源的で神に似た人間の最も純粋かつ直接的な表現を見出し、形態化することである。こうしてはじめてそれは有効な教育手段となり、わが民族に道徳的な力と、民族の偉大さと、さらには再生しつつある人種的な美とを教えることができるのである。[55]

芸術の提示する裸体が人種的な美の規範となり、人口・人種政策の一翼を担うべきだというのだが、そうした役割をはたす上でも、鑑賞者を惹きつけるだけの誘因が必要だった。美術評論家たちがエロスの効用に言及していたのは、そのためだったといえよう。リティヒによれば、裸体画の表現する「美の理想」は人種概念を基礎としているが、そこでは「肉体的・性格的な美しさや清潔さと並んで、生の肯定、生の充足の此岸性が根本姿勢となっている」[56]。別の批評家はもっと露骨に、裸体画は「健康な肉体的基礎、個人の生物的価値を民族的・精神的再生の前提として提示」するとともに、「国民の生の喜びのプログラム」を告知するものであって、それは「男女の根源的な義務を遂行する力、すなわち闘争的な精神と生殖能力を高めることを約束している」と主張する[57]。女性の裸体は男性の「生の喜び」を刺激して、彼らを「出産戦争」に駆り立てるべきだというのである。そこには疑いなく、性的欲望を積極的に鼓舞しつつ、人口・人種政策上の目標へと水路づけようとする狙いを認めることができる。

エロティシズムの擁護

保守的な教会の代弁者たちは、こうした露骨な裸体の提示に異議を唱え、「裸体文化」を奨励するものとして批判したが、親衛隊機関紙の激しい反発を招いただけで、ヌードの氾濫に歯止めをかけることはできなかった。宣伝大臣ゲッベルスも、裸体の提示に非難を浴びせる堅物たちを嘲笑し、彼らの「上品ぶり」と「偽善欲」を槍玉に挙げていた。

たとえば映画の検閲の際、むき出しになった女性の脚を一センチ単位で測り、膝上何センチだから禁止して、膝下何センチだから許可するなどというのは、馬鹿げたことである。……われわれはかびくさい偽善の説教者ではなく、率直なルネッサンス人であって、そのことを公の場でも表明したいと考えている![58]

文化統制の全権を握っていた宣伝大臣からしてエロティシズムを擁護していたのだから、新聞や雑誌、映画、舞台などにヌードが氾濫するのも当然だったといえよう。もっとも、ゲッベルス自身はこの問題を実利的に見ていて、「健康な肉体」などというイデオロギー的観念を擁護することよりも、エロティックな裸体の提示を通じて民心の維持をはかることの方に関心をもっていた。浅薄で物質主義的なアメリカ大衆文化の象徴として非難されたキャバレーやレヴューに対しても、彼は女性のヌードの提示がもたらす効用を考慮して、これを基本的に容認する立場をとっていた。「裸のダンスを完全に禁止すべきだろうか。いや、それが美的でないときだけだ。ケースバイケースで判断しよう[59]」。実際にも、ナイトクラブでのヌードの上演について、宣伝省は次のような報告を行っていた。「一般的に介入は不要である。というのも、他の方面から苦情が出ている酒場では、本当に猥褻なものは上演されていないからである。『フラスクヴィータ』においてだけ、非常に退廃的な印象を与えるダンサーのカップルが登場した[60]」。このカップルは出演禁止となったが、宣伝大臣の指示は明確だった。「原則として女性の体を気前よく露出してもいいが、いわゆる「ジョーク」と密接に結びつい

図版31　ヨーゼフ・ゲッベルス

ていなければならない」[61]。

こうした宣伝大臣の方針のもと、キャバレーやレヴューは娯楽産業の中心に君臨しつづけた。舞台上のエロティックな女性像は、「退廃的」と非難されたヴァイマル期のそれを連想させるような形でナチズム期にも存続し、大衆的な人気を博すことになった[62]。なかでもドイツ版ティラー・ガールズというべきヒラー・ガールズの踊り子たちは、軍隊の行進を模したラインダンスで喝采を浴び、ナチ党指導部からも賞賛された。ヒトラー自身、「アーリア人のダンサー、たとえばすばらしいティラー・ガールズ」を賞賛し、誰もがキャバレーに行くのはこれを見るためだと述べていた[63]。こうした踊り子たちがいかに男性を惹きつけたかを示しているのは、ある作家の次の文章である。

図版32　ヒラー・ガールズ

それからバレエが登場する。……すらりとして敏捷な、それでいて柔らかく張りのある肉体が、おなじみのトーダンスをくり返す。……少しばかりのチュール、少しばかりの柔らかい裸の肉体、すばやく動く愛らしいつま先――すべてはドガの描いた通りである。……カーニヴァルの夜のバレエの踊り子たちは、観客が愛の詩を体験することなく死んだりしないよう、彼らの心を揺り動かし、混乱させ、熱狂させ、悲しませる。たとえ彼らがこの比類のないバレエのキャンディーを独り占めしたいとしか思っていなくても、愛の詩を体験することはたしかである[64]。

ラインダンスやバレエなどは、まだおとなしい部類のものだった。一九三九年にライプチヒで上演されたあるレヴューには、ガーターベルトだけをつけたほぼ全裸のエキゾチックなダンサーが登場したが、性的欲求を刺激するその演出は、「一九三三年以前の時代の作品」と区別がつかなかった。これとほぼ同時期にベルリンのスカラ座で上演されたレヴューには、裸の女性が古典的巨匠の絵画を再現する「活人彫刻」が登場した。こうした「悪趣味の典型」というべき演出について、当局者は次のように述べている。「まったく一般的にいえるのは、「愛」と娯楽だけからなるこの世界は、国民社会主義的な態度とほとんど関係がないということである[65]」。

図版33　ナイトクラブの催しのチラシ。左側にヌードダンサーが紹介されている

図版34　『ミュンヒハウゼン』の水浴シーン。『ベルリン画報』掲載の写真

ヌードの氾濫

現代的な大衆文化が第三帝国下の娯楽を支配し、舞台や映画にエロティックな要素を浸透させていた。ゲッベルスはアメリカのミュージカルを高く評価し、ドイツの映画産業にも同じようなレヴュー映画を製作するよう要求していた。「ウーファはダンス映画をつくっている。そこではパルッカ、ヴィグマンなどの哲学的なダンスが前面に出てきてはいけない。ダンスは活気に満ちていて、美しい女性の肉体を提示するものでなければならない。それは哲学とは無関係である」[66]。一九三〇年代後半から四〇年代にかけて、宣伝省は国民に軽い娯楽を提供して民心の維持をはかる姿勢を強めたが、そうした方針に最も適していたのが、女性のエロティシズムを呼び物とする娯楽映画だった。たとえば一九三七年に公開されたレヴュー映画『トルクサ』（邦題『空中劇場』）では、エキゾチックな衣装を着て肌を大きく露出したダンサーが登場し、その艶めかしい肢体で観客の視線を釘付けにした。異国風の愛の歌も、観客の想像力を刺激するものだった。「アルゼンチンの松の木の下で、私はあなたに恋をした。……糸杉の木の下で、私はわれを忘れ、あなたをやさしく抱きしめた。そしてサボテンの木の下で、あなたは私のキスに応じた」[67]。注目されるのは、異国を舞台にした映画ほど、女性の肉体を気前よく提示したことであ

る。たとえば一九四三年に公開されたカラー映画『ミュンヒハウゼン』（邦題『ほら男爵の冒険』）には、スルタンのハーレムで美しい女性たちが裸で水浴びをするシーンがある。エキゾチックな舞台設定のもとでの裸体の提示は、性に奔放な南国という人種的偏見に訴えるだけに、宣伝省の検閲官の目にも無害なものと映ったのかもしれない。いずれにせよ、スター女優に薄着で歌やダンスを披露させる華やかな娯楽映画が、この時代の中心的なレパートリーだった。ドイツの映画産業は、戦争末期にいたるまでスクリーン上での裸体の提示に励んだのである。

映画や舞台で提示された女性のヌードは、さらに新聞や雑誌にも取り上げられることで、広範な国民の間に浸透していった。『ベルリン画報』は、毎号のように映画や舞台の刺激的な女性の写真を掲載し、男性読者の性的欲求をかき立てていた。その取り上げ方はたいていのぞき趣味的で、映画女優の舞台裏を読者に紹介するという内容が多かった。ある映画女優が撮影所で入浴しているところを紹介した写真には、次のような説明がつけられていた。「女性が映画のなかで入浴しているとき、隠しカメラではこう見える。魅力的なシルエットがカーテンの後ろで優美にしなやかに動いてお

図版35　ユンカースの給湯器の広告

り、それはただ――想像をかき立てるだけである」[68]。映画女優の入浴や脱衣のシーンはたびたび紙面に取り上げられ、のぞき魔を撃退する小話までつけられた記事もあった[69]。裸の女性をのぞき見ることへの欲求は、あからさまに扇動されていたといえよう。そうしたやり方は、商品広告においても頻繁に利用された。たとえばユンカースの給湯器の広告では、シャワーを浴びる裸の愛らしい少女が微笑みながら入浴の効用を説いていたし、フェリーナの下着の広告では、彫刻のようなポーズをした下着姿のモデルがブラジャーとガーターベルトの品質を保証していた。彼女たちの美しい肉体が誘惑的に作用して、魅力的な商品の購入へと導いていたことは明らかである。

裸体に群がる人々

こうしたヌードの氾濫は、党や国家の係官には嘆かわしいものと映っていた。帝国青年指導部の一九四一年の報告によると、学校の生徒の一部は若者の恋愛の詳細を報じた『ハンブルク日刊新聞』や、イギリスのナイトクラブの写真が掲載された『ミュンヘン画報』の記事の切り抜きを回し読みしていたという。報告はさらに映画や舞台にも言及している。「同じことは多くの映画にもあてはまる。とりわけエロティックに脚色された犯罪映画と社会映画が大きな悪影響を及ぼしている。……裸ないしベールをまとったダンスも若者に影響を与えずにはおかない。この種の演目は、それなしには公演がほとんど考えられないほど普及している。この演目の影響は、裸のダンスが当該のダンサーの裸の写真の掲示を通じて外部の若者に知られることで、さらに増幅されている」[70]。舞台上のヌードに対しては、党の内部からも反発の声が上がっていた。ある突撃隊員は帝国文化院に宛てた書簡のなかで、ベルリンの劇場に腰巻きしかつけていない三人の「美人ダンサー」が登場したことを指摘し、こうした「卑俗な欲情」をあてこんだ「女性の肉体の提示」、「組織時代」を思い起こさせる「ユダヤ的・東洋的・エロティックなベールの遊戯」が、ナチ政権下でも依然として「気晴らし」として提供されていることに抗議している[71]。舞台で上演される裸のダンスは、一九二〇年代の「退廃的」なショーを彷彿とさせるものだったが、それだけにいっそう人々の心をとらえた。

だが見逃せないのは、党の人種イデオロギーに沿った映画でさえ、内容によっては観客の性的関心をかき立てたことである。親衛隊保安部の報告は、裸を見ようとする若者の「映画熱」を指摘し、各地の若者たちが「犯罪映画や青少年観覧禁止の恋愛映画の上映に押しかけている」ことを指摘する一方、次のような興味深い事例を紹介している。「「夜間上映」として相応の広告とポスターで告知された「啓蒙映画」は、観客にとってナチズムの民族生物学的思考に必要な客観的な知識を提供するものというよりもむしろ、性的センセーションをもとめる衝動を喚起するものとなっている」[72]。党のお墨付きの映画までもが扇情的な効果を発揮しているというのだが、この皮肉な事態は何よりも、ナチズムによる「生の肯定」、そして「偽善的な上品ぶり」への批判が、同時代の人々に一種の「性愛の認可状」と受け取られたことに原因があった。健康な肉体を賛美した公式イデオロギーに後押しされて、多くの人々は肉体の罪という観念を捨て去り、性的欲求をかき立てる対象なら何にでも飛びついたのである。

このように見ると、健康な肉体と猥褻な裸体の間には、わずかな距離しかなかったことが明らかとなる。実際のところ、両者をはっきりと区別することは困難だった。『黒色軍団』の記事が認めているように、「純粋さと露呈、裸体性と破廉恥な露出といった根本的に異なる概念を対立するものと見なすことができない」人々が多かったし、何をもってこれらの概念を区別するかの基準も曖昧だった。「許されるものと許されないものの境界は必ずしもつねに明確に決められておらず、しかも越境を管理することは一般に困難であるため、この境界領域はきわめて危険にさらされている」[73]。「美しく純粋な」裸体は、これを理想としたナチ党幹部や裸体文化団体のメンバーたちの意図にかかわらず、一般大衆の性的関心を刺激した。「生の喜び」は容易に「卑猥な感情」と混同され、その混同の上に大量のヌードが生み出されたのだった。

だがこうした事態はまた、ナチズムの描き出す女性像の曖昧さがもたらした結果でもあった。どういう女性が望ましいかについては党内でも見解が一致せず、様々な矛盾と混乱が生じていたのである。

3 女性の魅力

健康で美しい女性

図版36　「汚く不自然な」女性と「健康で美しい」女性。『ナチ女性視点』の記事

「健康で美しい」女性——それがナチズムのもとめる女性の理想像であり、「汚く不自然な」キャバレーの踊り子と正反対のものであることは、党が一貫して強調した原則だった。党公認女性雑誌『ナチ女性視点』の記事は、肌を露出した艶めかしいヌードダンサーとスポーツや踊りに興じる健康な少女の写真を見開きページで対比しつつ、前者の姿にあらわれている「ユダヤ人の汚染」を声高に非難している。

ここにあるのは……まさにあの結婚と家族とは縁のない高級娼婦のタイプであり、それは不妊症の生きた化身として、あの崩壊時代の特徴的な随伴現象だったものである。ナチズムの理念は根底から生を肯定するものである。したがって、上品ぶりほど縁遠いものはない。美と優雅さが女性の自然の宿命である。生の喜びと官能的喜びは実り豊かな生の緊張の要素である。美しい娘はたしかに修道女になるために創造されたのではないが、もちろん……売春婦になるためでもない！　女性を慰み物へと浅薄かつ軽薄に貶めること、まったくのあからさまな性欲という意味で、健全で自然な肉体感情を不快に歪曲すること、これらすべての歪んだ不健全な雰囲気は、もっぱらユダヤ人の破壊的プロパガンダの一部なのだ！　そのような傾向が何らかの偽りの口実のもとで再びのさばることがないよう、われわれは怠りなく監視するつもりである。(74)

明快とはいいがたいこの記事から読み取れるのは、党の女性像が二つの対立物によって規定されていたことである。一つは「修道女」で、肉体を蔑視するキリスト教の「上品ぶり」を象徴するものである。この否定的な形象によって、「生の喜びと官能的喜び」に承認が与えられるが、それはすぐに反対の方向から限定を付される。「売春婦」というこのもう一つの形象は、「あからさまな性欲」に流されることの危険性を警告する存在である。要するに、「修道女」と「売春婦」をともに非難することで、両者の間に位置する「健全で自然な肉体感情」なるものを称揚しようというのだが、裸体文化運動への理解が進まなかったことからもわかるように、その意義を世間一般に認めさせるのは容易ではなかった。「健康で美しい」女性と「汚く不自然な」女性を対比したところで、両者とも性的な魅力を発散していることにかわりはなく、その魅力がどこから許されざるものとなるかについては、党のお偉方も明確なことをいわなかったからである。この記事に掲載されたキャバレーの踊り子たちの写真じたい、「ドイツ国民に現在数百万部提供されている最近の出版物」からの引用であって、そのことははからずも、「汚く不自然な」女性に対する党の矛盾した姿勢を例証していた。

グレートヒェンのタイプ

党の指導部が明確な指針を出さなかったため、望ましい女性像は論者によってまちまちのものとなった。教条主義的な下級幹部たちの間では、保守的なイメージが支配していた。彼らがたえず追い求めたのは、慎ましい家庭を守る献身的な妻および母としての女性であり、しばしば聖母や農婦の姿で絵に描かれたこの女性は、エロティシズムを超越した清純な北方的乙女の権化に祭り上げられた。頑迷な道徳家たちは、そうした旧来の理想にふさわしい自然な美しさをもとめた。ドイツの女性は酒やタバコをのまず、パウダーも口紅もつけず、髪は編み込むかお下げにして、流行の衣服には関心をもたないとされた。男性が欲しているのは、「浅薄に享楽ばかりを追い求め、がらくたと虚飾を身にまとい、外側ばかり派手で中身が空っぽの軽薄な玩具」ではないというのである。[75] ある論者によれば、派手な服装で人目を惹こうとする欲求には「下劣な官能性、破廉恥なエロティシズム、本能的な情欲」があらわれており、そういう「不自然なエレガンス」は「売春婦」に任せておくべきものである。[76] こうした

図版37　家庭を守る母親の理想像

批判においては、人種主義的な偏見も大きな役割をはたした。女性の喫煙や飲酒ばかりでなく、化粧やファッションさえも「生殖に敵対的で、それゆえ民族を破壊する異人種の退廃現象」であるとされた。「北方の人間は、不自然な誇示のない健康な肉体の喜びを示すものである」[77]。裸体を賛美した『黒色軍団』はさらに厳しい言葉で、女性の過剰な化粧や美容を悪趣味な虚飾とののしった。新生ドイツは子だくさんの母親の美をもとめているのであって、物質主義的外見ばかり気にする売春婦のごときマネキンではないという。

モードのペテンはすべて、わが民族ではなく外国に由来するものである。退廃しユダヤ化したパリがモードの首都、よき趣味の女王と見なされているのも、理由があってのことである。……本当の美しさとその上品で芸術的な枠組みよりも、見せかけや「メーキャップ」を過大評価する姿勢はすべて、無制約の自己崇拝と強欲なユダヤ的拝金主義に支配された古い世界の遺物である。[78]

ドイツの女性は母親らしい自然な優美さをそなえるべきで、品位を欠く身なりやふるまいはユダヤ的精神のあらわれ以外の何物でもない。こうした偏狭な信念にもとづいて、党の下級幹部たちは女性の行動にたえず目を光らせた。多くの都市ではレストランやカフェに女性禁煙の掲示が貼り出され、断髪の女性やズボンをはいた女性はしばしば公の場で侮辱された。頑迷な党員たちがこれにかえて指し示したのは、お下げ髪に民族衣装を着た「グレートヒェン」のイメージであったが、その時代遅れの田舎じみた装いはしかし、世間一般の女性に浸透するにはほど遠かった。『黒色軍団』もまた、「反動家」のめざす古くさい「グレートヒェンの理想」には批判的な姿勢を示していた。今日の女性は「昔ながらの華やかな髪飾りをつけたいとは思っていない」というのである。(79)

ドイツ女子青年団の理想

これに対して、ナチズムはもう少し現代的な女性像も用意していた。それは制服を着た女性、ドイツ女子青年団の少女たちの潑剌《はつらつ》としたイメージだった。(80) 彼女たちは白いブラウスを着て黒いスカーフを結び、紺の長いスカート、短い靴下と丈夫な革靴をはいて、キャンプや遠足、集会などに参加したが、その質素で化粧っ気のない服装からして、反ブルジョワ的な青年運動の伝統を受け継いでいたし、将来の母親にふさわしく、民族的な義務感や犠牲心を身につける一方、男子に負けず劣らず、スポーツで体を鍛える健康でたくましい姿は、古い女性の手本とは異なる同時代的な理想を体現していた。「現代の少女はアスリートである。かつての少女たちの世代とほかに違いがないとしても、この点は際立っている。今日の少女たちは健康で潑剌としており、太陽と風のなかで日焼けしている。健康で美しい肉体への喜びとこれを支配する規律が、彼女たちとその生活の一部をなしている」(81)。スポーツや体操を通じた肉体的鍛錬の奨励は、虚飾を排した自然な美しさと人種的な健康への憧れのあらわれだった。ある親衛隊幹部は、親衛隊員との結婚を望む少女たちに「帝国スポーツ賞」の受賞を要求し

図版38　ドイツ女子青年団の行進

た。「ドイツは五時のお茶会で美しく踊れる女性ではなく、スポーツ能力で健康を証明できる女性をもとめている。そして健康の増進には、口紅よりも槍投げや棒高跳びの方が役に立つ」[82]。男子並みにスポーツをすることが、多くの少女たちに新鮮な喜びをもたらしたことは疑いない。だが華やかな衣装や化粧品への関心まで失わせるには、ある種の人種的感情に訴える必要があった。親衛隊帝国指導者は次のように述べて、ドイツ女子青年団の少女たちを励まそうとした。

ダンスホールでは、人種的に劣った少女が魅力的だというのでダンスの相手を見つけたのに対して、人種的にすぐれた女の子は壁の花になっていたが、それはわが民族の美の理想が完全に変化してしまっていたからである。明らかに、わが民族の人種的に劣った部分の方が、本来の種よりもつねに早熟である。彼らの方が性的につねに魅力的で、なびきやすいのだ[83]。

ドイツ女子青年団の無愛想な自然さが、性的魅力に乏しい一部の少女たちの劣等感を慰める役目をはたしたことも事実である。いつも「壁の花」だったというある女性は、当時をふり返ってこう述べている。「私は忠誠、犠牲心、服従といった概念に凝り固まり、その背後に自分の個人的な劣等感を隠していました」(84)。

男性化の脅威

しかしながら、こうした無愛想さはナチズムの女性像をディレンマに陥れていた。若い娘たちに課される肉体的鍛錬は、地味で飾り気のない装いとあいまって、女性本来の優美さを抹殺する恐れがあったのである。そのことは、女好きの宣伝大臣をくり返し苛立たせた。彼は戦時中に側近にこう語っている。

私は少女たちが体操やスポーツを適度にこなすことには反対しない。だがどうして将来の母親が背嚢《はいのう》を背負って行進しなければならないのか。女子は健康でたくましく、しかも優雅で美しく見えなければならない。適度な肉体訓練はそのために役立つ。しかし腕や脚に隆々とした筋肉がついたり、歩兵みたいな歩き方になったりしてはいけない。いずれにせよ、ベルリンの少女たちが男みたいにされていくのを許すわけにはいかない。ヒトラー・ユーゲントが若い娘たちを本物の無骨者にしそこなったとしても、女子労働奉仕団がきっとその埋め合わせをするだろうがね。

女子青年労働奉仕団での教練が女性的な優美さを台無しにすることを憂慮したゲッベルスは、総統命令によって女優やダンサーを労働奉仕から免除し、芸術の世界に「一種の保護区」をつくることまで考えていたのだった。(85)

党の女性組織が奨励する「女性の野蛮化と男性化」は、大ゲルマン帝国の未来に思いをめぐらせる親衛隊帝国指導者の悩みの種でもあった。彼は親衛隊幹部を前にした演説で、次のように発言している。「娘たちや女たち――とりわけ娘たち――がしっかりと背嚢を背負って田舎で行進しているのを見ると、私はそれを災難と感じる。……性差と両極性が消滅するほど女性を男性化するなら、私はそれを災難と見なす。こうなるともう、同性愛への道は遠くない」。「過度の男性化」が女性の魅力を破壊することで、ドイツの「男性国家」は同性愛の泥沼に沈む恐れがあるというのである。(86) ヒムラーの解決策は、高い知性と完璧な優美さをそなえた女性を養成するエリート学校を設立して、党と国家の指導者たちに理想的な妻を提供することだった。(87) この構想は実現しなかったが、男まさりの女性の問題は親衛隊機関紙でも取り上げられ、辛辣に批判された。同紙によれば、「この軍事化され、制服を着た女性」、隊列行進する埃まみれの「怪物」は、他国の嘲笑の的となっていた。ドイツがもとめているのは「健康で力強い、だがとりわけ女らしい少女」であって、「本物の男の伴侶となるためには、若い女性はまずもって優美で上品でなくてはならない」というのである。(88)

女らしい魅力

「女らしさ」の重要性は、党の公式声明でくり返し強調された論点の一つだった。ドイツ女子青年団においても、団員たちの女性的な魅力が損なわれないよう、一定の配慮がなされた。ヒトラーは党の下級幹部たちを前にした一九三七年の演説で、自分は女性組織の「あまりにピューリタン的」な服装とつねに闘ってきたと主張した。彼の考えでは、女子は「魅力的」であるべきで、健康であっても「原始的」すぎてはいけなかった。「突如として石器時代の服装に戻ったりしてはならない。……少女が美しく見えることが、そんなに不快なことだろうか。率直にいって、われわれはみなそれを見たいと思っているのだ[89]」。総統は例によって曖昧なことしかいわなかったが、彼のもとめる優美さはやがて屋外で楽しげに踊る少女たちの姿に表現を見出すことになった。とくにドイツ女子青年団の組織「信と美」の少女たちは、白い衣装を着て晴れの舞台で華やかに輪舞したり、広い草原で体操やボール投げに興じたりと、その美しく魅力的な姿を披露して注目を集めた。団員たちはスポーツを通じて肉体の美しさを磨くようもとめられた。「滑らかな動きに身をゆだねる術を知っている少女は、もはや人工的な補助手段による美容を必要としない[90]」。新聞や雑誌

図版39　「信と美」の集団体操

に掲載された数多くの写真でも、白い体操服を着て太腿まで脚をあらわにした年頃の乙女たちが、日光を浴びながら「健康な肉体の喜び」を表現していた。

これらの美女たちの肉付きのよい肢体が、その清楚で爽やかなイメージとは裏腹に、多くの男性の性的欲求をかき立てたことは想像に難くない。事実、巷間ではドイツ女子青年団は卑猥な意味付けを与えられ、その頭文字ＢｄＭをもじって「もうすぐドイツの母」とか「ドイツ男性の必需品」などと呼ばれていた。薄着で体操をする少女たちの健康なエロティシズムは、保守的な男性にとっては裸体文化を思い起こさせるものですらあった。ある性教育書の著者は、職場で奨励されるようになった男女共同のスポーツに反感をあらわにしている。いわく、男女が軽装で一緒に朝の体操をすると、婦人と少女は「女性の秘密をかなりの程度までさらけ出す」ことを余儀なくされる。そうすると、「男性側では性的衝動が強化され、女性側では……繊細な肉体的羞恥心がそこなわれ、道徳的感情が鈍磨する」ことにならざるをえない。著者はこうした「裸体文化の方法」に抵抗するようもとめるのだが、彼がそこに扇情的な要素を見出していたことは示唆的である[91]。

「信と美」の教育プログラムもまた、若い女性の個性を考慮したものとなっていた。ドイツ女子青年団では一七歳までの少女が共同体の精神を学ぶのに対して、「信と美」では一七歳から二一歳の少女が「共同体と結びついた人格」を身につけるとされ、彼女たちの多様な関心に応じて、スポーツや体操、家政、保健衛生、文化芸術などの豊富なプログラムが提供された。特徴的なことに、そこにはファッションデザインや美容法を学ぶコースも含まれていた。少女たちは「実用的な観点だけでなく、みずからの自然な美的感覚や、われわれの時代の様式が指示する観点も」学びながら、モードの分野で「わが民族の文化的な生活様式を実現」するものとされた。(92) イデオロギー的な粉飾にまみれてはいても、こうした活動が母親養成という目的以上のものをめざしていたことは疑いない。ドイツ女子青年団にしても、おしゃれな装いを否定していたわけではなかった。団員の普段着は質素で明るく、「実用的だが美しい様式」をとるべきで、派手な光り物は適さないが、適切な飾り付けは望ましいとされた。(93) 体を清潔に保つことも重要だった。「最も重要なボディーケアの一つは肌のケアである。毎日少なくとも一回は体全体を水と石鹼で洗うこと！」(94)。少女たちは健康で美しい身なりをして、女らしい魅力を開花させるよう期待されたのだった。

ファッションの擁護

「女らしさ」は女性的な虚飾も排除しなかった。ナチ党の下級幹部たちが女性の化粧やファッションを非難していたことは事実だが、党指導部にはこれを擁護する有力者がいた。その代表格がゲッベルスで、彼はファッション産業への規制を控えて、女性に美しく着飾る自由を認める柔軟な姿勢をとった。戦時中、党内で美容院の営業に反対する声が高まったとき、彼はそうした「原始主義」の徴候を批判し、国民生活の制限が行き過ぎないようもとめた。「戦時状況による一定の贅沢の消滅が全般的な聖像破壊につながって、無駄を省くそれじたい健全なキャンペーンをもの笑いの種にするようなことはあってはならない」(95)。宣伝大臣の

図版40　『ベルリン画報』の表紙を飾ったゲッベルス一家

考えでは、美容院は女性の士気を保つ上で不可欠だった。「何よりも総力戦の間は女性に戦争を仕掛けてはならない。そのような戦争に政府が勝ったためしはない。女性は途方もない力をもっていて、美容に手をつけるや否や、彼女たちは敵になるだろう(96)」。

親衛隊保安部が「インディアンのように化粧をしてズボンをはいた女」に対する住民の憤激を報告したときも、ゲッベルスはそうした暴挙を徹底的に取り締まるべきだとして、報道関係者に次のような指示を出した。「総力戦の指導上の措置が、とくに態度や服装といった外面的な問題に関して、相互監視の本能を呼び起こしてはならない。……たとえばある女性が自分の服で着飾ったり、さらにおめかしをしたりしても、戦争の規律にもとるわけではない。大事なのは外見の体裁ではなく、態度と業績だけなのだ(97)」。女性ファッションの容認は、体制をいかにも太っ腹に見せるのに役立ったし、戦時中には重い現実から目をそらせる役目もはたすと考えられたのだった。

それればかりか、党内にはドイツの女性のための新しいスタイルをめざす動きもあった。ゲッベルスの妻マクダは子だくさんの模範的な母親だったが、金髪碧眼の美貌にエレガントな装いで知られ、ベルリンのドイツ・モード局の後援者も一時つとめた。彼女は一九三三年のインタビューでこう述べている。「私は自分をできるかぎり美しく見せることがつとめだと思っています。この点でドイツの女性に影響を与えたいのです。……これからのドイツの女性はシックで美しく、賢くあるべきです。グレートヒェンのタイプはもう時代遅れです」[98]。女性ドイツ労働戦線の指導者ローベルト・ライもまた、女性的な優美さの熱心な擁護者で、女性にはスポーツよりもダンスの方が向いていると公言していた。そればかりか、ライは女性を美しくする美容法の普及にも積極的に取り組み、「女性は美容にもっと習熟するべきだ」と述べて、この目的のために労働戦線内に特別な部局を設け、工場にも「美容文化」を浸透させることを約束した[99]。一九三九年にベルリンに「美容の家」を開設した際の演説で、彼は新しいものこそ美しいとする考えを斥《しりぞ》け、「本当に美しいが長つづきする」ようなファッションを要求したが、その狙いはほかでもなく、労働戦線の主導で「趣味形成のための教育」を推進し、モードの分野で「統一的な指導」を確立することにあった[100]。ドイツ最大の大衆組織を率いるこの帝国組織指導者が、ファッションや美容の領域に権力拡大のチャンスを見出していたことは疑いない。ナチ党指導部のこうした積極姿勢に後押しされて、第三帝国期には華やかな女性ファッションが花開くことになったのである。

おしゃれな女性たち

ナチ政権下でも、女性たちはそれまでと同様に、流行の髪型をしてシックな服装に身を包み、口紅やパウダーで美しさを演出することを好んだ[101]。事実、美しく着飾りたいという女性

図版41　高級ファッション誌が提示するエレガントな女性像。『銀の鏡』の表紙

の要望に対しては、かなりのものが提供された。『淑女』、『エレガントな世界』、『新路線』、『銀の鏡』といったブルジョワ的な高級ファッション誌は、ヴァイマル期からほとんど路線を変えずに、パリのモードが発信する国際的なトレンドにしたがって、都会の女性に適したモダンでエレガントな女性ファッションを提示しつづけた。『ナチ女性視点』でさえ、民族衣装を着た農婦たちや質素な制服姿の少女たちを取り上げる一方、季節ごとの新作ファッションを紹介するページを設けて、上品で洗練された衣服をいくつも型紙付きで紹介していた[102]。美しさを演出する化粧品の広告も、ほぼあらゆる女性誌に掲載されていた。「若くいきいきと世界を見るとき、あなたの顔は幸福の鏡です。だからカーザナの頬紅と口紅で頬と唇を美しくしましょう。両者は若く溌剌とした健康な表情を生み出します。雨や水に強く、キスでも落ちません[103]」。

多くの雑誌やパンフレットがメーキャップの方法やパウダーの使い方、毛染めの方法などの紹介につとめたが、そのなかの一つが力説するところによれば、「美しさをもとめる願望と意志は軽蔑的に「虚栄」と呼ぶべきではなく、あらゆる手段を通じて支持すべきもの」だった[104]。注目されるのは、派手な化粧ではなく、「女性の顔のなかで自然なものを引き立てるような、非常に上品で控えめなメーキャップ」が望ましいとされたことである。[105]「戦いの化粧？　文明人はそれを未開民族にゆだねるべきです。婦人と少女が派手な口紅と頬紅を塗る時代は終わりました。そのかわりに彼女たちは今日、顔の色をカーザナ・スパーブ・クリームで控えめに活気づけ、頬の自然な紅をよみがえらせています」[106]。自然な美しさを演出するためには、肌のケアも欠かせなかった。「ポンズ・Vクリーム」を使えば、夫もこういって喜んでくれるはずだった。「君はいったい肌に何をしたんだい？　何歳も若返ったように見えるよ」[107]。パーマや毛染めの広告も頻繁に掲載され、美しく巻いたブロンドの髪への憧れを煽っていた。くすんだ髪に輝きを取り戻させるには、ハイライトシャンプーの使用が効果的とされた。「ヌーア・ブロンドは私のブロンドの髪を明るく美しく、しかも柔らかくつややかにしてくれました」[108]。北方人種の理想型へと到達する道は、化粧品会社によって踏み固められていたのだった。

図版42　「厚化粧は非文明的？」　カーザナ・スパーブの広告

スポーツ奨励や健康増進といった時代風潮を反映して、女性には自然な美しさがもとめられるようになったが、そうした美しさも化粧品を通じて人工的に達成されるものと考えられた。ある美容法の手引書によれば、美しい肌は「神の恩寵による自然の贈り物」で

図版43　小麦色の肌への憧れ。ニヴェア・クリームの広告

図版44　海辺で戯れる女性たち。ライカの広告

はなく、「定期的で入念なケア」を必要とするものだった。[109]　新聞や雑誌の広告も、競ってボディーケアの必要性を説いていた。小麦色の健康な肌を手に入れたい女性は、日光浴の際に「ニヴェア・クリーム」や「ヴァセノール・ボディーパウダー」をつけて肌をケアし、「ドゥルミン脱毛クリーム」[110]で無駄な毛を処理することがもとめられた。男性と会う前には、体臭を予防するデオドラントや香水をつけることが推奨された。「魅力的な印象を与えたいですか？　それなら煩わしい腋の下の汗を防ぐオドローノを使いましょう[111]」。

美しい肉体で男性の視線を惹きつけることも、多くの女性の関心事だった。スリムなボディーラインを演出する「フォーマ・コルセット」を着用すれば、「若くエレガントな印象を与える喜ばしい確証」が得られるはずだったが、体形を維持するには日常的な体操やスポーツ、適切な食事が不可欠とされ、ダイエットやバストアップの効用もくり返し宣伝された[112]。水着のモードも女性誌で頻繁に紹介された。夏のシーズンには多くの女性が肩と背中の露出した水着をつけて海岸にくり出したが、そのデザインは「着心地や色っぽさ」にも配慮したものでなければならなかった[113]。海辺で「生の喜び」に興じる女性たちの姿を写真に残したいという男性の希望には、ライカのカメラが応じた[114]。健康な肉体の魅力が消費文化を通じて広範に普及した点は、裸体文化運動の影響を考える上でも特筆に値する。

露骨なエロティシズム

こうしたモダンで性的魅力にあふれた女性像は、「退廃的」と非難されたアメリカ大衆文化のあけすけなエロティシズムとも矛盾しなかった。実際にも、グレタ・ガルボ、キャサリン・ヘップバーン、マレーネ・ディートリヒといったハリウッドのスター女優がたびたび雑誌の表紙を飾っただけでなく、彼女たちの化粧法も好意的に取り上げられた[115]。ハリウッド女優のセクシーな美貌が、雑誌の販売促進に利用されていたことは疑いない。もっとも、その扱われ方は両義的だった。娯楽雑誌『コラーレ』は、派手な化粧をして胸元の大きく開いたドレスを着たアメリカの女優を表紙に掲載し、これに次のような批判的な論評を加えている。「一〇〇パーセント妖婦――かつてハリウッドからわれわれのもとにやってきたこのファッションはしかし、すでに消滅しかかっている。ドイツ映画はとっくにこのいわゆる「男殺し」の女性のタイプを排除しており、この婦人の誘惑術は米国でももはや誘惑的でなく、滑稽な印象を与えはじめている[116]」。人々の憧れの的であるハリウッド女優の性的魅力を読者

図版45　「100パーセント妖婦」。「男殺し」のハリウッド女優

獲得に利用しつつ、その妖艶さを悪し様にののしるという二枚舌的な姿勢は、キャバレーの踊り子に対するナチ党の矛盾した対応を特徴づけるものでもあった。

　このように、第三帝国期の新聞や雑誌に提示された女性像は、紋切り型の「グレートヒエン」や「ドイツの母」といったイメージにとどまらず、かなり広い振幅をもっていた。党の指導部の方針が曖昧なところへ、様々な相対立する意見や主張が流れ込んできたため、「女らしさ」とは何かについての明確な言明は、最後まで聞かれずじまいだった。[117]この矛盾と混乱のなかでは、ヴァイマル文化を象徴するモダンで性的魅力にあふれた女性像にも、一定の余地が認められた。その大衆的な魅力は、文化統制の全権を握る宣伝大臣も無視できなかったからである。レヴューガールの露骨なエロティシズムでさえ、国民の士気を保つために活用されたのだった。だが他方でナチズムは、たえずみずからを健全な道徳の守護者として提示し、ヌードやポルノを蔓延させたとして、ユダヤ人やヴァイマル共和国の道徳的退廃を非難した。[118]『黒色軍団』が敵視していたのは、「結婚や家族のような自然な秩序」を破壊しようとする「ユダヤ人の黒幕」であったが、『ナチ女性視点』はさらにはっきりと、ナチズムは「女性の品格と名誉、結婚・家族・子供の幸福」などといった「わが民族・人種の最も高尚な道徳的価値をめぐる闘争」であり、「道徳的退廃、だらしない道徳観、いらいらさせる生活形態によって、ドイツ民族の内的な力を永久かつ致命的に衰弱させる」ユダヤ人の卑劣な策動への闘争であると宣言していた[119]。

要するにナチズムは、社会生活にはびこるエロティシズムをユダヤ人の責任に帰することで、彼ら自身がそれを促進していた事実を曖昧にしていたのである。ハンス・ペーター・ブロイエルが的確に指摘しているように、「そこで支配的だったのは、自分の小市民的な道徳律の帰結を拒否しながら、その狭い柵の外にいる他の人々を大量虐殺するときにも慎みのことを語るという、俗物の非道徳性であった[120]」。教会の偽善を非難し、新たな道徳を擁護したナチズムじたい、もっと深刻な偽善に陥っていたといえよう。

それでは、ナチズムのこうした偽善的な姿勢は、どんな意味をもっていたのだろうか。この点を最後に確認することで、本章の締めくくりとしたい。

ナチズムの偽善性

寄席の司会で親衛隊機関紙の記事を皮肉ったシェファースの一件には、実は後日談がある。この発言に激怒したヒンケルの通報によって、すぐに関係当局からシェファースのもとに厳しい警告文が送られてきたのである。肝を冷やしたこの喜劇俳優は、長い謝罪の手紙を書かねばならなかった。そのなかで彼はまず、自分も『黒色軍団』の熱心な購読者であり、同紙を嘲笑する意図などなかったと弁解し、あのようなことをいったのは、「破廉恥な商売」と一緒にされるのを避けたかったからだと釈明した。そしてヌードダンサーの出演についても、自分としては彼女たちの無能さに我慢がならないと感じているが、それでも雇ったのは、「現在とても流行っている」からにすぎないと説明した。これにつづけて、彼はこう穏やかに不満を表明する。

もし『黒色軍団』が「警察がそれに役立つ」と書くなら、私もすぐに同意するでしょう。なぜそれは禁止されないのでしょうか？　……私は悪趣味な踊り子を裸にさせて、我慢できる程度に芸術的な枠組みを与えました。過去二ヵ月間、一度も苦情はありませんでした。誰かが文句をいいにきたかどうかも、疑わしいと思います。……誓っていいますが、私は二度とヌードダンサーを雇いませんし、その点では『黒色軍団』の記事に同意しています。私はただ、何もかもと一緒に扱われたことに同意できないのです。[121]

この弁明は、ヒンケルの痛いところを突いていた。親衛隊機関紙がヌードダンサーを「破廉恥な商売」とののしり、警察の介入さえちらつかせるのなら、なぜこれを全面的に禁止しないのか。このような「破廉恥な商売」の存続を許しているのは、ほかならぬ当局者の側ではないのか。シェファースはまさにこの点を突いて、当局の矛盾した対応を問題にしたのだった。

シェファースの一件は、ナチズムの文化統制の根幹にかかわる問題を明らかにしている。宣伝省の方針で、喜劇俳優のジョークやヌードダンサーの出演は黙認されていたのだが、そうした寛容な姿勢にも限度があったことは、いうまでもないだろう[122]。重要なのはむしろ、シエファースの寄席の舞台での発言が当局者の逆鱗に触れた理由である。彼は親衛隊機関紙の読者層の小ささを嘲笑したばかりか、同紙が「破廉恥な商売」を批判するために、当局公認のヌードダンサーの写真を使った事実までも皮肉っていた。それはほかでもなく、舞台でのヌードの提示を黙認しつつ、その猥褻さを非難するというナチズムの偽善的な姿勢に一撃を加えていたのである。体制の守護者たちがヌードの問題に関する世論の動向に神経を尖らせていたこと、とくに自分たちの二重基準に言及されるのを好まなかったことは、この顛末からも明らかである。

　いずれにせよ、ナチズムは最後まで健全な道徳の守護者を演じ、不道徳に非難を浴びせる一方で、裸体をのぞき見る喜びを刺激し、扇動しつづけた。その結果、ドイツの国民は欲望の発散を奨励されながらも、その自由な発散を禁じられるというダブルバインドに直面することになった。これは少なくとも次のことに役立った。すなわち、人々の関心をたえず性の問題に引きつけ、彼らを操作可能な状態にとめおくことである。健康美と猥褻さの区別を曖昧にしたまま、そこに欲望を誘導して操作することこそ肝心な点であり、これによってはじめて裸体は有効な人種教育の手段となりうるのだが、ナチズムの狙いがまさにそこにあったことは、肉感的な裸婦像に対する美術評論家の批評にもはっきりと示されていた。彼らは裸体を通じて性的欲望を鼓舞しつつ、これを人口・人種政策上の目標へと水路づけようとしていたのである。

第五章　欲望の動員

不品行な女性たち

ドイツを代表するグラフ誌『ヴォッヘ』は一九四〇年はじめ、兵士の鉄十字勲章をうれしげに触る美しいブロンドの女性を表紙に登場させている。一見したところ、その狙いは明らかだ。一時帰休中と思われる兵士の顔を画面から切ることで、読者の視線を兵士のそれと同一化させつつ、女性の愛らしい仕草に集中させる構図となっており、戦功の証である勲章に向けられた女性の賞賛のまなざしを通じて、その佩用者《はいようしゃ》である兵士の誇らしげな感情を読者に共有させている。つまりこれは、兵士に憧れる女性の姿を誘因にして、男性読者を戦争に動員しようとする宣伝の一環にほかならない。勇敢な兵士は美しい女性の心を虜にできるというわけである。

だがこうした訴えはまた、兵士にたやすく身をゆだねる女性への否定的感情を惹起するものでもあった。事実、戦時下の女性の「不道徳なふるまい」については、治安当局がたびたび懸念を表明しており、とくに帝国青年指導部の一九四一年の報告は、女性の堕落の原因を兵士との交際にもとめていた。

ほぼあらゆる報告で、軍の駐留地や宿営地での若い女性の風紀の乱れが強調されている。一二歳の娘までもが兵士と遊び歩いていることが指摘されている。……若い娘の兵士に対する品位のないふるまいは、部分的には国民に兵士への親近感を抱かせる宣伝的な措置の行き過ぎた帰結によるものである。十分な教育を受けた娘が容易に兵士に身をゆだねるのは、兵士という地位に対する一般的な愛着と尊敬がこの地位の個々の代表者たちにも転用されているためである。[1]

この指摘は事態の一面を突いているにしても、兵士側の責任を不問に付したまま女性の不品行だけを問題にしている点で、二重道徳的な視《し》野狭窄《やきょうさく》を免れていないし、兵士への憧れという単純な要因によって若い女性の行動を説明したところで、問題の解明につながるはずがないことも明らかである。親衛隊保安部の報告が何度も認めているように、彼女たちは兵士だけでなく、外国人労働者や戦争捕虜にも身をゆだねたからである。しかもまた、そうした行動に走るのは身持ちの悪い女性にかぎらなかった。

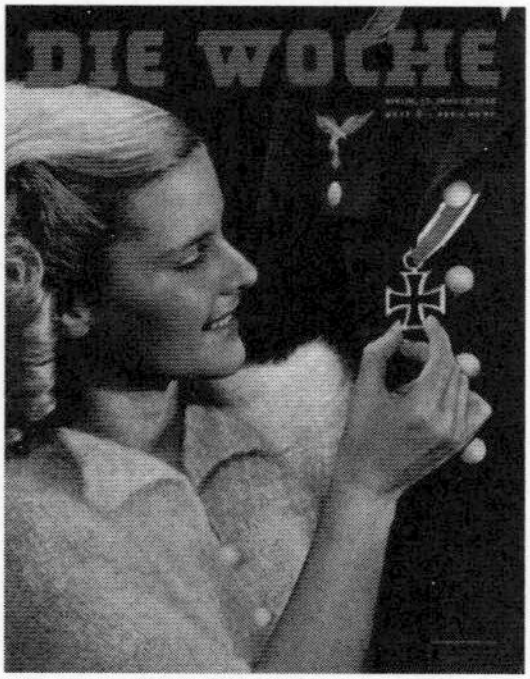

図版46　兵士に憧れる女性。『ヴォッヘ』の表紙

戦争捕虜と関係をもつ女性は、農業や工場

での労働を通じて、彼らと持続的で親密な接触をしている。不品行な女性たちが大半を占めるのかもしれないが、そのような女性たちだけの問題ではない。被告のなかには、良家の出のまったく非の打ち所がなく評判のよい農民の娘で、いまだかつて性交渉をもったことのない者や、兵士の妻で長年にわたって幸せな結婚生活を送ってきた者や、何人も子供のいる女性もいる。(2)

このような信じがたい事態に直面して、治安当局はますます取り締まりを強めることになったが、目立った効果が挙がらなかったのも無理はない。この「道徳解体現象」の原因はもっと根深く、ナチ政権下で進行していた社会文化上の変化に根ざしていたからである。多くの女性たちの無軌道ぶりは、結婚と家族を志向する旧来の性道徳が解体しつつあることの徴候だった。体制が進めた政策や戦争がもたらした混乱にも促進されて、男女関係を束縛する性的タブーが弱まり、享楽にもとづく放埒な関係が拡大しはじめていたのである。

保守的な評論家たちがくり返し嘆いたように、第三帝国下のドイツでは婚前・婚外交渉が一般化していた。いわく、「結婚までの純潔」という考えはもはや効力を失っており、性交を経験しないまま結婚する女性はきわめて少ない。多くの男女は結婚前に何人もの相手と交際した経験をもち、結婚後も配偶者への貞節をほとんど守らない。(3)「現在では若い男女の民族同胞の多くが完全な「自由恋愛」、いかなる抑制も欠いた愛、つまり愛ではなく、まったく動物的な性的衝動の働きにすぎない愛の立場に立っている」(4)。ナチ党の権力掌握後も、依然として男女の間に「性愛のリベラリズム」が蔓延し、道徳の基盤としての結婚と家族がないがしろにされていることは、同時代人の目には明らかだった。「民族の健全化」を標榜し、性的不道徳の一掃につとめたはずの政権のもとで、かくも無軌道な男女関係が幅をきかせるようになったのは、いったいどういうわけだろうか。それはもしかすると、ナチズムによる性生活への介入の、ある種の逆説的な帰結だったのではないか。

こうした問いに答えるため、本章では第三帝国における婚外性交の実態と、それに対するナチズムの対応、とくに売春の規制をめぐる動向を考察し、人々の欲望が国家のために動員されていく具体的な様相を明らかにしていきたい。

1　新しい社交

恋人募集広告

ナチ党ベルリン大管区機関紙『攻撃』は一九三六年一一月末の記事で、ライン地方のある新聞に次のような恋人募集広告が掲載されていることを紹介している。

個室喫茶で一緒に余暇形成してくれる稼ぎのよい教養のある紳士を募集。当方、車を所有、未亡人、四一歳、容姿端麗。おたがいに好意を抱けば将来結婚も可能……。

「余暇形成 Freizeitgestaltung」などといういかめしい言葉を使ってはいるが、この女性が「個室喫茶」で何をしようとしているかは明白だった。「実に麗しく表現したものである。……だが何か当世風のことをしようとしているに違いない――「個室喫茶」では当然である」。『攻撃』紙の記者はこう述べて、[5] この「気のきいた広告」が見え透いた形で情事の相手を募集していることを皮肉っている。広告主が官製用語を使って不純な動機を糊塗している点には、ある種のしたたかさが感じられて興味深いが、それ以上に注目されるのは、記者がこうした広告の取り締まりをもとめるでもなく、ごくありふれた事例として一笑に付していることである。その筆致からは、新聞広告を通じた匿名的な出会いを黙認しているかのような姿勢がうかがわれる。[6]

もちろん、新聞各紙に連日掲載されるこうした広告は、保守派の道徳家たちの槍玉に挙げられた。『道徳的退廃と出生減少』の著者フェルディナント・ホフマンは、ある新聞の広告欄に掲載された恋人募集広告をいくつも紹介した後で、広告主たちのもとめる「交際 Geselligkeit」が「週末だけの無責任な性的利益共同体」にほかならず、「売春の客引き」をしているのと変わらないのではないかと批判している。ドイツ民族の発展のためには、「あらゆる道徳の結束点」である結婚と家族を守るべきなのに、新聞が読者の低俗な関心に迎合して「日常生活の性愛化」を進め、不健全な男女交際にまで手を貸しているのは何たることか。このような恐るべき「道徳の荒廃」に憤慨するホフマンは、時代遅れの反動家と嘲笑されることを警戒しながら、性的純潔をもとめるみずからの立場こそ「北方的本質の核」にかなっているのである。[7]

だが彼自身も示唆しているように、体制の守護者たちが別の見方をしているのは明らかだった。親衛隊機関紙『黒色軍団』は、一九三八年二月の論説で恋人募集広告の氾濫について言及し、これを男女関係の変化のあらわれとして容認する姿勢を表明している。いわく、多くの人々が新聞広告を使って恋人を探さざるをえないのは、舞踏会で相手を見つけることのできた旧来の「市民的」な社交が衰退したためであり、俗物が善人面をして相手を値踏みするような慣行の消滅そのものは、大いに歓迎すべきことである。われわれは男女関係を「脱魔術化」したのであり、古い偽善を呼び戻したくなければ、「現状から出発しなければならない」。どこかで多少の行き過ぎがあったとしても、男女がふさわしい相手と結ばれるのなら、それに越したことはないというのである。

図版47　イブニングドレス姿のドイツ女子青年団員

同紙はさらに、結婚と恋愛の倫理的意義を強調しつつ、男女の出会いを妨げるあらゆる社会的障害を除去することまで約束する。民族共同体の建設における結婚の重要性に鑑みれば、結婚こそ社交生活の頂点となるべきであり、そのためには「市民的な社交の生気のない残滓」を一掃して、「生を肯定」する健全な男女関係を打ち立てなければならない。「われわれは生の喜びを罪として非難し、社交をこっそり行う司祭カーストを育成しようとはしていない」。『黒色軍団』の記者の目からすると、不道徳な男女関係よりも、市民社会の偽善性と排他主義の方が問題なのであった。[8]自然から与えられた健全な欲求を積極的に擁護し、これを抑圧する市民社会の偽善的な上品ぶりを攻撃することに余念のなかった親衛隊機関紙の論調からすれば、男女の出会いを促進する新聞広告がほとんど規制を受けず、事実上黙認されることになったのも不思議ではない。一九四一年三月に保安警察が出した指令も、財産や所得、上流階級への所属等を強調したおとり広告を使い、高額な報酬で成功を保証する結婚仲介業者が多いことを批判し、仲介業を管轄するドイツ労働戦線の自由業局に監視の強化を要請してはいるが、新聞広告を通じた出会いを禁止するような措置を命じるにはいたらなかった。[9]情事の相手をもとめるような広告であろうと、露骨に金銭を目的にしたものでないかぎり、必ずしも問題とはされなかったのである。この関連で注目されるのは、『黒色軍団』が「ドイツ民族の将来に対する義務」をはたす必要を訴える一方で、これを「いわゆる私生活」の自発的な協力にゆだねる姿勢を示していたことである。「われわれの出生数に改善の余地があるとしても、それを改善できるのは国家や共同体ではなく、個々人の私生活だけである」。[10]男女交際の奨励もまた、私生活に一定の自由を認める柔軟な姿勢のあらわれだったといえよう。

陽気な浮かれ騒ぎ

もっとも、体制の守護者たちが男女交際の「現状」を容認するばかりか、さらに進んで

「新しい社交」を打ち立てることまで宣言したにもかかわらず、彼らが実際に提供したのは、旧態依然たる祭りや催しがほとんどだった。なかでもカトリックの伝統行事であるカー

図版48　カーニヴァルの浮かれ騒ぎ

図版49　抱き合ってキスをする男女

図版50　一晩かぎりの相手に思いを馳せる女性

図版51　「アマゾン女の夜」。「狩猟の女神ディアナ」の山車に乗ったほぼ全裸の少女たち

ニヴァルの催しは、労働戦線の余暇組織・歓喜《かんき》力行団《りきこうだん》の後援も受けて、毎年一月から二月まで大々的に挙行されたが、そこでは従来と変わらず、陽気な浮かれ騒ぎが許容されていた。(11)エロスが重要な要素になっていた点も同様で、ミュンヘン・カーニヴァル協会が発行したパンフレットには、舞踏会で知り合った相手との情事の話や、性的なほのめかしを含むジョーク、肌を露出した衣装で戯れる女性や、抱き合ってキスをするカップルの写真などが無数に掲載されていた。全裸に近い衣装で舞踏会に出かけようとする婦人や、一夜かぎりの相手に思いを馳せる女性のイラストもあった。カーニヴァルの翌朝、ベッドで目覚めた下着姿の女性はこうつぶやく。「彼は私の好きな花、手袋のサイズを聞き、化粧品の好みを尋ね、サファイアとルビーのどっちが好きか知りたがったけれど、電話番号しか教えてくれなかったわ」。(12)これほどあからさまな描写を見れば、主催者側がゆきずりの関係を奨励し、客寄せに利用さえしていたといっても過言ではないだろう。少なくとも、ナチスが上品ぶってなどいなかったことはたしかである。

ナチ政権下の性的なアトラクションとして特筆されるのは、一九三六年から三九年まで七月末にミュンヘンのニュンフェンブルク宮殿の庭園で開催された「アマゾン女の夜」である。これはリームの国際馬術週間の終幕を飾る夜の催しで、何千人もの参加者が共演する大がかりな野外劇と仮装行列を中心としていた。(13)なかでも悪名高かったのは全裸に近い女性たちによる見せ物で、「狩猟の女神ディアナ」の山車《だし》の上では、ほとんど服を着ていない若く美しい少女たちの肉体が、きらびやかな照明を浴びて輝いていた。ナチ党機関紙『フェルキッシャー・ベオバハター』の報道によれば、この「雅やかな宮廷生活の雰囲気を伝える絢爛豪華な演劇」は「今年の社交界のクライマックス」であったが、それが主催者の性的妄想を反映した悪趣味なヌードショーにすぎなかったことは、一万人を超える観衆の目には明らかだった。(14)催しの総指揮をつとめたミュンヘンの古参党員クリスティアン・ヴェーバーは、その素行の悪さから「リームの種馬」の異名をとる人物だったのである。

この手の低俗な催しを、ナチスは好んで「生の肯定」の要求と結びつけた。労働戦線の指導者ローベルト・ライは、カーニヴァルを「生の喜びと生の肯定を表現する太古の習俗」と呼び、これを健全化して「真の意味での民衆の祭典」にすると豪語していたが、酒癖の悪さで知られるこの「帝国泥酔官」にできたことといえば、せいぜい乱痴気騒ぎを「上品ぶり」への反発として正当化することだけだった。(15)帝国国民啓蒙・宣伝大臣ヨーゼフ・ゲッベルスもまた、時代遅れの道徳を説く反動的な連中を嘲笑しつつ、国民に「生の喜び」と「楽観主義」をもたらすことこそナチズムの使命ではないかと説く。

図版52　ローベルト・ライ

だからこそわれわれは国民を劇場に導き、晴れの機会に晴れ着を着る可能性を労働者にも与え、歓喜力行団をつくったのだ。われわれは上品ぶった偽善を説く連中を追い払い、彼らがたえず陰険なあら探しをして実直な国民の喜びをぶちこわすのを許さない。国民はつねに新たな意識的な生の肯定を通じて苛酷な生存競争への力を得る必要があり、毎日の労苦と心配と欠乏を埋め合わせるのに喜びを必要としているのだ。

「道徳を唱えよ、だが偽善はやめよ！」[16]。ゲッベルスはこのスローガンで、他人の性生活にまで口を出す「道徳の裁判官たち」を槍玉に挙げたが、こうした「上品ぶり」への攻撃が、自分の女癖の悪さに対する批判を封じる一方で、広範な国民に一種の「性愛の認可状」を与えるものとして歓迎されたことは想像に難くない。人々は何らやましさを抱くことなく、堂々と享楽にふけっていいことになったからである。

喜びを通じての力

事実、大衆的な人気を博した歓喜力行団の催しでは、参加者はほとんど制約を受けずに「生の喜び」に興じることができた。亡命社会民主党の世情報告『ドイツ通信』によれば、「上層階層の人々でさえ今日では歓喜力行団のダンスパーティに参加しているが、それは月並みな生活の枠を一度超えてみたいと考える人の期待が満たされるからである。ここではヌードと女性の魅力をたっぷり味わうことができる」[17]。催しに参加した人々の行動は放埒をきわめ、ゲッベルスでさえ、それが「純然たるお祭り騒ぎ運動」と化していることを憂慮したほどだった[18]。歓喜力行団が催した各種の旅行もまた、性的放縦の場を提供していた。「船上でも毎晩ダンスと情事がくり広げられ、たびたびの禁止を無視して救命ボートに乗り込んだ数組のカップルを、夜中に何度も引きずり出さねばならない始末だった」。参加者の間の情事は日常茶飯事で、既婚者でさえ羽目を外した。「単身で参加している既婚の男性と女性もかなりいて、旅行が終わった後に夫婦の不和や離婚にまでいたることがしばしばある[19]」。『ドイツ通信』の報告は、これこそ総統の成果だと皮肉っている。

周知のように、これらの旅行にはたいてい道中で交際相手をもとめる女性が参加している。セントルイス号でマデイラへ行ったある参加者がいうには、旅行中ずっとエロティシズムが真の勝利を祝ったということだ。非常に数多くの党務担当者がこれを幸いに、妻の目の届かないところでつらい党務の疲れを癒している。誰もが小さな内密の経験をして帰宅しているが、これらすべては総統のおかげである。彼は臣下たちの性的願望までもこうして充足しているのだ[20]。

党の下級幹部の素行の悪さは有名だったが、一般の参加者の行動もほめられたものではなかった。歓喜力行団はその名称が示す通り、余暇の「喜び」を通じて労働の「力」を回復させるために様々な活動を展開したが、カーニヴァルへの参加ツアーを催行するなど、性的享楽の

図版53　歓喜力行団の船旅。船上の催し

提供によって人々を惹きつけた面もあった。

このような「公共生活の性愛化」が生じた原因としてはまず、国民の間に「性的な逃避主義」というべき傾向が広がったことが挙げられるだろう。抑圧的な支配体制のもとで生きる人々にとって、性生活こそわずかに残された私的な場の一つであり、多くの男女がそこに逃避して束の間の自由を謳歌したために、放埒な行動がはびこる結果になったということができるかもしれない。日常史研究の成果が明らかにしたように、ナチズムは「非政治的な領域の許容」を通じて権力を保持したのであり、無害な娯楽や気晴らしを提供して民心の維持をはかるという宣伝省の方針に照らすなら、性生活もまたそうした大衆馴致《じゅんち》の手段として利用されたことは否定できない[21]。『ドイツ通信』の報告も、公的に導入された「お祭り騒ぎ」が人々をたぶらかす「気晴らしと麻酔」であり、批判や不満を「かぎられた枠のなかに保ち、無害なものにとどめる」ためのものにすぎないと指摘している[22]。もっとも、ナチズムの政策を十把一絡げに国民の享楽欲に迎合した結果と見なすことには、おのずから無理がある。すでに見た通り、ナチ党内には旧来の性道徳に強く反発しつつ、性愛の喜びを積極的に肯定しようとする志向も存在したからである。頑迷な道徳家たちが示唆したように、若い男女の間に見られた「道徳解体現象」は、ナチズムの喧伝する

「生の肯定」が招いた結果でもあった。「生を喜ぼう」という公的なスローガンは、「汚い欲望」に身をゆだねてもかまわないというお墨付きを与えていたのである。[23]

保守派の批判

国民の多くが性的享楽に興じている事態を、保守派の論客たちはヴァイマル期からつづく社会文化上の変化に由来するものと見ていた。[24] 彼らは異口同音に、ナチ政権成立後も依然としてドイツに「性愛のリベラリズム」が巣くっていることを批判した。「物質主義的な生活原則が個々人の人格に浸透し、経済的利害ばかりでなく、エロティックな深層心理にまで影響を及ぼすようになった。今日ではまさに、婚外の欲求充足が反社会的な行動とほとんど変わらない性格をもつほどにまでなった」。こう述べるホフマンは、ユダヤ的な個人主義と物質主義が人々の間に浸透したために、男女関係がもっぱら快適な喜びの獲得と「性的な利益追求」を志向するようになったとして、「自由恋愛」が横行する現状に警鐘を鳴らしている。いわく、今日では若い少女にはみな彼氏がいて、つぎつぎに相手を替えるのが当たり前になっている。「ガールフレンドのいない男は最初からのろまで、ボーイフレンドのいない若い少女は「ぱっとしないグレートヒェンのタイプ」であるとされる」。多くの若者は愛を真剣な問題とは見なさず、むしろダンスや映画と同じような娯楽ととらえている。彼らがもとめているのは性交のためだけの気軽な遊び相手であり、精神的な意味を失った性愛は「日曜の午後の低俗な娯楽」に貶められている。[25] ホフマンはこれによって結婚と家族の意義が軽

図版54　物質主義の浸透。デオドラントの広告

視され、民族の存続が脅かされることを問題にしていたのだった。

性交が生殖ではなく快楽のみに寄与することへの危惧は、「道徳の裁判官たち」にほぼ一致して共有されていた。人種衛生学者マルティン・シュテムラーは、今日のドイツでは「二人の人間の性的関係はもはや肉体の一体化をもとめる愛の表現ではなく、もっぱら肉体の欲望を満足させるだけのものとなっている」と述べ、そうした快楽主義的な性愛のあり方が道徳の基盤たる結婚を形骸化させていることを批判する。(26)別の教育学者もまた、「概して思春期を過ぎると若い男女が性の喜びを経験するようになる」という状況は間違った教育の帰結であり、民族にとって有害であると主張している。ドイツの女性は性愛に関して抑制を失い、男性の側も女性を「ビールやタバコといったありふれた嗜好品の一つ」と考えている。そこには「自分の体に対する権利」というマルクス主義の要求があらわれており、このような個々人の快楽追求を阻止するため、若者に品位と羞恥心を取り戻させる必要があると彼はいう。(27)

多くの道徳家たちはこうして婚前性交に反対する立場をとったのだが、彼らの目からすると、結婚生活も同様の危険にさらされていた。ある法学者がいうように、結婚を考える男女でさえ「容姿のよさ」や「運動能力」、「好みのタイプ」といった外面だけで相手を選んでおり、物質主義的な見解に支配されていることは明らかだった。[28] ホフマンはさらに、多くの男女が結婚後も配偶者への貞節を守らないことを批判し、こう皮肉っている。「あらゆる不倫と不貞の入り組んだ関係を線で描いた図を想像してみれば、それぞれの線が織りなす細かい網の目は、すべての都市や町や村を結びつけるに違いない」[29]。

若者の性的不品行を批判する論者たちは、しばしば教会の立場を代弁して、結婚の神聖さや姦淫の罪といったキリスト教的観念を引き合いに出した。ある論者は、健全な家族を築くためには若い世代から「道徳的な弱さや悪徳」を排除しなければならないとした上で、姦淫を禁じた戒律の侵犯こそ最も重い罪であり、「性の領域における個々人の過ちほど民族の没落に寄与するものはない」と述べている。[30]『男女の関係』の著者マティアス・ラロスはさらに進んで、現代の性的退廃を「偽りの預言者」の所業としつつ、「とくにあらゆる伝統の障壁が取り除かれて以来、この時代は性的衝動の恐るべき粗暴化と過度の刺激に屈している」と主張する。今日では「官能的・性的なもののひどい過大評価」が「公私生活全体を掌握」しており、「間違った結婚の預言と理想」が小さな村々や教会のグループにまで浸透している。この危険なアメリカニズムの福音は、若者に享楽へのチケットを与え、結婚の神聖さを破壊しようとしている。

こうしたラロスの主張はしかし、名指しこそ避けてはいるものの、性道徳の荒廃を進行させた責任がナチズムにもあるという批判を含んでいた。彼はとくに職場で行われる男女共同

図版55　ドライブデートするカップル。アメリカ的生活様式への憧れ

の体操が性的欲求を刺激しているとして、そうした「裸体文化の方法」への反対を呼びかけているが、これはまさにナチスが国を挙げて奨励していたことだったからである。[31] この点で示唆的なのは、ナチ政権下の「道徳解体現象」に幻滅した論者の多くが、政府を直接批判するかわりに、「生の喜び」を隠れ蓑にして商売をする「汚い貪欲家」を非難することで、現状への不満を表明しようとしていたことである。新聞は頻繁に「性的領域における倒錯」の記事を掲載し、映画や音楽もたえず「金で買える生の楽しみ」を賛美しているが、これらの下劣な扇動こそ家族と国家の基盤を掘り崩す元凶だというわけである。[32] こうした批判であれば、ナチスの非難を浴びる恐れはなかった。『黒色軍団』も「現代の好色家」[33] のいかがわしい小遣い稼ぎを攻撃し、これを取り締まる姿勢を明確にしていたからである。だがラロスの批判は露骨すぎたようである。親衛隊機関紙は『男女の関係』が出版されるとすぐに反論記事を掲載して、同書に示されている偏狭な考えを嘲笑した。[34]

避妊具の販売

保守的な道徳家たちは、ナチズムの性‐政策にますます失望を表明するようになったが、彼らがとくに危惧したのは、出生減少をもたらす避妊の手段、とくにコンドームの販売が依然として容認されていることだった。ホフマンによれば、ドイツの出生減少は「予防性交」の普及に原因があり、年間一億個ものコンドームが使用されている事実には、結婚や出産を軽視する「リベラルな生活原則」と「責任の完全な欠如」があらわれていた[35]。ある保健所の医師もまた、避妊具の販売が「人種の自殺の手段」であり、「ユダヤ的・マルクス主義的な民族の退廃の徴候」であるにもかかわらず、ナチ政権下でも「残念ながら根本的な変化は生じていない」と批判する。新聞各紙には避妊具の広告が数多く掲載され、薬局や自動販売機で誰もが容易に入手できるため、若い娘でさえダンスに行くときは避妊具を持参しており、とくにカーニヴァルをはじめとする祭りの後には、下水道の排水口などに大量の使用済みコンドームが見つかる始末だったという。

この医師ももちろん、コンドームが性病の予防に役立つことを認めているが、実際には妊娠の危険のない性の喜びのためにもちいられていることは明らかだとして、この「組織的な民族殺害」の手段を禁止するよう要請している。「コンドームの人種的損害はいずれにせよ性的健康上の利益よりもはるかに大きいので、これを一掃する必要があるのは明らかである」[36]。シュテムラーも同様に、この避妊具が性病の減少に寄与したことを評価しつつ、「性道徳の弛緩と家族の解体」を著しく促進した点を問題視する。婚外の性的関係が一般化しているのは、「とくに女性の側で性病と妊娠に対する恐怖がもたらしていた抑制が、妊娠を避けると同時に性病を防ぐ手段の普及によってますます弱まっている」ことに原因があるというのである。[37]

こうした性病予防の必要と人口政策的な要求との矛盾のために、避妊具の取り締まりに対する政府の姿勢は腰の定まらないものとならざるをえなかった。ナチ党の権力掌握後、新政権は性的不道徳の一掃に乗り出し、避妊具の販売や宣伝を禁止する法律まで制定したが、警察の取り締まりは徹底せず、避妊具はその後も販売されつづけた。[38] ヒトラーが「避妊具に対する小さな戦争」を要求したにもかかわらず、コンドームは依然として地下鉄や鉄道の駅や公衆トイレの自動販売機、薬局などで入手可能だった。[39] 保守派は性的放縦への憂慮から避妊一般を禁止する措置を期待していたが、政府内では避妊具の規制をめぐって見解が分かれ、断固たる措置は講じられなかった。

一九三三年八月にこの問題への対応を協議した帝国内務省の人種・人口政策諮問委員会でも、性病対策に不可欠なコンドームの販売を引き続き認めるべきだとする委員と、それが避妊手段として広範に普及していることを問題視する委員とで意見が対立し、結局のところコンドームの販売を一定の範囲で容認する妥協案で落ち着いた。それはコンドーム以外の避妊手段（殺精子剤の錠剤やゼリー、ペッサリーなど）を健康上の危険を理由に禁止する一方、コンドームの販売を薬局に限定して青少年への悪影響を防ぎ、避妊効果の宣伝や広告も禁止するという内容だった。[40] だがその後の事態の展開を見るかぎり、この規制案でさえ厳格に施行されたとはいいがたい。新聞各紙には避妊具の広告があふれていたし、薬局では十代の少年にもコンドームが販売されていた。[41] 最終的に一九四一年一月の警察指令でコンドーム以外の避妊手段が禁止されるまで、殺精子剤やペッサリーを含むあらゆる避妊具の販売が事実上野放しにされたのだった[42]。

避妊具の取り締まりが不徹底に終わったことに見られるように、ナチズムが婚外交渉を容認していたことは明らかだった。それどころか、一部の党指導者は露骨に性欲の充足を奨励する姿勢すら示していた。教会を中心とする保守派は、ナチ党の権力掌握をヴァイマル共和国の「道徳的退廃」に終止符を打つものとして歓迎しただけに、その後の状況に対する失望は大きかった。ナチズムはドイツの性的堕落を撲滅し、道徳的刷新をもたらすと約束したはずではなかったか。それがどういうわけで不道徳な性的行動を許容し、イデオロギー的な正当化さえ行うようになったのか。この点を考えるにあたっては、何よりも売春の規制をめぐる動向を検討する必要があろう。悪徳の巣窟と見なされてきた売春の問題に対して、ナチスははっきりと保守派の期待に反する対応をとったのである。

2　悪徳の奨励

街頭の浄化

ヴァイマル共和国との闘争期、アドルフ・ヒトラーは自著『わが闘争』のなかで、ドイツの崩壊の原因として「民族の政治的・風俗的・道徳的汚辱」と「民族体の健康を蝕む恐るべき害毒」を挙げ、とりわけ大都市に蔓延する売春と梅毒の問題に対して断固たる措置をとる必要を訴えていた。彼によれば、こうした「性生活の汚染と金銭化」を駆逐するためには、何よりもまず早期の結婚を奨励して、若い夫婦に健康な子供を産ませることが必要である。「結婚もまた自己目的ではありえず、種と人種の増加と維持というより大きな目標に奉仕しなければならない」と考える将来の総統は、健康で純潔な子孫の繁殖をもとめて、「愛の売春化」にともなう道徳的荒廃を一掃する必要を説く。彼がもとめるのは、性にまみれた社会生活の粛正、「性的想念と刺激の温床」と化した「大都市「文化」の風紀的汚染」の排除である。

演劇、芸術、文学、映画、新聞、ポスター、ショーウィンドーから、腐敗しつつある世界の現象をきれいに取り除いて、それらを道徳的な国家・文化理念に奉仕するものにしなければならない。社会生活はわれわれの現代的なエロティシズムのむせるような香水からも、男らしくない上品ぶった不誠実さからも解放されなければならない。(43)

このような主張は、ずっと以前から保守派が唱えてきたことの焼き直しであり、結婚と家族を重視する旧来の性道徳に合致するものであった。いずれにせよ、売春の風紀上の危険に対するヒトラーの批判は、ナチスが権力を掌握した暁にはこの「悪徳」の存続を許容しないことを示唆していた。(44)

一九三三年一月三〇日にヒトラーが首相に就任すると、新政府は矢継ぎ早に政令を出して

「公的な不道徳」の撲滅に乗り出し、売春の一掃をはかる姿勢を示した。同年二月二二日のプロイセン内務省の政令で性病撲滅法にもとづく売春規制の強化が指示され、翌日の政令で連れ込み宿と売春宿の閉鎖が命じられた後、五月二六日には性病撲滅法の改正によって街頭での客引きが禁止され、「公共の場において目立つやり方で、または個人ないし公衆を煩わすやり方で猥褻行為を促し、またはみずからをそれに提供する者」が罰せられるようになった。(45)こうした法的規制の強化と並行して、警察による街娼の一斉摘発が進められ、一九三三年の春から夏の間に数万人の売春婦が逮捕された。(46)なかでもハンブルクでは、三月から八月までに三二〇一人の女性が逮捕されたが、そのうち八一四人が予防拘禁、二七四人が強制治療の処分を受けた。ちなみに、一九三二年三月から六月に九六九人が逮捕されたのに対して、三三年同期間には二〇九五人が逮捕されており、ここからも売春婦の取り締まりが強化されたことがわかる。(47)警察の行動に法的根拠を与えたのは、五月二六日の性病撲滅法の改正と、二月二八日の「民族と国家を防衛するため」の緊急命令であった。(48)

保守的な宗教団体の活動家たちは、こうした売春の一掃に向けた動きを歓迎した。西部ドイツ道徳協会会長アドルフ・ゼルマンは、ドイツを「道徳的退廃」から救ったヒトラーを賞賛して、こう述べている。

一挙にしてドイツは変わった。あらゆる汚物と恥辱は公共の場から消え去った。われわれの町の街路は再び清潔になった。大都市でも小さな町でも厚かましくのさばっていた売春は一掃された。最良の語義における人口政策が政府の側から推進された。われわれが待ち望んできたことが突如として現実となったのである。[49]

長年にわたって「街頭の浄化」に尽力してきた教会系の保健・福祉関係者たちの目からすると、新政府の行動は性的純潔というキリスト教的価値を擁護する決意をあらわすものにほかならなかった。ドイツ性病撲滅協会会長ボド・シュピートホフは、新政府の方針に賛辞を贈りつつ、旧政府がなおざりにしてきた「性倫理」の向上に取り組む必要を強調している。というのも、「健全でわが民族に固有の適切な倫理が男女の関係を規制し、支配していなければ、家族のための、つまり健全で価値が高く、遺伝生物学的に高度な民族をめざした闘争は無駄に終わらざるをえない」からである。シュピートホフ率いる性病撲滅協会は、「性病との闘いは家族のための闘いである」というスローガンのもと、性病の脅威から家族を守るために、感染源である売春の一掃をめざしたが、そのために最も重視したのが、「ゲルマン的・北方的な見解や観念に根ざした性倫理」の強化であった。純潔で健全な結婚と家族の価値を説き、母親としての女性の役割を理想化するとともに、不健全で不道徳な性的行動を非難し、節制と禁欲の必要を強調することが、売春をはじめとする性的不道徳の撲滅に役立ち、ひいては家族を核とする民族と国家の安寧につながると考えられた。[50] 宗教的保守勢力はこうした見地から、ナチ政権が市民的価値観にもとづいて性の浄化を進めることを期待したのだった。

売春の封じ込め

だがこうした期待はすぐに裏切られることになった。ナチ党の権力掌握後、警察は街娼の摘発・逮捕を通じて「街頭の浄化」を進める一方、売春宿の営業を認めて「悪徳」の封じ込めに乗り出したのである。すでに一九三三年秋には、各地の警察が管理売春を復活させる動きを見せはじめたが、この方針をいちはやく表明したのが、エッセンの市当局だった。同年一〇月の『警察』誌に掲載された論説は、エッセンの警察署長の発した売春取り締まりの指令を紹介している。

論説はまず、一九二七年の性病撲滅法が「議会の裏取引」の悪しき産物であり、マルクス主義と女権運動に影響されて売春婦の「解放」をめざしたため、売春を急増させる結果をもたらしたと批判する。エッセンの新規定は、警察による売春の管理を禁じた性病撲滅法一七条を無視するものだったが、論説はこの点について、同法は新時代の精神に反しているがゆえに、もはや拘束力をもたないと主張する。警察はむしろ「民族と国家を防衛するため」の緊急命令を活用して、公序良俗を守るのに必要な措置をとるべきであり、売春を公共の場から排除して特定の地域に制限することで、「国民的高揚」の必要を満たさなければならない。「大都市では売春は必要悪として許容されるべきなので、封じ込めの避けがたい必要が生じる」。『警察』誌の論説はこうして、売春宿の営業を監視・規制することこそ警察の義務であり、「新たな国家倫理」をあらわすものだと主張したのである。

図版56　レーパーバーンの売春婦たち

エッセンの警察当局は、売春婦に公共の場での客引きを禁止し、監視当局の許可した売春宿でのみ営業を認め、健康を証明する営業許可手帳の所持を義務づけるとともに、売春宿の家主にも借り主や家賃について報告させ、飲み物やタバコの販売を禁じるなど、業務にまで踏み込んだ指示を行っていた。[51] 性病撲滅法一七条はさしあたり維持されたものの、警察はこれを無視して売春業への実質的な介入をはかったのである。こうした措置が売春の廃止を意図しておらず、売春を公衆の目に触れないようにするだけのものだったことは明らかである。

ほかのいくつかの都市でも、警察によって売春の封じ込めが進められた。リューベックでは、エッセンの例にならって売春婦と売春宿の家主に同様の指示が行われ、カールスルーエでは、売春街の復活によって売春の管理が実施された。アルトナ、ブレーメン、ケルンでも、売春婦が特定の地区に集中させられた。こうした動きは、とくにドイツ最大の歓楽街レーパーバーンを擁するハンブルクで顕著だった。[52] 一九三三年九月末、ハンブルクの市当局と警察は、性病撲滅法施行後の売春の急増という状況に対して、性病蔓延の防止と公序良俗の維持をはかるため、売春婦の居住地域に制限を課す指令を出した。これによって警察と保健当局から営業許可を受けた売春婦は、ハンブルク市内のカルクホフ、ヴィンケル通り、マウアー通り、ザンクトパウリのヘルベルト通り、ザンクトゲオルクのグリュッツマッハー通りにかぎって居住と営業が認められることになった。

売春婦は保健所で定期的に検査を受けるものとされ、検査の日付を記入する手帳が交付された。街頭での客引きは禁止され、これに違反した場合は処罰や予防拘禁、労働奉仕所送致の処分を受けることになった。売春宿の家主に対する指示も詳細にわたるもので、売春街を壁や門で外部から隔離することから、警察に借り主や家賃などを報告すること、売春の斡旋者を排除すること、売春婦を通りや入り口に立たせないこと、明るく好ましい内装にすること、シーツやタオルを清潔に保つこと、部屋の使用状況や借り主の名前を入り口に表示することまで、具体的な業務上の規則を定めていた[53]。

図版57　ハンブルクを出港する歓喜力行団の客船

これらの指示の内容は、市当局が売春の存続に関心を払っていたことを示している。街頭で客引きを行う売春婦は逮捕されたが、売春街では「営利目的の猥褻行為の営業」が許容された。売春は維持されるべきだが、公衆の目についてはならなかった。一〇〇人ほどの売春婦が商売をつづけたザンクトパウリのヘルベルト通りでは、野次馬を遮断するための衝立が通りの両端に設置された。売春の管理はまた、売春婦の健康を監視し、性病の蔓延を防ぐという保健衛生上の目的に役立つとして正当化された。清潔な歓楽街というイメージが重要だったことは明らかである。レーパーバーンは歓喜力行団の船旅に参加する人々の訪問地であり、彼らには安全な楽しみを提供する必要があった。[54]

保守派の反発

教会系福祉団体の関係者たちは、「街頭の浄化」をはかる政府の措置を歓迎しつつも、売春宿の再導入と売春業の管理をもとめる方針には強く反対した。性病撲滅協会会長シュピートホフは一九三四年一月の報告で、売春問題においては倫理的な考慮が「純粋に組織的・技術的」な観点よりも優先されるべきだとして、売春の集中化が進むケルンとエッセンの状況を厳しく批判している。彼によれば、売春の管理は公共の健康と秩序を守るという目的を達成することができない。ケルンでは約一五〇人の売春婦が公認の売春宿で生活しているが、売春の嫌疑で保健当局の監視を受けている約一六〇〇人の女性は町のあちこちに住んでおり、封じ込めを行っても街娼の悪影響から一般市民を守ることは難しい。それどころか、公認の売春宿は「性的倒錯」の蔓延の中心であるがゆえに、売春の道徳的・身体的危険を悪化させている。政府がとるべき措置はむしろ、いかなる形態の売春の出現も厳しく禁止し、定期的な性病検査を「いかがわしい酒場のホステスや踊り子、女給、および頻繁に性交の相手を替える他のすべての人々」に拡大することである。

国家は、家族の基盤を傷つけたくないなら、婚外性交の資格と権利を認めることはできない。それゆえ、売春宿の設立によって婚外性交の機会を拡大したり、何らかの許可や指示によって婚外性交の実施を奨励したりすることは、国家の課題とはなりえない。……売春宿や売春街は、国家政治的・国家倫理的に許容しえないものであるが、別の観点からも拒否すべきものである。なぜなら、このように生活している売春婦の数は街の売春婦のほんの一部にすぎず、この一部が街の光景に何の影響も及ぼさないため、売春業と結びついた道徳的・健康的・経済的不利益を利益が上回ることはありえないからである。

シュピートホフは、売春宿や売春街がごく一部の売春婦しか管理できず、性病蔓延の防止に役立たないとして、警察が売春の管理にかかわることを拒否する。売春の害悪を防ぐ最良の方法は、結婚を道徳的・経済的に援助し、青少年に性的純潔の理想を教育することだというのである。(55) 管理売春に対する批判は、売春婦の監視にあたる現場からも上がった。ハンブルクの保健・福祉局は一九三四年九月、売春の封じ込めの有効性を疑問視する報告を提出している。それによると、売春の管理は性病の蔓延を防ぐことができず、家族の保護と道徳の強化をめざす教育的措置とも折り合わなかった。売春という「悪徳」はむしろ、現行法の活用によって撲滅すべきものとされた[56]。

売春の管理強化

警察はこうした批判に敵意を示し、売春の管理を擁護する姿勢を強めた。ケルンの警察署長は一九三五年三月の論説で、売春の封じ込めが性病感染の危険を高めるという保健・福祉関係者の見解を拒否し、売春宿の設立が公共の健康と秩序を守るのに必要だと主張した。「警察の行動全体にとって決定的なのは、道徳家ぶった態度ではなく、公共秩序の維持である」[57]。警察はドイツ中で性病撲滅法一七条を無視し、公認の売春宿を設立する動きをとったが、そうした動きは、警察を管轄する帝国内務省の指示さえも無視したものだった。一九三四年七月、帝国内務大臣ヴィルヘルム・フリックは政令を発して、管理売春の再導入を批判している。いわく、多くの都市で売春宿や売春街の再設立を認める動きがあるが、一九二七年の性病撲滅法一七条によれば売春の封じ込めは禁止されており、各地の警察はこの規定を厳守すべきである。一九三三年五月の性病撲滅法の改正により、売春婦を街頭から一掃することは十分可能であるから、警察は現行法の枠内で売春の問題に対応すべきだというのである[58]。しかし、この指示も警察の姿勢を変えることはできなかった。各地の警察は、性病撲滅法の改正によっては街娼を一掃できず、むしろ売春の封じ込めこそ必要な措置だという見解にもとづいて、内務大臣の政令にしたがうことを拒否した[59]。

こうした動きの背景には、教会を中心とする保守派の影響力の後退に加えて、親衛隊帝国指導者ハインリヒ・ヒムラーの警察に対する指揮権の強化があった。一九三六年六月にドイツ警察長官に就任したヒムラーこそ、管理売春拡大の黒幕だった。彼は翌年の演説において、男性の性欲にはけ口を与える必要を強調し、「それじたいまったく無害な売春問題」を組織する方針を表明している。「われわれはこの領域では、きわめて寛容であろうと考えている」[60]。親衛隊帝国指導者はこの発言で、男性同性愛の蔓延を防ぐ必要を強調していたのだが、彼の売春容認の姿勢は、婚外交渉に反対する教会の「道徳的」態度への敵意にも支えられていた[61]。ここにはすでに、国家の管理する売春が「生の喜び」の擁護と結びつく契機が示されている。

戦争の準備が進むにつれて、国防軍も売春の存続に関心をもつようになった。一九三六年一二月、国防軍最高司令部はこの問題について、次のように要請している。「軍司令部は、売春宿の設置が早急に必要であると表明する。……それゆえ、売春婦の逮捕は控えめにしなければならない」[62]。ドイツの兵士に安全な性のはけ口を与える売春宿の衛生的・軍事的重要性は、不道徳な性的行動への懸念にまさるものだった。だが国防軍の要請にもかかわらず、売春婦に対する迫害はさらに厳しくなった。一九三七年一二月の「予防的犯罪撲滅」に関する帝国内務省の基本政令によって、「職業的・常習的犯罪者」ばかりでなく、「反社会的行動によって公安を脅かす」者も予防拘禁の対象とされ、強制収容所に送られるようになったが、このいわゆる「反社会的分子」には、労働忌避者や浮浪者などと並んで、売春婦も含まれた[63]。売春の公的な許容と奨励は、売春婦の法的・社会的迫害と手を携えて進んだのであり、その後の事態の進展を特徴づけることになるのも、こうした相互に補完し合う二重の動きであった。

戦争がはじまると、政府はただちに政令を出して売春の管理を強化した。一九三九年九月九日の帝国内務省の政令は、「現在の状況のもとで国防軍のメンバーと一般市民を脅かしている売春の危険、とりわけ健康上の危険の効果的な予防を保証するため」、警察による売春婦の監視を要請し、街頭での客引きを禁止する一方、「特別な施設」でのみ営業を認めるものだった。これは事実上、警察が売春宿を公式に認可し、業務の支援に乗り出すことを意味した。「売春婦のための特別な施設が存在しないところでは、警察が必要に応じて適切な場所にそれを設立すべきである」。売春宿は子供や青少年に悪影響を及ぼす恐れのない場所に設立されるべきものとされ、保健当局の医学的監督下に置かれるとともに、ドイツ人以外の売春婦を排除して人種的基準を満たさねばならなかった。売春の業務は厳しく指示され、家主が不当な利益を得ることや、客に酒類を販売することなどが禁止された。売春婦は街頭での客引きのほか、夜間の外出や性玩具の使用も禁止され、住居変更の届け出や保健当局の指示の遵守を義務づけられた。売春の営業施設を限定したこれらの指示が、売春婦の全面的な把握を目的としていたことは明らかである(64)。

政府管理売春の確立

一九三九年九月一八日の帝国内務省の政令はさらに、戦時中の性病の蔓延を効果的に防止するため、警察と保健当局の監視の範囲を「頻繁に相手を替える性交」に従事する女性にまで拡大した。これによって、「男の客の接待や歓談などをするために、酒場やそれに類似した場所に出入りする女たち（いわゆる女給やホステス、踊り子など）」もまた、売春の疑いがあるというだけで取り締まりの対象とされるようになった。こうした女性たちは、保健当局による定期的な性病検査を義務づけられ、感染が判明した場合は強制的に治療を受けさせられた。保健当局の指示にしたがわない女性は、「反社会的行動」を理由として警察に予防拘禁され、強制収容所に送られることになった。[65] 当局の監視を逃れて営業する売春婦を排除し、特定の施設でのみ営業を許可するという対応は、唯一の合法的な売春の形態として、政府管理売春の独占体制を確立しようとするものだったといえよう。そのために欠けていた最後の法的根拠をもたらしたのが、一九四〇年一一月の性病撲滅法改正だった。これによって売春の封じ込めを禁じた同法一七条が正式に撤廃され、売春宿の営業と行政による管理が合法化されることになった。[66]

これらの措置によって、公認の売春宿は急増した。国防軍は政令にもとづき、帝国全土および占領地域で軍用売春宿をつぎつぎに設立したが、その目的は、性病蔓延の防止という衛生的観点から、兵士の性的行動を管理下に置くことだった。[67] この点について、陸軍総司令官ヴァルター・フォン・ブラウヒッチュは次のように説明している。

それゆえ、健康を管理されていない女性との性交は、できるかぎり禁止されなければならない。売春宿に住んでいる場合にのみ売春婦の管理が可能であるから、ドイツの兵士が野放しの売春の犠牲になる可能性を助長するよりは、医学的管理下にある適切な売春宿を彼らに開放する方が、衛生的・規律的観点からより目的にかなっているように思われる[68]。

兵士の性欲を満たすべき軍用売春宿の設立は、しばしば道徳的立場からの反対に抗して強行された。たとえばヴュルツブルクでは、一九四二年に当局が売春宿の設立を計画したところ、付近の住民がこれに抗議して、戦死した息子をもつ家族のことを考えてほしいと訴えた。だがヴュルツブルクの警察署長はドイツ警察長官に宛てた報告のなかで、軍の駐屯するこの街には公共の売春宿が必要不可欠であると強調し、住民の苦情が主として「教会と結びついた層から出ている」と説明したため、ヒムラーは地元の反対を押し切って売春宿の設立を許可した[69]。

体制の守護者たちにとっては、兵士の性的必要に応じることが最優先の課題であり、道徳的批判など顧慮するに値しなかった。宣伝大臣ゲッベルスは大都市における売春宿の必要性について、一九四二年にこう述べている。「ハンブルク、ニュルンベルク、その他の大都市においてと同様に、帝国首都において売春街を設立することを、われわれはそう長くは避けられないだろう。四〇〇万都市を市民的・道徳的観点にしたがって組織・管理することなど、できない相談だ[70]」。

兵士たちの性欲が十分に満たされるよう、ベルリンの保健当局はあらゆる面で気を配った。一九四四年にベルリンの売春婦の料金が高すぎるという苦情が出た際には、法外な料金を要求する女性を取り締まるよう警察に介入を要請し、首都の相場に不慣れな帰休兵のために主要駅の近くに軍用売春宿を設置することまで提案した。[71] 保健当局は、健康上の観点から売春宿を管理したばかりでなく、売春婦を兵士の福祉に役立てようと、料金の適正化にも取り組んだのだった。兵士の士気を高める刺激剤として、売春の活用がはかられていたことは明らかである。ここにはまさに、ナチズムによる性の道具化が露骨な形であらわれていたといえよう。

こうした公的な悪徳の奨励は、純潔な家族の保護と人種的にすぐれた子孫の繁殖をめざした人口政策上の目的と矛盾するように見えるかもしれない。だが売春を性欲のは

図版58　軍用売春宿。ドイツ占領下のブレスト

図版59　「兵士はみな必ず無料提供のコンドームを使用すること」

け口として活用することも、結婚と家族を生殖の目的に役立てることも、大局的に見れば、人間の性を国家の要求に奉仕させようとする点では同じだった。性的不道徳の一掃に向けた取り組みも、売春を公衆の目につかないところで温存させる意図を覆い隠すものにすぎなかった。ナチズムの売春対策を特徴づけるこの非道徳性は、性愛を欲求充足の問題に還元する「物質主義的」な基本姿勢において、保守派の評論家が批判した「性愛のリベラリズム」、多くの男女の野放図な快楽追求と表裏一体の関係にあった。広範な国民の間に広がった「道徳解体現象」は、ナチズムによる性生活への介入の、望まざる副産物でもあったのである。

3　道徳の解体

青少年の性的非行

「公的な不道徳」の撲滅を唱えて売春の一掃に乗り出すかに見えたナチズムが、結局のところ売春の封じ込めと組織化に舵を切った経緯は、道徳的に純潔な体制という外観を守りつつ、実際には性欲の充足を奨励して、これを国家目的に動員しようとする狙いを照らし出している。だがこうした狙いは、必ずしも思惑通りの結果につながったわけではなかった。いったん解放された欲求はしばしば望ましくない方向へ向かい、青少年の性的非行や外国人との性的関係など、様々な憂慮すべき事態をもたらすことになったのである。さらにまた、ナチズムの性－政策は多くの面で一貫性を欠き、方向が混乱していたため、人々に明確な行動指針を与えるものとはなりえなかった。性的不道徳の一掃、結婚と家族の再建という約束は、婚外交渉や売春の容認、「生の喜び」の賛美、露骨な出生奨励策などと矛盾した。若い男女の間の「道徳解体現象」は、そうした矛盾と混乱が招いたものでもあった。相矛盾する要求に直面した多くの若者たちは、既成の道徳や価値観に頼ることなく、自分の欲求にしたがって行動するようになったのだった。

こうした「価値の真空」のなかで、多くの若者の行動に影響を及ぼすことになったのは、マスメディアが提供する非政治的な娯楽や気晴らしだった。この時代の映画や流行歌は、ひたすらなまでに愛の讃歌を謳い上げていた。たとえばドイツのスター女優ツァラ・レアンダーが映画のなかで歌った『愛は罪なの？』は、次のような歌詞で愛に生きる決意を表明していた。「愛は罪のはずがないわ。もしそうだとしても、私にはどうでもいいこと。愛なしに生きるくらいなら、いっそ罪を犯すつもり」(72)。ナチ政権下、宣伝省の方針で浅薄な娯楽・消費文化が広まっていたが、映画や流行歌に見られるこうした享楽主義的な傾向は、一部の若者の間で性道徳の弛緩と性的行動の放埒化をもたらしていた。そのことは保守的な道徳家たちの批判を呼び起こしただけではなく、国民世論の監視につとめる治安当局にも「公共生活の性愛化」への憂慮を抱かせることになった。「芸術の領域ではリベラリズムの影響が強まっている。……映画と流行歌は再びますます内容のない、もっぱら性愛を志向する組織時代の陳腐さに陥っている」(73)。多くの若者はアメリカ映画やジャズ、スウィングに熱狂し、公式筋の推奨する余暇文化に背を向けたが、そうした態度がナチ党の青年組織にまで浸透し、風紀の乱れをもたらしていたことは、ドイツ女子青年団のリーダーによる次の証言からも明らかである。

どんな政治教育も彼女たちにとっては退屈でした。私たちの民族舞踊や一緒に口ずさんだ歌を、彼女たちのほとんどが笑いものにしていました。そのかわりに彼女たちは、流行歌やアメリカのダンスに熱狂していました。彼女たちの会話は性的な問題が中心で、何人かは未成年にもかかわらず、この領域ですでに豊富な経験をもっていました。(74)

図版60　ドイツ女子青年団の野外活動

若い男女の間での性道徳の弛緩は、「若者が若者を指導する」ことを原則とした党の青年組織によっても助長された。とくにヒトラー・ユーゲントやドイツ女子青年団が提供した様々な余暇活動は、若者たちにとって家庭の束縛からの解放を意味していた。親の目が届かないキャンプやハイキングでの性的放縦が、しばしば問題になった。(75)『ドイツ通信』の一九三五年六月の報告は、青少年の「破局的な道徳状態」を指摘している。

一四歳から二〇歳の間の若い男女は、しばしば道徳的に完全に故障している。……ブーアでは一七人の少女がドイツ女子青年団から除名されたが、それは彼女たちが妊娠したからだった。とくに母親たちは、子供たちの道徳的に抑制を欠いた態度に絶望している。人種的に純潔な子供を要求するプロパガンダが若者にもたえず吹聴され、放縦な性的行動をもたらしている。ナチスの青年は道徳的なよりどころを欠き、もっぱら血と土や純潔なゲルマン性、戦士の覚悟についてのくだらない話だけを聞かされているため、内面的な教養や人間性の欠如から広範な道徳荒廃が生じている。(76)

総統に子供を贈るよう要求されて育った少女たちは、それを利用してみずからの不品行を正当化することができた。ある地方裁判所の報告によると、母親から親衛隊員や兵士たちとの交際をたしなめられた一五歳の少女は、余計な口出しをするなと返答した上で、「もし妊娠したら、私は総統がいつも要求している通りの、ドイツの母親になれるじゃないの」と反論したという。(77)「産めよ殖やせよ」の出生奨励策が、若者の性的タブーを弱めると同時に、ある種の権利意識を目覚めさせて、彼らを早熟な性的行動へと駆り立てていたわけである。亡命社会民主党の報告はこの点について、未婚の母と子を擁護するプロパガンダが若者の道徳荒廃を招いていると指摘している。「乱交が実際に認められた状態である。国家は子供を必要としているのだ(78)」。

戦時下の道徳解体

戦争がはじまると、道徳規範の解体はさらに加速した。父親の出征、家族の疎開や別居、肉親との死別などによって様々な面で家庭秩序が崩れ、親の監督を離れた若者たちはしばしば性的非行に走った。十代のうちから兵役や労働奉仕に動員され、長期的な人生の展望を描きにくくなった若者が、結婚相手というよりも気軽な遊び相手をもとめるようになったのも、無理からぬ結果といえよう。(79) 治安・司法当局の報告にも、ためらいもなく性的関係を結ぶ若い男女についての記述が目立つようになった。

若者の考え方や生活態度の乱れは何よりも性的な領域で進行しており、とくに少女の非行が恐るべき状態に達している。若者たちはしばしば夜中まで街をうろついたり、酒場にたむろしたりしている。……一四歳以下の若い娘たちが昼夜を問わず若い男たち、とりわけ国防軍兵士や労働奉仕団員たちと遊び歩き、しばしば無思慮に性交を許している。

一九四二年四月に帝国司法大臣に提出されたこの地方裁判所の報告は、驚くべき事例をいくつも紹介していた。一三歳の少年と少女が三人ずつ集まって一緒に猥褻行為にふけったり、一六歳の少年が男娼をつとめたりしたケース。クラスメートに性交と避妊具について講釈した女子小学生や、小銭程度の報酬で売春を営んだ十代半ばの女子生徒もいた。一五歳と一六歳の少女はフランス人の戦争捕虜の方が「ドイツ人よりもあれがずっとうまい」と話して、何人かの捕虜と「倒錯的」な性交を行った。別の二人の少女は名前も知らない兵士たちのところに行って、二晩にわたってほぼ一通りの体位を試した。(80)

報告はこうした事態の原因として、戦時下の不十分な家庭教育、早期からの労働過程への編入、低俗な読み物や映画などの影響、警察パトロールの弱体化などを挙げ、青少年に対する監視が不十分であることを批判しているが、取り締まりを強化したところで、思春期の衝動にもとづく行動を食い止められるはずもなかった。すでに一九四〇年三月には「青少年保護のための警察命令」が出ており、若者の日没後の外出や酒場や娯楽施設への出入りが制限されていたのだが、状況は悪化の一途をたどっていたからである。(81) 若者の「道徳荒廃」は三〇年代後半から見られた現象で、戦争はこれに拍車をかけたにすぎなかった。(82)

しかも警察の取り締まりからして、若者たちの生活実態にそぐわないことが多かった。帝国青年指導部が一九四一年に指摘しているように、防空補助員として働く少年たちは賃金のほかにタバコを支給され、勤務後に年長の同僚たちと酒場に行くことも多かったから、彼らに飲酒や喫煙を禁止するなどというのはまったくナンセンスだった。それにまた、若者の模範となるべき大人たちの行動も悪影響を及ぼしていた。ナチ党員が制服姿で酔っぱらって売春宿に出入りするのを見れば、ヒトラー・ユーゲントの団員がこの悪例にならうのも無理はなかった。(83) 若者の道徳荒廃は、そうした矛盾と混乱によって助長されていたのである。帝国青年指導部も、両親の監督不行き届きを非難して済ませるわけにはいかなかった。「大きな

図版61　東部戦線に立てられた看板

世界観の変動があるときはいつもそうだが、今日もまた旧い世代と若い世代の間には多くの面で溝が生じており、それはゆっくりとしか埋められないものである」[84]。教育当局者でさえ、ナチズムがもたらした道徳規範の混乱を問題視せざるをえなくなっていたのだった。

一方、性的飢餓状態に置かれた前線の兵士たちは、各地の軍用売春宿に欲求不満のはけ口を見出すようになったが、彼らの関心が性的な問題に集中していたことは、親衛隊帝国指導者も認めるところであった。「残念ながら中隊の男たちの会話の話題はたいてい女のことであり、ドイツで蔓延しているきわめて猥褻な性生活のことが語られている」[85]。注目されるのは、故郷を遠く離れた彼らの日常もまた、低俗な娯楽・消費文化の影響にさらされていたことである。親衛隊保安部の一九四〇年二月の報告によれば、有名な映画女優の写真や、兵士のラブシーンを題材にした「きわめてキッチュな野戦郵便葉書」が大量に出回っていた。「そこでは「パーマをかけた」娘たちが愛の矢を放ち、「きちんとした身なりの」若い兵士たちのハートを射止めている。花一面の草原やボート用の桟橋、人目につかない公園のベンチなどが背景となっている」。こうしたいかがわしい絵葉書の流通に歯止めをかけようと、保安部の報告はこう提起する。

作戦展開地域では野戦葉書の需要が高まっているにもかかわらず、良質だが安い葉書の供給が比較的少ないため、先述のような製品が利用されているのである。それゆえ、たとえば当該の地方の優良で人種的に申し分のない少女や女性の顔、ドイツの歴史上の人物や運動・国防軍の指導者の顔、今日の芸術作品などを野戦葉書のシリーズとして印刷すべきだという提案が、様々な方面からなされた(86)。

こうした提案が、兵士たちの性的渇望に応えるものとなりえなかったことは明らかである。治安当局はここでも「公共生活の性愛化」を食い止めようと、およそ見当外れの努力を積み重ねていたといえよう。

外国人との性的関係

体制の守護者たちはもちろん、若者たちの性的行動を種の繁殖という国家目的に奉仕させるべく、様々な人口・人種政策的措置を講じていたが、多くの男女が要求された人種的純潔の維持に理解を示さなかったことは、彼らの外国人に対する好意的な態度からも明らかだった。開戦後、何百万人もの戦争捕虜と外国人労働者がドイツに流入し、工場や農村での強制労働に従事するようになると、ドイツ人と外国人の親密な関係が問題とされるようになった。親衛隊保安部の報告も、外国人との性交渉による「血の汚染」の危険をくり返し警告している。

帝国に何百万人もの異民族の労働者が動員されたことによって、ドイツの女性との性交がたえず増加している。……何百万人ものドイツの男性が兵役に招集されたこと、外国人に対して一般的な性交の禁止がなされていないこと、さらに多くの異民族の労働者が採用されていることによって、ドイツ民族の血の汚染の危険がますます大きくなっている。

とくに危惧されたのは、ドイツの女性がフランス人の戦争捕虜、ポーランド人やチェコ人の民間労働者などと親しく交際し、性的関係までもっていることだった。保安部の報告によれば、そうした関係から二万人もの私生児が産まれていた。[87] ナチ党人種政策局の報告も、多くの女性が「民族への義務に無頓着」であることを非難している。

残念ながら確認されるのは、民族を忘れた多くのドイツの少女と女性が、恥じらいもなくこうした異民族の男性と交遊するばかりか親密な間柄にさえなり、人目もはばからずに酒場で酒をおごってもらった後、ドイツ語も話せない同伴者と公園や近隣の森、草むらに消えることである。[88]

この報告を読んで事態を憂慮した宣伝大臣ゲッベルスは、国民に対して啓蒙活動を強化するよう命じた。「ドイツの少女はユダヤ人とだけでなく、他のすべての異人種との関係も拒否しなければならない[89]」。

すでに一九三五年九月の「ドイツの血と名誉を保護するための法律」によって、ドイツ人とユダヤ人の結婚と婚外性交が禁止され、いわゆる「人種汚辱」として処罰の対象にされていたが、開戦後はそれが外国人との関係一般へと拡大された[90]。ドイツ人の血の純潔を守るべく、治安当局は一九三九年一一月の「ドイツ民族の国防力保護のための法規命令」によって戦争捕虜や外国人労働者との交際を取り締まり、性的関係をもった者に苛酷な刑を科しただけでなく、各地のナチ党幹部に住民の憤激を煽らせ、戦争捕虜や外国人労働者と関係した女性に公衆の面前で見せしめの懲罰を加えることまでした[91]。

図版62　軍需工場で働く女性たち

しかし、こうした厳しい措置によっても外国人との性交渉の広がりに歯止めをかけることはできず、戦争捕虜との交際を理由とした裁判は、その後も引き続き頻繁に行われた[92]。外国人との接触がもたらす「民族政策上の危険」については、治安当局からたびたび懸念が表明されたが、注目すべきことに、処罰の対象とされたのはドイツ人女性と外国人男性の性的関係だけであり、ドイツ人男性と外国人女性の関係はほとんど問題とされなかった。こうした二重道徳的な取り締まりの姿勢は、かえって女性の反発を招いただけだった。ある町で戦争捕虜と関係をもった女性がさらしものにされた際、見物していた数人の女性から、「フランスでフランス人女性と関係をもった男性にも同じ措置がとられるのか」という疑問の声が上がったという。(93)この事例は、国民の一部に公的な性規範への懐疑が広まりつつあったことを明らかにしている。

親衛隊保安部の報告によれば、こうした不純な関係が蔓延した最大の理由は、工場や農村で外国人労働者とドイツ人女性が一緒に働いていたことだった。とくに農村では戦争が原因で男手が不足し、外国人の労働力に頼る状況が生まれており、外国人労働者とドイツ人女性の生活が近接していたため、両者の身近な接触から関係が発展するのは避けがたかった。「最初はまったく無害に見える友好関係からすぐに恋愛関係が……生じることもきわめて多い」(94)。外国人との関係がどの程度まで許されるのかが曖昧だったことも、大いに混乱を招いていた。同盟国のイタリア人となら交際してもかまわないと考える女性が多かったし、同じフランス人でも戦争捕虜と関係すると罰せられるが、外国人労働者となら許されるという誤解もあった。(95)関係が生じた原因は様々だったが、外国人男性の側から「挑発的」な働きかけがあっただけでなく、ドイツ人女性が積極的な役割をはたしたケースも多かった。(96)保安部の報告は、外国人との性交渉を望む「著しく好色性の目立つ」女性の事例をいくつも紹介している。ある一八歳の家事手伝いの娘は、ドイツ人兵士からの誘いを断った上で、こう述べたという。「今夜は何も約束できないわ。私はフランス人が体中を愛撫して、たっぷり満足させてくれるのを期待しているの。それに倒錯的な性交も試してみたいのよ」[97]。

人種主義教育の破綻

保安警察が問題視していたのは、こうした著しく不品行な女性ばかりではなかった。驚いたことに、ごく普通の純真な少女までもが外国人との交際に関心を寄せており、フランス人が「黒髪で南国人タイプ」だから気に入ったと述べる若い女性の事例からも、彼女たちが「悪意というよりはまったくの無理解から」外国人に接近していることは明らかだった。「外国人労働者は女性の住民の一部から最大限の好意を示されているが、それはこうした異民族の人々とかかわりをもつことが興味深いと考えられているからである」[98]。多くの若い女性たちは、異民族が無能で劣等だというイデオロギー的な教えに動かされることなく、外国人に対する素朴な憧れから交際へと進んでいたのである。このような事態は、体制の守護者たちを狼狽させるのに十分なものだった。それはまさに、長年にわたる人種主義教育が実を結ばなかったことを示していたからである。

苛酷な刑罰を科すだけでは不十分なことを悟った治安当局は、ドイツ人女性を「血の汚染」の危険から守るため、外国人労働者のために特別の売春宿を設立して、出征兵士のかわりに働く彼らの性欲を満たす必要があると考えるようになった。党官房長マルティン・ボルマンは、一九四〇年一二月に次のように指示している。

ますます必要になっている異民族労働力の投入は、ドイツの血の危機をもたらしている。禁止や刑罰の脅しの効果はかぎられており、政治的な理由からすべてのケースで宣告するわけにもいかない。総統はそれゆえ、異民族労働者が多数投入される場合、できるだけすべての場所で、彼らのために独自の売春宿を設立するよう指示された。(99)

最初の外国人労働者用売春宿は一九四一年三月にリンツのヘルマン・ゲーリング工場に設置され、それが以後各地に設立される同様の施設の模範となった。オーバードナウ大管区指導部の報告によると、この売春宿は異民族労働者とドイツ人女性との「たえずくり返される望ましくない関係」を阻止するため、大管区指導部が人種政策局、刑事警察、保安部、自治体と協力して設立したものだった。売春宿は各民族の労働者が収容されている宿舎ごとに設置され、それぞれに労働者と同じ民族の売春婦が配置されることになった。ドイツ人は外国人用売春宿を利用してはならず、外国人は既存のドイツ人用売春宿を訪問してはならないとされた。(100)一九四三年末までにドイツ全土で約六〇の外国人労働者用売春宿が設立され、約六〇〇人の売春婦が働き、さらに約五〇の施設が建設中だった。(101)これらの売春宿が、人種政策を支える役割をはたしたことはいうまでもない。宣伝省の見解によれば、人種混交を防止するには、「外国人労働者の関心をできるだけこうした売春宿に集中させること」が重要だった。(102)

だが外国人労働者用売春宿の建設は、そのための資金を拠出させられた企業や自治体の抵抗に直面しただけでなく、ドイツ人住民の間でも不興を買うことになった。空襲が激化して多くの人々が家を失うようになると、彼らは政府が売春施設の建設に一ヵ所平均一〇万マルクもの大金を投ずることを納得しなくなった。親衛隊保安部の報告は、この点を次のように説明している。「ドイツ人住民の一部に「B」施設（売春宿）の必要性に十分な理解を示さない者がいることを、多くの報告が一致して認めている。そのために費やされた資金を住宅の建設のために使えば、戦争の要求にずっとかなうだろうという声をたびたび耳にする」[103]。ドイツ人の血の純潔を守るためと称する売春宿の設立は、住民の反発を招いただけだったのである。

スウィング青年

戦争が長くつづくにしたがって、ますます多くの人々がナチズムの道徳的教条に背を向けるようになった。そうした反発がとくに先鋭な形をとってあらわれたのが、英米の音楽やダンスに傾倒した若者のグループ――ハンブルクでは「スウィング青年」と呼ばれた――だった[104]。彼らはダンスホールでジャズやスウィングの曲に合わせて踊り、大騒ぎして衆目を集めた。親衛隊保安部の一九四一年八月の報告によれば、こうした「イギリスかぶれの若者のグループのホットなスウィングのデモンストレーション」は、明らかに「反国家的で反動的・破壊的な形態」をとっていた。「ここで問題となっている若者のなかには、退廃し、犯罪的素質をもち、混血の者もおり、彼らは徒党や音楽的ギャング団を形成し、独特の態度と品の

図版63　ハンブルクのスウィング青年たち。イギリス風のファッションを好んだ

ない音楽的狼藉によって、健全な感情をもつ住民にテロを加えている」[105]。

治安当局がとくに注目したのは、これらの若者たちのすさまじい「道徳的退廃と性的放縦」だった。フランクフルトで一九四〇年に摘発された「OKギャング」と「ハーレム・クラブ」という二つのグループに関する報告は、メンバーたちの性的無軌道ぶりを詳細に紹介している。それによると、彼らの関心は流行歌、ダンス、カフェに向けられており、人目を引く服装を好み、「政治にはまったく無関心」だった。グループは野外やカフェ、ホームパーティなどで「無差別の乱交」をくり広げており、あるパーティの招待状には「殿方は水泳パンツでおいで下さい。淑女は上に何もつけず、下に何もつけず、真ん中は穴空きで」と記されていた。性交の相手はたやすく入れ替わり、感情的な結びつきなどなかった。「ほかに誰もいなかったから」というだけで、誰とでも寝た。ある一六歳の少女は五人の若者と同時に性交した。別の少女は自分が処女だと強調したが、性交以外のすべての前戯を経験していた。ある少女はカフェ・ヒッポドロームの片隅で性交し、別の一七歳の娘は「私は飲み過ぎて動けなかったからセックスできなかったわ」と述べた[106]。

保安警察はこうした若者の取り締まりに乗り出し、首謀者を強制収容所に送るまでしたが、各地に雨後のたけのこのように発生する徒党集団を、最後まで一掃することはできなかった。[107] それどころか、警察の介入によって若者たちはかえって反発を強め、自覚的な行動に出るようになった。もちろん、彼らの行動が抵抗運動にまで組織されることはなく、総じて非政治的・個人主義的な傾向をおびていたことは事実だが、そこにはまぎれもなく、体制の規制と画一化に対する抗議の姿勢が表明されていた。こうしたグループが官製の青年組織の外部で自発的に形成されたことじたい、体制の管理要求への抗議の意味が込められていたし、夜遅くまで街をぶらつき、相手かまわず関係をもつ若者たちの無軌道なふるまいは、彼らが教え込まれてきた道徳規範への明らかな挑発を含んでいた。保安部の報告によれば、これらの若者たちはヒトラー・ユーゲントやドイツ女子青年団を嫌い、労働奉仕や兵役に反対し、性交の相手を頻繁に替え、「ハイル・ヒトラー」と挨拶するかわりに「モイン」などと呼び合っていた。彼らの「まったく反国家的な態度」と「道徳的退廃」について、報告はこう結論づけている。「彼らの理想は民主主義的自由とアメリカ的怠惰である」。[108]

銃後の性的放縦

戦争末期になると、若者のみならず、夫婦や恋人同士の関係にも深刻な影響があらわれはじめた。激化する戦火のなか、人々の間では「あらゆる機会をとらえてお祭り騒ぎをしようという渇望」が強まり、空襲によって破壊された町の住民が燃えさかる瓦礫の前で踊り狂

図版65　防空壕で化粧をする女性

図版64　駅で妻子に別れを告げる兵士

い、抱き合ったりする光景も見られるようになった。[109] 親衛隊保安部の一九四四年四月の報告は、とくに一部の女性に見られる「不道徳な行動」に注意を喚起している。労働動員や疎開・避難によって生活秩序が大きく変化する一方、長期にわたって夫や恋人から引き離され、短い休暇の間しか一緒に過ごせなくなった多くの女性たちは、日々のストレスや寂しさをまぎらわそうと、一時的な快楽をもとめることが多くなった。その結果、「相当数の女性と少女がますます性的放縦に走る傾向を強めている」。このことはとくに「兵士の妻たち」に顕著で、彼女たちはあちこちの酒場で男たちと出会い、ゆきずりの関係に身をゆだねている。報告はこうした「道徳の弱体化」の原因として、女性たちの性的欲求不満に言及しているが、ある若い兵士の証言は、そのことを印象的に物語っている。

ひどかったのは大晦日の夜だった。あらゆる通りは兵士を追いかける女たちであふれていた。多くは特別配給の酒びんをもっていて、栓抜きをもっていないかと尋ねて話の糸口をつけようとしていた。兵士がもっていないと答えると、彼女たちはハンドバッグから栓抜きを取り出した。若い女ばかりではなく、四〇歳、五〇歳の女もだった。

こうした銃後の状況に、前線の兵士たちは心をかき乱された。「兵士の妻たちの不貞が前線の夫たちに与える影響は、とくに深刻と見なさなければならない。夫たちは妻の素行を隣人から聞いて、ひどく不安になっている。自分たちが前線で戦っている間、家族の秩序を維持することができない国家の責任を問う声が多く聞かれる」。だが女性の側にしてみれば、男たちが駐屯地や占領地で浮気をしているのだから、自分たちにも同じように楽しむ権利があると考えるのも無理はなかった。とくに空襲が日常化すると、「この世のわずかな喜び」でも享受しようとする女性の行動が目立つようになった。保安部の報告によれば、絹靴下、布地、タバコ、酒といった物資を手に入れるために兵士と関係を結ぶ女性や、「ある種の性的好奇心の充足」を期待してフランス人と交際する女性もいた。(110) 戦火のなかで生きる女性たちにとって、旧来の硬直化した道徳規範など何の意味ももたなかった。彼女たちの放埒な行動は、まさに「生への渇望」の表現だったからである。

兵士たちの性的願望

ドイツ軍の敗色が濃厚になった一九四三年末、一五〇万の発行部数を誇ったグラフ紙『ベルリン画報』は、東部戦線の兵士たちを喜ばせたある出来事を紹介している。「日常のメルヘン」と題するこの記事は、厳寒の地でハイヒールの靴を見つけた兵士の写真を掲げ、彼の心境をこう説明している。「これはいったい何だ？　東部戦線の兵士が微笑みながら拾ったきれいな物を見ているが、それは長靴の世界では奇跡のように思われた」。男しかいないはずの戦場に女物の靴があるのはなぜか。その謎はすぐ下の写真で解明される。「一組の脚が箱の前に垂れ下がっている。箱にはこう書かれている。一座の荷物！　国防軍の舞台！　それで兵士はわかる。「今日われわれの塹壕では楽しい催しが行われる」と」[111]。兵士が拾った靴は、慰問団の女性のものだったのである。箱に腰掛ける女性の艶めかしい脚は、「楽しい催し」に性的な意味合いがあったことを示唆している。慰問団の舞台の内容も、性に飢えた兵士たちの欲求に配慮したものが少なくなかったようである。一九四四年二月の記事が紹介している慰問団の舞台劇には、女性を意のままに操ることのできる「エロトフィクス」なる架空の装置が登場する。「ボタンを押すと、三メートル以内にいる者は「エロトフィクス」の装置の所有者の虜になる。ここに秘書がいて、冷淡に訪問者を取り次ごうとしている。若い男は試してみる。「もっと僕の近くにきてくれ！」[112]」。

この舞台劇の内容は、前線で戦う兵士たちの性的願望を照らし出している。彼らがもとめていたのは、自分の意のままに支配できる女性、欲求を満たすために自由に利用できる女性だった。戦争という例外的な状況が、こうした願望を現実のものとしていた。社会的に統制された市民生活から切り離され、占領地域で無制限の権力を行使するようになった兵士たちは、現地の女性を容易に獲得する機会を手にしていたのだった。連合軍の捕虜となった二人の兵士は、収容所のなかでフランスの状況をこう説明している。

> 僕はボルドーを体験した。ボルドー全体が一つの売春宿だった。ボルドーほどひどいところはない。パリはもっとひどいはずだ……と思っていた。……だがボルドーの方がもっとひどい。そこではフランス人女性の評判が最悪だ。
>
> パリでは酒場で娘が座っているところに座るだけでいいんだ。そうすれば娘を連れて帰れるとわかる。まったくひどいことに、そういう娘たちが大量にいる。全然苦労する必要がない。あそこではそれが当たり前なんだ。[113]

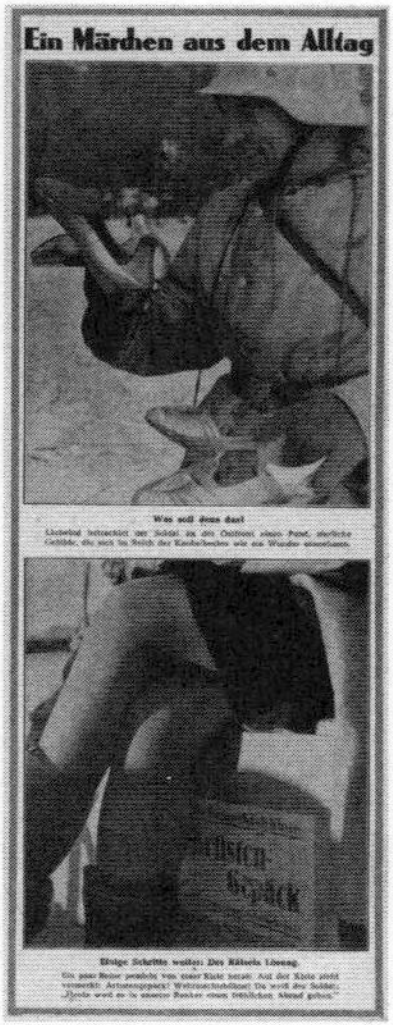

図版66　東部戦線の兵士たちのメルヘン。『ベルリン画報』の記事

支配欲と性欲は表裏一体だった。多くの兵士たちは、占領地域での支配的地位を利用して、現地の女性との性的関係を享受した。

右上：図版67　女性を意のままに操る装置「エロトフィクス」
左上：図版68　パリのドイツ兵士たち
左下：図版69　軍用売春宿の前で並ぶ兵士たち

そうした関係は、何万人もの私生児の問題を生み出しただけでなく、兵士たちの性病感染をも急増させたため、国防力を損なうものとして問題視されることになった[114]。事態を憂慮した国防軍は、各地に軍用売春宿を設立して、性的行動を管理する対策に乗り出したが、兵士たちが施設の利用を自明のことと見なし、基本的に歓迎していたことは、次の証言からも明らかである。「ワルシャワではわれわれの部隊は入り口の前で並んだ。ラドムでは待合室が一杯で、トラック部隊のやつらが外で待った。どの女も一時間に一四人から一五人の男の相手をした。二日ごとに女が入れ替わった[115]」。

　彼らにとって、女性は単に利用可

能な対象にすぎなかった。女性住民との交際も、売春婦との性交も、兵役に対する当然の報酬と受け止められていたのである。それがいかに男性中心の考えにもとづくものだったかを示しているのは、兵士たちにとって当たり前の行動が、女性には許されていなかったことである。彼らはしばしば、軍の情報補助員として働く女性たちの身持ちの悪さを批判した。「情報補助員のまったく信じられない行動」について、ある兵士はこう証言している。「兵士たちはみな、最もだらしない男でさえ、情報補助員とは結婚したくないという点で意見が一致している。……彼女たちの性病感染は、（第一次）世界大戦の状況を上回るほど増加している」[116]。戦時下にあっても、市民的な二重道徳は依然として健在だった。兵士たちは、自分の意のままになる女性を利用しつつ、他の女性の不品行なふるまいに非難を浴びせていたのである。

欲望の動員

兵士たちの無軌道な性的行動は、直接には戦争という状況の産物だったとはいえ、彼らの行動を特徴づける非道徳性は、欲求の充足を奨励する公的な性‐政策によって促進されたものでもあった。性の問題をめぐるナチズムの対応は、男性の女性に対する性欲は自然なものであり、これを充足させることが統治の上で必要不可欠だという基本的な想定に支配されていた。これこそまさに、国家による売春宿の設立を正当化した根拠にほかならなかった。男性の性欲にはけ口を与えなければ、そのエネルギーは社会に害を及ぼすと考えられた。親衛隊帝国指導者ヒムラーは、外国人労働者用売春宿の女性たちに食料を給付する必要について、次のように説明している。

もし私が売春宿を設立しなければ、この何百万人もの外国人はドイツの女性と娘たちに襲いかかる。このはるかに大きな災禍を阻止するために、私は設立を指示しなければならなかった。売春宿とその住人の数は、もちろん減らさなければならない。たしかにドイツのためには有益であるが、そのほかの点ではあまり喜ばしくない活動の代償として、これらの住人に十分な栄養を与えることは、残念ながら必要である。(117)

外国人労働者にさえ性欲のはけ口が必要だったのだから、ドイツ人男性となればなおさらだった。体制の守護者たちは、兵士や労働者たちの士気を維持・向上させるには、彼らの性欲を満たす必要があると考えていたが、これを実践に移す場となったのが、親衛隊経済管理本部の管轄下に置かれた強制収容所だった。一九四二年三月、ヒムラーは男性囚人の労働成績を向上させるため、強制収容所に囚人用売春宿を設置するよう命じた。彼の考えでは、勤勉な囚人に報酬として売春婦との性交を認めれば、その労働生産性はさらに向上するはずだった。「私が必要と考えるのは、勤勉に働く囚人たちに、きわめて自由な形で、売春宿の女たちをあてがうことである」(118)。囚人の労働意欲を高めるインセンティブとして、売春婦を活用しようというわけである。ヒムラーの翌年三月の説明によれば、「男が週に一、二度、収容所の売春宿を訪れる」のは「格別すばらしいことではないが、ごく自然なこと」であり、「このごく自然なことが生産性向上の原動力となるからには、この励みを利用することがわれわれの義務である」(119)。一九四二年夏以降、各地の強制収容所に開設された囚人用売春宿は、男性の性欲を――女性の身体を踏み台にして――国家の要求に奉仕させるという、苛酷な人間管理の手段となったのだった。

図版70　マウトハウゼン強制収容所を視察するヒムラー

こうした性の管理体制には、ナチズムによる「欲望の動員」の究極的な帰結が示されている。ナチズムは「生の喜び」を積極的に擁護し、これを抑圧する市民社会の偽善性を非難することで、個々人の性生活を既成道徳の抑圧から解放したのだが、この解放は性生活への介入の強化と、よりいっそうの自由の抑圧をともなうものだった。性の解放はその隷属と手を携えて進み、欲求の充足は政治的操作の対象と化すことになった。このことはもちろん、体制の人口・人種政策上の目的に適合していたが、そればかりではなかった。個々人の快楽追求を許して、彼らの忠誠心と順応意欲を高めるという目的にも役立ったのである。ナチズムがもたらしたのは、道徳的な純潔さという見せかけを維持しつつ、人間の性を国家の用に供する非人間的な搾取のシステムだった。性的不道徳の一掃という旗印のもと、結婚と家族の擁護者であるかのようにふるまいながら、公共の健康と秩序を守るためと称して、売春の封じ込めと組織化をはかるという対応は、みずからの非道徳性をさらなる偽善で塗り固めるものにほかならなかった。偽善のないユートピアを追い求めて行き着いた先は、性的欲求をエネルギーとして活用する恐るべきディストピアだったのである。

おわりに

一九四五年四月三〇日、アドルフ・ヒトラーは総統地下壕で自殺し、第三帝国は一二年の歴史に幕を閉じた。その前日、彼は長く連れ添った愛人エーファ・ブラウンと結婚し、私的遺書にこう記した。

これまでの闘争の年月の間、私は結婚生活を築くという責任は引き受けられないと考えていたが、いまやこの地上の生を終えるにあたって、長きにわたり忠実な友情を捧げてくれた後、自由意志で私と運命をともにすべく、すでにほとんど包囲されたこの都にきてくれた娘を、妻にしようと決意した。彼女はみずから望んで、私の妻として私とともに死へおもむく。そのことは、わが民族に奉仕するための私の仕事が私たち二人から奪ったものを、埋め合わせてくれるだろう。(1)

この悲壮な決意の表明はしかし、高潔さを装うヒトラーの偽善的な姿勢をあらわしていた。それは何よりも、総統が民族に献身する私心なき指導者のイメージを守るため、若い愛人の存在を国民の目から隠しつづけてきたことを示していたし、彼が愛人との結婚を避けて

図版71　ヒトラーとエーファ・ブラウン

きた理由も、実際にはこうした麗しい自己犠牲とはほど遠いものだったからである。何百万人もの女性の偶像だったこの男は、あるとき側近にこういい放ったという。「知性の高い人間は幼稚で愚かな女を妻にすべきだ。私の仕事に口を出すような女をめとっていたら、どうなったことか！　私は自由な時間には安らぎを得たいのだ。……多くの女性が私に好意を寄せるのは、私が結婚していないからだ。闘争期にはこれはとくに重要だった。映画俳優と同じだな。彼に憧れる女たちにすれば、彼は結婚したら何かを失ってしまう。そうなったらもう、彼は偶像ではない」[2]。ヒトラーが女性に慰み物以上の価値を認めていなかったこと、恋愛や結婚を印象操作の道具程度のものとしか見ていなかったことは明らかである。

　こうした発言に示されているシニシズムは、党の指導者たちに共通のものだった。総統の忠臣たちのなかには、大まじめに結婚の理想や慎みある態度を説きながら、思うさま私的欲求の充足をはかる者も多かった。たとえば帝国国民啓蒙・宣伝大臣ヨーゼフ・ゲッベルス。妻マクダとの間に六人の子をもうけ、模範的な家族の主を演じたこの博士号持ちの大臣にとっては、絵に描いたように幸福な家庭生活も、貪欲な性的衝動を抑える歯止めとはならなかった。映画産業の支配者たる地位を利用して、数々の美しい女優たちに手をつけた彼は、「バーベルスベルクの雄山羊」の異名をとるまでになった。ドイツ労働戦線の指導者ローベルト・ライの素行の悪さは、天下周知の事実だった。「帝国泥酔官」と呼ばれたこの飲んだくれの無頼漢は、労働戦線の莫大な財源で贅沢三昧の生活を送る一方、年甲斐もなく若いソプラノ歌手に熱を上げ、公の場にまで同伴して失笑を買った。狂信的なモラリスト、親衛隊帝国指導者ハインリヒ・ヒムラーもまた、色恋沙汰ではひけをとらなかった。このぱっとしない容貌の男は、家庭では妻の尻に敷かれた愚直な夫だったが、若く魅力的な秘書と恋に落ちて別所帯を構えると、重婚の熱心な擁護者となった[3]。

これら領袖たちの私生活は、自分たちの教義が国民に説いてきた純朴な家庭の理想とまるで異なっていた。市民道徳の偽善性を攻撃した彼らは、それにかわる新しい性道徳を提示することも、首尾一貫した性‐政策を推進することもなく、「健全な生の喜び」という大義名分のもと、ただひたすら性的欲求のおもむくままに行動したのだった。あらゆる道徳的拘束から欲望を解き放ち、無制限の権力を行使してこれを充足することこそ、彼らの本質的にめざすところだったといえよう。

そしてまさにこのことが、社会的・道徳的混乱のなかで欲求不満に陥った国民に対して、大きな動員力を発揮することになった。なぜなら、党の指導者たちがくり返し称揚した「生の喜び」は、大衆社会化にともなう伝統的権威の失墜、とりわけキリスト教的価値観の崩壊のなかで、人々の間に生じた精神的空洞を埋め合わせ、新たな生の意味づけを与える役割をはたしたからである。親衛隊の機関紙によれば、「愛とはたしかに手の届く現世のもの、およそ生の実現の最も現世的な形態」であったが、こうした現世的な「生の実現」の理想が、神なき時代の新たな福音となった。(4) 純粋な愛の理想を説き、裸体の美しさを称揚し、婚外交渉の機会を提供することで、ナチズムは多くの人々の生への渇望に応えたのだった。

人口・人種政策的観点にもとづく生殖の管理、生産性向上を目的とする性欲の操作など、人間性を踏みにじる抑圧的な政策が推進されたことはたしかだが、そうした性の領域への介入でさえ、少なくとも人種的な価値を認められた大多数のドイツ人にとっては、性愛の喜びを享受する可能性の拡大を意味した。さらにまた、キャバレーでの裸体の提示、ポルノまがいの写真の流通、公認の売春宿の営業など、生殖と切り離された形での性の消費化傾向も、ヴァイマル期にひきつづき進行した。その意味で、ナチズムが二〇世紀初頭以来の「性の解放」を促進したと見ることは、あながち不当ではないだろう。これによって解き放たれた欲望が、巨大な権力機構の動力源として役立てられたことはもちろんだが、それが秩序の番人たちの目から見て、望ましくない現象をもたらしたことも重要である。若い男女の道徳的荒廃、「公共生活の性愛化」というべき現象は、彼ら自身が推進した「欲望の動員」の副産物でもあって、それだけにいっそう、有効な対策を講じることが困難になったのである。

こうした第三帝国下の「性‐政治」の実態は、性愛と権力の根源的な同一性を示唆している。ナチズムがその支持者のうちに解き放ったものは一種の性的な情動であって、そこでは権力とその受容が公然とエロティックな性格をおびていた。ヒトラーの演説が聴衆の間に激しい興奮とエクスタシーをもたらしたこと、総統と聴衆の間に感情を揺さぶる性愛的な関係が成立していたことは、同時代人の目には明らかだった。「演壇から見下ろすと、恍惚として虚《うつ》ろになり、うるみ、かすんだ目をした女性の聴衆に気がつく。彼女たちを見れば、この熱狂の性格についてはもはや疑うべくもなかった[5]」。ヒトラー自身、指導者に対する恋愛にも似た情熱が権力の源泉であることを自覚し、これを次のように説明していた。「女の精神的感覚は、抽象的な理性によってよりも、自分を補ってくれる力に対する定義しがたい感情的な憧れによって規定されており、それゆえに女は、弱い者を支配するより強い者に身を屈したがるのだが、大衆もまた同じで、彼らは懇願する者よりも支配する者を好み、リベラルな自由の是認よりも他説を一切容認しない教説によっていっそう内的満足を感じるものだ[6]」。

図版72　総統の伴侶としてのドイツ民族

　ヒトラーが結婚を避けつづけた理由も、この点から説明すべきだろう。総統の伴侶はドイツ民族であり、日陰の愛人は邪魔な存在でしかなかった。いやむしろ、両者は彼にとってある意味で等価であり、いわば競合する関係にあったと見るべきかもしれない。彼が死を決意した後に結婚に踏み切った事実は、そのことを物語っている。この男が最後にもとめたのは、一緒におとなしく死んでくれる相手だったが、彼が国民に要求したのも、破滅までの無条件の帰依と忠誠だった。ドイツを道連れに死へおもむいた独裁者の末路は、性愛化された権力が甚大な災禍をもたらしうることを示している。

いずれにせよ、ナチズムの「性-政治」を考察することは、この運動の危険なダイナミズムを理解するための重要な手がかりを与えてくれる。第三帝国下のドイツの経験が教えているのは、「性の解放」という進歩的な過程が本質的に非人間的な体制の成立を可能にしたということであろう。われわれを突き動かす愛と欲望、人間の生に意味を与えてくれるはずの理想への情熱がナチズムの原動力となったことを、あらためて銘記しておかなければならない。

補章　ドイツ占領下ワルシャワの売買春

戦時性暴力の問題

第二次世界大戦中のドイツ軍による性暴力の問題は、依拠できる史料が少ないこともあって、近年にいたるまで研究の進展が遅れてきた領域である。なかでも国防軍が占領地域で組織的に推進した売買春の問題は、一九七〇年代にフランツ・ザイトラーの先駆的研究がその存在にはじめて光を当てて以降、数十年にわたって実態レベルの解明が停滞してきたといってよい(1)。ザイトラーの研究はすでに、国防軍が第一次世界大戦時の経験をふまえて兵士の性的行動を管理・統制下に置く必要を認識し、性病の蔓延や情報の漏洩、敵との親交などを防止する目的で、警察当局の協力を得て各地で軍専用の売春宿を設立・運営していた事実を明らかにしていたが、それらの施設が具体的にどんな方法で設立・運営されたのか、またそこで働く女性がいかなる形で徴募されたのかという問題については、それ以降も断片的な史料や証言でその一端が明らかにされるだけで、実証的な裏付けを伴った解明がほとんど進んでこなかったのである。

だが二〇〇〇年代に入って、ドイツ占領下の戦時性暴力を扱った研究がいくつか発表されたことにより、こうした状況は変わりつつある。とくにレギーナ・ミュールホイザーとマレン・レーガーの研究は、東欧やソ連の文書館史料を駆使して、ドイツ兵と現地女性の性的関係の多面的で複雑な実像を照らし出しており、軍用売春宿の設立の経緯、売春婦の徴募の方法などについても、それまで知られていなかった具体的な事実を掘り起こしている。[2] なかでも重要なのは、ドイツの軍・警察当局が「劣等民族」とされた現地女性を組織的に徴募し、自ら設立した売春宿で性的サービスに従事させていたこと、そして人種イデオロギーに抵触するにもかかわらず、それらの施設でドイツ兵と現地女性の性交渉を許容・奨励していたという事実である。このことは、兵士の性的行動を管理・統制し、占領支配を安定化させようとした当局の対応が、いかに欺瞞と矛盾に満ちたものだったかを示している。そこで本章では、近年進展しているドイツ軍の戦時性暴力の実態解明への一助として、レーガーの研究も依拠しているポーランドの文書館所蔵の警察関係史料を用いながら、占領下ワルシャワにおける売買春の管理・運営の実態に迫ってみたい。[3]

1　現地女性の売春婦化

占領地域での売買春の横行

一九三九年九月のドイツ軍のポーランド侵攻後、占領地域では兵士の多くが現地女性と様々な形で性交渉をもち、とくに金銭や物資と引き換えの売買春が横行するようになった。ワルシャワではドイツ兵が公然と売春婦と一緒に出歩く姿が見られ、地元住民の間では「ドイツ兵のもとで売春婦が幸運を享受している状況」が話題にされたという[4]。こうした状況を憂慮した軍指導部は、性病の蔓延や強姦・同性愛の発生、機密の漏洩を防止するという目的のもと、兵士の性的行動を管理・統制下に置く対策に乗り出すことになった。そのなかで最も重要な対策が、軍用売春宿の設置であった。第五章の内容と重複するが、まずここで占領地域に売春施設が設立されるにいたった経緯を確認しておこう。

一九三九年九月九日の帝国内務省の政令は、「現在の状況のもとで国防軍のメンバーと一般市民を脅かしている売春の危険、とりわけ健康上の危険の効果的な予防を保証するため」、警察に売春婦の捕捉・監視と保健当局による医学的検査を要請するとともに、売春婦に公共の場での客引きを禁止し、「特別な施設」でのみ営業を認めるものだった。これは事実上、警察が売春宿の営業を認可し、場合によってはその開設に携わることを意味した。「売春婦のための特別な施設が存在しないところでは、警察が必要に応じて適切な場所にそれを設立すべきである」。売春宿は子どもや青少年に悪影響を及ぼす恐れのない場所に設立されるべきものとされ、警察・保健当局の監督下に置かれるとともに、非ドイツ人の売春婦を排除して人種的基準を満たさねばならなかった。売春宿の業務は厳しく指示され、家主が不当な利益を得ることや、客に酒類を販売することなどが禁止された。売春婦は街頭での客引きのほか、夜間の外出や性玩具の使用を禁止され、転居の届け出や保健当局の指示の遵守も義務づけられた[5]。

政府管理売春の開始

この政令は本来、陸軍の作戦展開地域のうち帝国国境内の地域に出されたものだったが、同日付の保安警察行動部隊への指令により、新たに占領された地域にも適用された。その結果、非ドイツ人の売春婦を排除するとした人種的基準が事実上棚上げされ、特別施設内に限って異民族の女性との性交渉が許容されることになった。「設立されるべき施設には、ポーランド人・チェコ人の女性の立ち入りを遠慮なく許可してよい。だがこれらの施設の外部では、ドイツの血を引く人間とそのような女性との性交は断固として禁止されねばならない」[6]。ユダヤ人女性との性交は依然として厳格に禁じられていたが、それを除けば人種的な境界の侵犯がさしあたり容認されていたことは注目に値する。そうした実利本位の対応が売春の営業施設を限定する措置と結びついて、現地女性の組織的な売春婦化に道を開くことになった。

とはいえ、軍が管理する売春システムの構築は多大な労力を要した。ポーランドではドイツの侵攻以前に公的な売春宿が存在しなかったため、フランスでのように既存の売春宿を接収して利用することができず、そのかわりに新たに売春施設を設立して働き手を徴募する必要があったからである[7]。それに加えて、売春婦の調達に役立つ既存の行政インフラも乏しかった。ポーランド当局は侵攻以前に風紀局を通じて売春婦の登録・監視システムを作り上げていたが、これを引き継いだドイツの警察当局の目にはその効果は懐疑的なものに映った。この領域を管轄していたポーランド人医師のもとで見つかったカード目録には一万五〇〇〇名もの売春婦の情報が収録されていたが、すぐに「この驚異的な数字の正しさ」が疑わしいことが判明した。この目録は一九一六年にドイツ帝国の総督が作成したもので、情報がまったく古くなっていたのである。ドイツ当局の見るところでは、ワルシャワの売春婦の数は実際にはせいぜい一五〇〇名から一六〇〇名で、その三分の一がユダヤ人だった[8]。軍・警察当局はそれゆえ、常習的な売春婦やその疑いのある女性を自力で捕捉・登録し、そこから性的労働者を調達して新たに設立される売春宿に収容するという措置を取らねばならなかった。

売春婦の捕捉

ドイツ軍の侵攻後、ポーランドの多くの都市ですぐに軍と警察による手入れが始まった。ワルシャワでは一九三九年一〇月から一九四〇年三月までの間に、五一七回の手入れ、三三五回のホテルの調査、九二回のレストラン・カフェの調査が行われ、一六四七名の女性が逮捕された[9]。国防軍からこの領域の権限を引き継いだ警察当局は、そうした手入れや調査を通じて常習的な売春婦やその疑いのある女性を捕捉し、次の三つのカードに分けて登録した。すなわち、⑴手入れや調査の際に医学的検査を受けた女性（白カード）、⑵客引き行為などにより売春の疑いが認められるがまだ嫌疑が不十分な女性（青カード）、⑶不特定の相手との性交により売春行為が証明された女性（赤カード）である。このうち⑵と⑶に登録された女性は保健当局による週に一回から三回の医学的検査への出頭を義務づけられ、性病感染が判明した場合は強制的に治療を受けさせられた。彼女たちはいったん登録されると自由な転居や外出を禁じられ、警察による厳しい監視と管理の下に置かれた。とくに(3)に登録された女性は「売春婦手帳」を交付され、しばしば強制的に公的な売春宿に収容された。[10]警察・保健当局の指示に従わない女性は「反社会的行動」を理由として予防拘禁され、場合によっては強制収容所に送られることになった。[11]

第五章で見た通り、こうした措置の根拠となっていたのは一九三九年九月一八日の帝国内務省の政令で、これは戦時中の性病の蔓延を効果的に防止するため、警察・保健当局の監視の範囲を「頻繁に相手を替える性交」に従事する女性にまで拡大するものだった。これによって「男の客の接待や歓談などをするために、酒場やそれに類似した場所に出入りする女たち（いわゆる女給やホステス、踊り子など）」もまた、売春の疑いがあるというだけで監視・管理の対象とされるようになった。[12]こうして売春の嫌疑をかけられた女性やときおり売春を営んでいた女性までもが売春婦のレッテルを貼られ、当局公認の管理売春システムにからめとられた結果、多くの現地女性が性奴隷化され、市民的な職業に戻る道を閉ざされることになった。ただそれがどこまで不可逆的なプロセスであったかについては、判然としない部分も残っている。ドイツの刑事警察は「きちんとした生活に戻りたい被登録者が総督府で仕事を探すなら異議は唱えない」と強調していたし、そうした女性が国防軍の仕事を受注する企業などに仲介されるケースも報告されている。売春婦として登録された女性のなかには、登録の事実を隠してドイツでの労働動員に応じ、性奴隷としての地位から逃れようとする者もいたようである。[13]

2　国防軍および親衛隊・警察用売春宿の設立

なかった。既存の売春宿が存在しなかったため、バー併設のナイトクラブや時間貸しの連れ込み宿などが候補に選ばれ、必要な改装を施された上で、売春施設に転用された。一九四〇年六月に開設されたワルシャワで最初の売春宿も、市内中心部クラクフ郊外通りの脇道に位置するレストラン併設の連れ込み宿ホテル・マズールを改装したもので、隣接するホテル・サスキとその側翼のアパートを含めると、一五六名もの売春婦を収容しうる大規模な施設となる計画だった。[14]警察・保健当局は施設の開設後すぐに売春婦の徴募と管理を開始し、施設の業務も厳しく指示した。その内容はおおむね一九三九年九月九日の政令に則ったもので、売春婦に自由な外出を禁じ、定期的な検査への出頭を義務づける指示のほか、家主に不当な搾取と酒類の販売を禁止し、衛生状態への配慮を義務づける指示を含んでいた。これらに加えて、部屋代、食費、入場料、終業時間についての取り決めも行われた。[15]

国防軍用売春宿

ポーランドを占領したドイツの軍・警察当局は、売春施設の確保にも奔走しなければならなかった。

一九四〇年六月以降、ワルシャワでは売春施設の設立が進み、一九四一年四月末の時点で、国防軍は市内と周辺に五つもの多様な売春宿を有するまでになった。そのうち二つは元々ホテルだった市内中心部のマズールとアストリアで、前者は二九名、後者は三六名のポーランド人売春婦を有していた。残りの三つはワルシャワ近郊に設立された施設で、レギオノヴォに女性数一二名から一五名の売春宿、ミンスク・マゾヴィエツキとシェドルツェにそれぞれ女性数八名の売春宿があった。このほか、レンベルトゥフにも女性数不明の売春宿の設立が予定されていた。[16] これらの施設はいずれも警察・保健当局の監視・管理下に置かれ、そこで働く女性は呼び名と管理番号を与えられて、二日に一回の医師の診察を受けさせられた。[17] 彼女たちがどの程度まで強制されて売春施設にやってきたのかについては不明な点が多く、拉致や連行をうかがわせるケースから自由意志で応募したケースまで様々な証言が存在するが、いずれにせよ戦争・占領という状況下では自発と強制の境界が流動的だったことはたしかで、多くの女性が何らかの強制力にさらされていたことは否定できない。[18] また施設にやってきた経緯がどうであれ、いったん収容された女性が警察・保健当局の監督下で行動の自由を剝奪されたことも重要である。ただし売春施設の管理業務は現地の民間人に委託され、家主や管理人には女性もいた。[19] 施設の経営状態や女性の手取り額などは不明だが、衛生状態はあまりよくなかったようである。一九四四年二月にワルシャワの複数の軍用売春宿を視察した衛生将校は、「売春宿はことごとく非常に低い水準にあり、衛生状態もきわめて不十分である」と指摘している。[20]

売春施設の選定

売春施設の選定にあたっては、場所の適切さ、設備の充実度、治安・衛生状態、改装の費用、物件の所有関係などが考慮された。一般に施設は兵舎や宿営から近すぎず遠すぎず、地元住民の目にふれにくい裏通りに位置し、多くの小部屋と浴室を備え、改装費用が高額にならない必要があった。適切な施設を見つけることの困難さは、一九四一年春にワルシャワ市内中心部の三つの候補の短所と長所を比較検討した警察当局の文書からもうかがえる。それによると、ノイエ・ヴェルト通りのカフェ・パラディースはユダヤ人の所有で接収しやすかったが、交通量の多い街路に面していて目立ちすぎた。場所の点でより好都合だったのはフォクサル通りの物件で、ダンス・バーを併設していることも利点だったが、スペイン人貴族の所有であることと部屋の仕切りがないことが支障となった。暖房と水道の敷設も必要だったため、改装費用の見積額は二〇万ズウォティに達した。これに対してホプフェン通りのグランド・ホテルはダンス・バーを併設し、細かく仕切られた三五室の家具付きの部屋を備えており、バーからホテルへ入る入り口と水道を設置するだけでよかった。[21]この点に鑑みて、当局は最終的にグランド・ホテルを売春宿に転用することで一致したようである。

親衛隊・警察用売春宿

グランド・ホテルが実際に売春宿に転用されたのかは不明だが、警察当局がこのとき親衛隊・警察用売春宿に転用する目的で三つの候補を比較検討していたことは注目に値する。[22]すでに一九四一年二月には、ワルシャワの親衛隊・警察指導者が国防軍用売春宿とは別に、「親衛隊と警察のすべての駐屯地に売春宿を設立すべき」との指令を出していた。「設立される売春宿は親衛隊と警察のメンバーのみが利用できる。国防軍や他の組織のメンバーおよび民間人の利用は認められない」。この目的のため、三〇名から四〇名の女性を収容できる施設の確保が保安警察に委託された。女性の徴募にあたっては、警察当局が大規模なキャンペーンを展開し、「よい宿泊、よい食事、相応の賃金と休暇の可能性」を宣伝文句にしながら、「若くできるだけ見栄えのよいポーランド人の少女」を選び出すよう指示された。募集は基本的に自由意志にもとづいて行われたようだが、性病蔓延防止のため「売春婦が逃亡できないような閉鎖された収容」も指示されたことから、ここでも一定の強制力が働いていたことはまずまちがいない。[23]

一九四二年九月にようやく設立されたワルシャワの親衛隊・警察用売春宿は、市内中心部ノヴォグロツカ通りのホテル・ポドラスキを転用したもので、一五名のポーランド人売春婦を有していた。[24] これとは別にもう一つ、ノイエ・ブルク通りにも同様の施設が開設された。二つの売春宿は親衛隊・警察のメンバー専用とされ、国防軍の兵士など他の組織のメンバーの利用は原則として拒否されたが、実際にはかなり柔軟な対応がとられたようである。「公式には親衛隊・警察のメンバーだけがノイエ・ブルク通り一五番地の売春宿の利用を許されているというのは正しい。売春宿の開設後すぐに利用者数が十分ではなく、長期にわたる維持が難しいことが明らかになったため、……国防軍メンバーが大人しくふるまい、施設が親衛隊・警察メンバーで一杯でないという条件のもと、少数に限って国防軍メンバーも黙って受け入れることが取り決められた」。[25] 人種的エリートたる親衛隊・警察でさえ独自の売春施設を保有し、国防軍との間で施設利用の優先権を争っていた事実は、彼らの依って立つ人種イデオロギー上ありえないはずの売買春、それも異民族の女性を相手にした性の取引がいかに占領地域の日常に不可欠なものとなっていたかを示している。

3　占領地域を拠点にした人身取引

売春婦の調達

ワルシャワを管轄するドイツの警察当局は、管轄地域内の国防軍用売春宿や親衛隊・警察用売春宿にポーランド人女性を派遣したが、そうした施設で働く女性の流動性が高かったこともあって、たえず新たな働き手を調達しなければならなかった。しかも占領地域では部隊の移動に伴って性的サービスの需要が変動し、そのたびに売春宿の開設と閉鎖がくり返されたから、需要のある施設に女性を送ることが警察の日常的業務となるのも当然だった。たとえば一九四〇年一〇月に占領地域で性病罹患者が増加した際、ある衛生将校はその原因が部隊の補充と移動にあるとして、次のように指摘した。「だが最近、とくに九月にも罹患が増加した。当地の部隊の補充による若返りと総督府に新たに移転した部隊が、この増加と売春宿への要求の高まりの原因であろう[26]」。こうした一時的な需要の増大に応じて、警察当局は可能な限り迅速に売春婦を派遣した。一九四三年九月にミーラウの部隊演習場に兵士用売春宿が設立された際には、現地からの要請に応じてわずか数日の間に一八名の売春婦がワルシャワから送られた。だがこの売春宿はごく短期間しか営業せず、一〇月初めには部隊の移動とともに閉鎖された(27)。女性の移送が自由意志にもとづくものだったか連れ去りに近いものだったかは不明だが、移送の迅速さに鑑みて強制的な性格を有していたことはまずまちがいないだろう。

ワルシャワの警察当局はさらに、管轄地域外からの要請に応じてポーランド人売春婦を派遣する業務にも携わっていた。一九四三年四月の保安警察の報告によれば、「ワルシャワの国防軍用売春宿のほかに、前線の背後の別の国防軍用売春宿やドイツの異民族労働者用売春宿にも当地の少女たちが供給されている(28)」。ドイツの支配領域内の各地で高まる性的サービスの需要を満たすため、警察当局はワルシャワを売春婦の一大供給基地、人身取引の重要拠点に転化させることになった。そうした役割が重要になったのは、何よりもドイツ国内で働く外国人労働者のために各地に売春施設が設置され、そこで働く女性を徴募する必要が生じたからである。これらの施設の設置目的は、外国人労働者の性欲を満たしてドイツ人女性との性的接触を阻止することにあった。一九四〇年一二月、ナチ党官房長は次のように指令していた。「ますます必要になっている異民族労働力の投入は、ドイツの血の危機をもたらしている。禁止や刑罰の脅しの効果はかぎられており、政治的な理由からすべてのケースで宣告するわけにもいかない。総統はそれゆえ、異民族労働者が多数投入される場合、できるだけすべての場所で、彼らのために独自の売春宿を設立するよう指示された(29)」。

外国人労働者用売春宿

一九四一年三月以降、ドイツ各地に外国人労働者用売春宿が設立されたが、そこで働く女性の供給源として重要だったのが占領地域、とりわけポーランドだった。一九四一年一月一六日の保安警察長官の指令は、この点を次のように説明していた。「施設への入居はドイツ民族の売春婦ではなく、異民族の売春婦かジプシー《ママ》の女たちだけが考慮の対象となる。女たちがその場所に配置された異民族労働者の民族性に対応するよう、できるだけ配慮しなければならない。他の可能性が存在しない限り、必要な数の売春婦を直接占領地域で徴募すべきである[30]」。

この指令の内容から判断する限り、ポーランド人売春婦の徴募と移送は多かれ少なかれ強制的に行われたと推測されるが、実務を担う警察当局が強制移送に反対する姿勢を示していたことは注目に値する。一九四一年二月、ワルシャワの保安警察は約五〇名の売春婦を送るようにとのシュテッティンからの要請に対して否定的な回答を送り、その理由として自由意志でドイツ行きに応じる女性が少なく、かといって強制措置をとれば反発や逃亡を招きかねないことを挙げた。「強制移送は拒否されるべきである。というのも、それは期待された成果を確実に得られる保証がないからである[31]」。帝国保安本部もまた、強制措置をとるかわりに金銭的な魅力に重点を置くよう、占領地域の保安警察にくり返し指示していた。一九四三年六月九日の指令によれば、外国人労働者用売春宿で必要とされる二〇〇名から三〇〇名の売春婦を徴募するため、各地で集中的なキャンペーンを展開するべきだが、「募集そのものは自由意志にもとづいて行われるべきである。それゆえ強制手段は用いられてはならない」とされていた。必要なのはむしろ、経済的な誘因だった。「募集にあたっては、当地ですでに働いている売春婦が月平均約一〇〇〇ライヒスマルクの収入を得ていると説明すれば、有利に作用するかもしれない」[32]。一九四三年七月以降、ワルシャワから少なくとも六五名の売春婦がドイツ各地の外国人労働者用売春宿に送られたが、逃亡防止のため移送にはつねに刑事警察の職員が随伴した[33]。

国防軍向けの派遣

外国人労働者用売春宿と同様に女性の需要が大きく、それ以上に優先度が高かったのは、東部戦線の軍用売春宿だった。一九四二年四月にミンスク、スモレンスクの前線地域に設立された五つの軍用売春宿とヴァルテガウに開設された同様の施設から、それぞれ九〇名と一五名の売春婦の調達を要請されたワルシャワの警察当局は、その後半年間にわたってもっぱら軍用売春宿にのみ女性を引き渡し、外国人労働者用売春宿向けの徴募を停止した[34]。その後も国防軍向けの派遣が優先され、一九四三年七月には東部の前線売春宿に二〇〇名から三〇〇名の売春婦、一九四四年三月にはオデッサの軍用売春宿に五〇名の売春婦が移送されたようである[35]。

これらのやりとりの記録からうかがえるのは、ワルシャワの警察当局が国防軍から要求された数の売春婦を調達する圧力にたえずさらされていたこと、そして国防軍が売春施設の働き手をかなりの程度までポーランドからの供給に頼っていたらしいことである。[36] 売春婦の派遣に関しては人種的により望ましい女性、とくにオランダ人やフランス人女性の移送も試験的に行われたが、これはうまくいかなかった。一九四三年四月の報告によると、「とりわけ昨冬には、フランス人の売春婦を東部の軍用売春宿に送る試みも行われた。だがこの試みは、これらの人々が当地を支配している寒さに耐えられないために失敗した」。[37] 売春婦の徴募はここでも自発と強制の間を揺れ動いていたが、多くの女性が必ずしも自由意志で前線売春宿に行ったわけではなかった可能性は高いと考えられる。

管理売春と人種イデオロギー

ドイツ占領下ワルシャワの売買春の実態は、兵士の性的行動を管理・統制下に置くための対策が突き当たった問題を照らし出している。ポーランドを占領した軍・警察当局は、性病の蔓延や強姦・同性愛の発生、機密の漏洩を防止するという目的のもと、売買春を特別施設でのみ可能とする措置を講じたが、そうした対応の根底には、兵士の性欲が自然なものであり、それを満たすことが軍の秩序や士気の維持に役立つという認識があった。この点について、陸軍総司令官は一九四〇年七月に次のように勧告していた。「それゆえ、健康を管理されていない女性との性交は、できる限り禁止されなければならない。売春宿に住んでいる場合にのみ売春婦の管理が可能であるから、ドイツの兵士が野放しの売春の犠牲になる可能性を助長するよりは、医学的管理下にある適切な売春宿を彼らに開放する方が、衛生的・規律的観点からより目的にかなっているように思われる」[38]。売買春を戦争に随伴する必要悪として許容・奨励する実利本位の姿勢が、戦争・占領という状況下で管理売春体制の構築を推進する原動力となったことは明らかである。

だがそうした対応は同時に、ドイツの軍・警察当局の依って立つ人種イデオロギーを掘り崩す危険をはらんでいた。というのも、売春施設で性的サービスに従事させられていたのは「劣等民族」とされたポーランド人女性であり、施設内でこれらの女性を相手に行われる性交渉は「人種混交」と紙一重の行為だったからである。占領下ポーランドではドイツ兵と現地女性が親密な関係を結ぶことは禁止されており、ドイツ人と関係をもったポーランド人女性が処罰されるケースもあったのだが、当局公認の売春宿においては両者の性交渉が許容・奨励されていたのだから、そのことで人種イデオロギーの欺瞞性が明るみに出ても不思議ではなかった。これを回避しようとしてか、ある衛生将校は売春宿での性交渉と現地女性との交際とを次のように区別していた。「少女たちはポーランド人である。売春宿におけるポーランド人との関係は、総統の布告によってポーランド人との間で禁じられている社会的な交流とは見なされなかった。不特定の訪問者と売春婦との関係……は即物的・経済的なものである」。売春宿での女性との性交渉は親密な感情を伴わない「即物的・経済的」な関係であり、「社会的な交流」や結婚・生殖とは無関係であるがゆえに、人種的基準に抵触するにもかかわらず許容された。逆にいえば、異民族の女性との親密な関係の構築を防止する目的で、施設内での原始的な欲求充足が利用された面があったのである[39]。そのことは、ドイツ人と関係をもったために逮捕されたポーランド人女性が、しばしば強制的に売春宿に移送されたことによっても例証される[40]。

ナチズムの欺瞞性と非人間性

ドイツの軍・警察当局が設立した売春宿は、兵士が逸脱した性行動を行うのを防止し、軍の秩序や士気を維持するために必要な措置と見なされていたが、占領下ポーランドの売買春の実態を見る限り、そうした目的が十分に達成されたかどうかは疑わしい。というのも、そうした売春宿が各地に設立されたことで、兵士の道徳・規律の荒廃が生じた面もあったからである。売春施設に大勢の兵士がつめかけ、順番待ちの列が道路にまで延びるという事態は、軍指導部も憂慮するところだった。一九四〇年七月、陸軍総司令官は「若い兵士や年配の戦友の配下にいる兵士までもが売春宿の利用へと誘惑」され、そのために「下品で品のない放埓さ」が生じていることに対して、部隊長が対応措置をとらなければならないと指示していた[41]。だが女性をもっぱらセックスの対象と見なし、一時的な性欲の発散に利用しようとする兵士の堕落した行動は、売春施設を設立して異民族の女性を性的サービスに従事させ、兵士に安全な欲求充足の機会を提供するという軍・警察当局の対策が招いたものでもあった。ドイツが占領地域で構築した管理売春システムは、兵士の性を生物学的欲求に還元し、操作・管理の対象に転化するものだったが、それは同時に現地女性を単なる性欲のはけ口に貶め、その人間的尊厳を剥奪することで成り立っていた。占領支配を安定化させるための手段として設立・運営された売春宿は、結局のところドイツ当局の対応を特徴づける顕著な混乱と欺瞞、紛うかたなき非人間性を映し出すものだったといえよう。

注

はじめに

（1）Adolf Hitler, *Mein Kampf*, 47. Aufl., München 1939, S. 275-277（アドルフ・ヒトラー、平野一郎・将積茂訳『わが闘争』角川書店、一九七三年、上、三五八―三六一頁）.

（2）George L. Mosse, *Nationalism and Sexuality. Respectability and Abnormal Sexuality in Modern Europe*, New York 1985（ジョージ・L・モッセ、佐藤卓己・佐藤八寿子訳『ナショナリズムとセクシュアリティ――市民道徳とナチズム』柏書房、一九九六年）.

（3）Henry Picker, *Hitlers Tischgespräche im Führerhauptquartier*, Berlin 1993, S. 163.

（4）Arthur Maria Rabenalt, *Film im Zwielicht. Über den unpolitischen Film des Dritten Reiches und die Begrenzung des totalitären Anspruches*, Hildesheim/New York 1978, S. 26-29.

（5）Dagmar Herzog, *Die Politisierung der Lust. Sexualität in der deutschen Geschichte des zwanzigsten Jahrhunderts*, München 2005（ダグマー・ヘルツォーク、川越修・田野大輔・荻野美穂訳『セックスとナチズムの記憶――20世紀ドイツにおける性の政治化』岩波書店、二〇一二年）.

第一章

（1）*Das Schwarze Korps*, 7. Januar 1937.

（2）ジョージ・モッセによれば、「リスペクタビリティ」とは市民として尊敬されるにふさわしいふるまいをもとめる中産階級の価値観で、とくに結婚や家族を重視する健全な性道徳を指すものである。ナチズムにとって「市民的価値観を守ることは、退廃的とされたヴァイマル共和国に対して、家庭生活の擁護者としてふるまうことを意味した」。George L. Mosse, *Nationalism and Sexuality. Respectability and Abnormal Sexuality in Modern Europe*, New York 1985, S. 159（ジョージ・L・モッセ、佐藤卓己・佐藤八寿子訳『ナショナリズムとセクシュアリティ——市民道徳とナチズム』柏書房、一九九六年、一九八頁）. 他方、ハンス・ペーター・ブロイエルによれば、ナチ的な決まり文句である「健全なる民族感情」とはまっとうな市民の価値基準を指す概念であり、これに照らして不適切なふるまいをすべて迫害するものであった。「そこで支配的だったのは、自分の小市民的な道徳律の帰結を拒否しながら、その狭い柵の外にいる他の人々を大量虐殺するときにも慎みのことを語るという、俗物の非道徳性であった」。Hans Peter Bleuel, *Das saubere Reich. Die verheimliche Wahrheit. Eros und Sexualität im Dritten Reich*, Bern/München 1972, S. 13-14（ハンス・ペーター・ブロイエル、大島かおり訳『ナチ・ドイツ清潔な帝国』人文書院、一九八三年、一一頁）. ナチズムを比較的ストレートに市民道徳の延長線上に位置づけるモッセにくらべて、ブロイエルは市民道徳を唱えるナチズムの自己矛盾にも目を向けており、より精度の高い分析を展開していると思われる。

（3）こうした新しい視点を提示しているのは、とりわけダグマー・ヘルツォークである。Dagmar Herzog, *Die Politisierung der Lust. Sexualität in der deutschen Geschichte des zwanzigsten Jahrhunderts*, München 2005（ダグマー・ヘルツォーク、川越修・田野大輔・荻野美穂訳『セックスとナチズムの記憶——20世紀ドイツにおける性の政治化』岩波書店、二〇一二年）. また、第三帝国下の性の問題を包括的に論じた数少ない研究の一つとして、ブロイエルの研究も参照。Bleuel, *Das saubere Reich, a. a. O.*

（4）Adolf Hitler, *Mein Kampf*, 47. Aufl., München 1939, S. 269-270（アドルフ・ヒトラー、平野一郎・将積茂訳『わが闘争』角川書店、一九七三年、上、三五〇—三五一頁）, S. 273-276（邦訳、上、三五四—三五八頁）, S. 279（邦訳、上、三六二—三六三頁）.

（5）Hans von Hattingberg, *Über die Liebe. Eine ärztliche Wegweisung*, München/Berlin 1936, S. 9-10.

（6）Hermann Rauschning, *Gespräche mit Hitler*, Zürich 1940, S. 92（ヘルマン・ラウシュニンク、船戸満之訳『ヒトラーとの対話』學藝書林、一九七二年、一一二頁）, S. 94-95（邦訳、一一四—一一五頁）. ただし、ラウシュニングの記述の信頼性については、一定の留保が必要である。

（7）*Das Schwarze Korps*, 5. März 1936.

（8）生改革運動や青年運動については、とりわけ竹中亨『帰依する世紀末——ドイツ近代の原理主義者群像』ミネルヴァ書房、二〇〇四年を参照。

（9）*Das Schwarze Korps*, 5. März 1936.

（10）Hildegard von Kotze/Helmut Krausnick (Hrsg.), *„Es spricht der Führer". 7 exemplarische Hitler-Reden*, Gütersloh 1966, S. 165.

（11）*Das Schwarze Korps*, 7. Januar 1937.

（12）Henry Picker, *Hitlers Tischgespräche im Führerhauptquartier*, Berlin 1993, S. 410-411, S. 332-333.

（13）Walter Hermannsen/Karl Blome, *Warum hat man uns das nicht früher gesagt? Ein Bekenntnis deutscher Jugend zu geschlechtlicher Sauberkeit*, München 1940, S. 23, S. 62. 相互オナニーを行った者が同性愛行為のかどで逮捕されたケースが示すように、自慰と同性愛との境界は流動的だった。Geoffrey J. Giles, "The Denial of Homosexuality. Same-Sex Incidents in Himmler's SS and Police", in: Dagmar Herzog (ed.), *Sexuality and German Fascism*, New York 2005, S. 270.

（14）*Das Schwarze Korps*, 5. März 1936.

（15）*Das Schwarze Korps*, 24. April 1935.

（16）Hitler, *Mein Kampf, a. a. O.*, S. 275（邦訳、上、三五七頁）.

（17）*Das Schwarze Korps*, 24. April 1935.

（18）Silke Wenk, „Aufgerichtete weibliche Körper", in: Klaus Behnken/Frank Wagner (Hrsg.), *Inszenierung der Macht. Ästhetische Faszination im Faschismus*, Berlin 1987.

（19）とくに精神科医ヨハンネス・ハインリヒ・シュルツの啓蒙書『性・愛・結婚』を参照。Johannes Heinrich Schultz, *Geschlecht · Liebe · Ehe. Die Grundtatsachen des Liebes- und Geschlechtslebens in ihrer Bedeutung für Einzel- und Volksdasein*, 3. Aufl., Berlin 1942.

（20）Picker, *Hitlers Tischgespräche, a. a. O.*, S. 108.

(21) *Das Schwarze Korps*, 16. April 1936.
(22) Hattingberg, *Über die Liebe*, *a. a. O.*, S. 15.
(23) *Das Schwarze Korps*, 12. März 1936. 第三帝国期に娯楽映画の監督として活躍したアルトゥーア・マリア・ラーベナルトは、戦後の回想録のなかで「ナチズムのエロスへの意志」に言及し、「そこでは異教的と呼ぶにふさわしい生の見解が支配していた」と述べているが、この指摘もまた、宗教の代替物としての「愛への信仰」という観点から理解すべきだろう。Arthur Maria Rabenalt, *Film im Zwielicht. Über den unpolitischen Film des Dritten Reiches und die Begrenzung des totalitären Anspruches*, Hildesheim/New York 1978, S. 26.
(24) Hattingberg, *Über die Liebe*, *a. a. O.*, S. 16; Schultz, *Geschlecht · Liebe · Ehe*, *a. a. O.*, S. 60, S. 82, S. 114-115.
(25) Hattingberg, *Über die Liebe*, *a. a. O.*, S. 12.
(26) Picker, *Hitlers Tischgespräche*, *a. a. O.*, S. 410-411.
(27) Herbert Marcuse, *Technology, War and Fascism. Collected Papers of Herbert Marcuse*, vol. 1, London/New York 1998, S. 84, S. 90. なお、ヘルツォークもまた、ナチズムによる「性の解放」というテーゼを打ち出すにあたって、マルクーゼの文章を引用している。Herzog, *Die Politisierung der Lust*, *a. a. O.*, S. 37-38（邦訳、二一—二二頁）.

第二章

(1) Gerhard Reinhard Ritter, *Die geschlechtliche Frage in der deutschen Volkserziehung*, Berlin/Köln 1936, S. 17, S. 58, S. 197, S. 271. リッターのこうした主張は、彼の著書が「ありがたいことに、科学的な性教育書を書くことがもはや「モダン」でなくなった時代に書かれた」ことを裏づけていた。*Ebd.*, S. 36.
(2) Friedrich Koch, *Sexualpädagogik und politische Erziehung*, München 1975, S. 107. 第三帝国期に性

教育がタブー視されていたという見解は、近年の研究にも見られる。Anna Maria Sigmund, *„Das Geschlechtsleben bestimmen wir". Sexualität im Dritten Reich*, München 2008, S. 215.

（3）*Reichs-Gesundheitsblatt*, Jg. 8（1933）, Nr. 26, S. 478. なお、この布告の時点でプロイセン文部大臣（科学・芸術・国民教育大臣）だったルストは、一九三四年四月末に帝国文部大臣（科学・教育・国民教育大臣）に就任した。

（4）学校では「民族的性教育」が強調され、遺伝学と人種についての知識が重視された。授業の重点は「遺伝学、人種学、人種衛生、家族学、人口政策」などに置かれ、いずれも「生物学」が基盤とされた。Erlaß des Ministers für Wissenschaft, Kunst und Volksbildung, betr. Vererbungslehre und Rassenkunde in den Schulen vom 13. September 1933, in: *Deutsche Wissenschaft, Erziehung und Volksbildung*, Jg. 1 (1935), H. 3, S. 43-46.

（5）ドイツ性病撲滅協会のヨハンネス・ベルガーは、この点について次のように述べている。「主要な課題の一つは、節制を奨励し、若い人々にできるかぎり純潔を守るよう説くことにあろう。これは有害ではなく、その反対に、健康な子孫のための確実な保証をもたらすものである」。ベルガーはまた、若者のエネルギーをスポーツや屋外活動で発散させることが、逸脱した性的行動に向かうのを妨げるという見解を表明していた。Johannes Berger, *Die Geschlechtskrankheiten und ihre Gefahren für das Volk*, Berlin 1937, S. 23. この関連では、ヒトラーもまたスパルタ的教育を称揚し、肉体的鍛錬を通じて性欲の抑制を学ばせる必要を説いていたことが注目される。「純粋に精神的な教育を過度に強調して身体的な鍛錬を怠ると、あまりにも若い青少年にも性的想念の芽生えを促すことになる。スポーツや体操で鉄のごとく鍛えられた若者は、もっぱら精神的な食物ばかり与えられて部屋に閉じこもっている者よりも、官能的満足の欲求に負けにくい」。Adolf Hitler, *Mein Kampf*, 47. Aufl., München 1939, S. 277（アドルフ・ヒトラー、平野一郎・将積茂訳『わが闘争』角川書店、一九七三年、上、三六〇頁）.

（6）Gerhard Ockel, „Ärzte und Lehrer an die Front! Ein Wort zur geschlechtlichen Erziehung unserer Jugend", in: *Deutsches Ärzteblatt*, 23. Februar 1935. この論説については、ナチ教員同盟の

機関誌にも好意的な論評がある。*NS-Erzieher*, Nr. 18, 1935.

(7) „OCKEL, Gerhard", in: *Biographisch-Bibliographisches Kirchenlexikon*, Bd. XXVII, Nordhausen 2007, Sp. 1009-1017.

(8) Übersicht über die im Kreise Crossen (Oder) auf dem Gebiete der geschlechtlichen Erziehung geleistete Aufklärungsarbeit vom 7. Mai 1935, in: Bundesarchiv Berlin (BA), R 4901/4376.

(9) Gerhard Ockel, *Sag Du es Deinem Kinde! Einführung des Kindes und Jugendlichen in die Fragen nach Geburt, Zeugung und Liebesleben*, Berlin 1934, S. 21-25, S. 29, S. 40-51.「君の体は君のもの」という原則に反対し、個人よりも民族を優先するかぎりで、オッケルの見解はナチ党のそれと一致していた。「君の健康は君のものではない」というのが、党公認の方針であった。

(10) Gutachten Kolbs vom 11. Juli 1935, in: BA, R 4901/4376.

(11) Gutachten Köhns, undatiert, in: BA, R 4901/4376.

(12) 一般に「性道徳の二重性」ないし「二重道徳」という場合、女性には貞淑をもとめるのに男性には放縦を認めるといった、男女に別々の道徳が適用される事態を指すが、ナチ時代の語法では、もう少し広い意味合いで、おおむね「市民層の偽善性」を指すのにもちいられた。

(13) Gutachten Frercks', undatiert, in: BA, R 4901/4376.

(14) Gutachten Metzdorfs vom 16. Januar 1936, in: BA, R 4901/4376.

(15) Huhnhäuser an Benze vom 3. April 1935, in: BA, R 4901/4376.

(16) Groß an Benze vom 18. Juli 1935, in: BA, R 4901/4376.

(17) Gutachten Frercks', undatiert, *a. a. O.*

(18) Gutachten Köhns, undatiert, *a. a. O.*

(19) Benze an Metzner vom 29. August 1935, in: BA, R 4901/4376.

(20) Rust an Groß vom 9. September 1935, in: BA, R 4901/4376.

(21) Gutachten Frercks' vom 29. Oktober 1935, in: BA, R 4901/4376.

（22）Gutachten Groß', undatiert, in: BA, R 4901/4376.

（23）Hunger an Rust vom 13. Mai 1936, in: BA, R 4901/4376.

（24）„OCKEL, Gerhard", *a. a. O.* マクデブルク・アンハルト大管区のナチ党支部が一九三九年春に同大管区の帝国文化院支部に送った報告は、オッケルの政治的立場には「懸念すべき点はない」ものの、クウェーカー教を信仰していることから、「なおも一定の監視が推奨される」と指摘している。同報告によれば、彼は長期間にわたって秘密国家警察に監視されていたという。„Ockel, Gerhard", in: BA, BDC RK B0143.

（25）Gerhard Ockel, *Gesundes Liebesleben. Ein Buch für junge Menschen*, Berlin 1936. 同書は戦後再版されている。

（26）Johannes Heinrich Schultz, „Nervöse Sexualstörungen und ihre Behandlung in der allgemeinen Praxis", in: *Therapie der Gegenwart*, Juni 1937. 後に執筆されたシュルツの性教育書『性・愛・結婚』にも、オッケルへの言及がある。

（27）シュルツの経歴については、以下の論説・研究を参照。„Bluthaftes Verständnis", in: *Der Spiegel*, 27. Juni 1994; Geoffrey Cocks, *Psychotherapy in the Third Reich. The Göring Institute*, Oxford 1985, S. 72-76.

（28）ドイツ心理学精神療法研究所の会員リストを参照。Regine Lockot, *Erinnern und Durcharbeiten. Zur Geschichte der Psychoanalyse und Psychotherapie im Nationalsozialismus*, Frankfurt am Main 1985, S. 352-354.

（29）Johannes Heinrich Schultz, *Geschlecht · Liebe · Ehe. Die Grundtatsachen des Liebes- und Geschlechtslebens in ihrer Bedeutung für Einzel- und Volksdasein*, 3. Aufl., Berlin 1942, S. 18, S. 61, S. 82. 初版は一九四〇年。同書は戦後ほぼ同じ内容で再版されている。

（30）第三帝国期の進歩的な性教育書としては、オッケルの著書のほか、とくに次のものが挙げられる。Kurt Seelmann, *Kind, Sexualität und Erziehung. Zum Verständnis der sexuellen Erziehung und des sexuellen Verhaltens von Kind und Jugendlichen*, München 1942. 同書も戦後再版されている。さらにまた、オランダの産婦人科医テオドーア・ヘンドリック・ファン・デ・ヴェルデが一九二六年に出版した性科学書『完全なる結婚』も、この時代に熱心に読まれた。Theodoor Hendrik van de Velde, *Die vollkommene Ehe. Eine Studie über ihre Physiologie und Technik*, 46. Aufl., Horw (Luzern)/Leipzig 1935.

(31) こうした視点をはっきりと打ち出しているのは、ダグマー・ヘルツォークである。Dagmar Herzog, *Die Politisierung der Lust. Sexualität in der deutschen Geschichte des zwanzigsten Jahrhunderts*, München 2005（ダグマー・ヘルツォーク、川越修・田野大輔・荻野美穂訳『セックスとナチズムの記憶——20世紀ドイツにおける性の政治化』岩波書店、二〇一二年）。彼女によれば、ナチズムの「性-政治」の最も革新的な点は、二〇世紀初頭以来進んでいた「性の解放」を促進しつつ、これを「健全な性生活」へと方向づけたことにあった。

(32) Cocks, *Psychotherapy*, *a. a. O.*, S. 72-76. シュルツがナチ自動車運転手団に加入したのは、彼の最初の妻がユダヤ人であり、離婚後もそのことで非難にさらされたためであったという。Johannes Heinrich Schultz, *Lebensbilderbuch eines Nervenarztes. Jahrzehnte in Dankbarkeit*, 2. Aufl., Stuttgart 1971, S. 130-131. だがシュルツは最後までナチ当局の不信を解消できなかったようである。一九四二年の時点でも、アルフレート・ローゼンベルクの文化政策文書館は、「かつてユダヤ人と結婚していたがゆえに」、シュルツの講演の申請を却下していた。Liste der vom Kulturpol. Archiv beurteilten Redner, in: BA, NS 15/254.

(33) Johannes Heinrich Schultz, „Seelische Schulung, Körperfunktion und Unbewußtes“, in: *Zentralblatt für Psychotherapie*, 8, 1935, S. 315.

(34) 第三帝国における心理学とナチズムの関係については、以下の研究を参照。Cocks, *Psychotherapy*, *a. a. O.*; Lockot, *Erinnern und Durcharbeiten*, *a. a. O.*; 小俣和一郎『精神医学とナチズム——裁かれるユング、ハイデガー』講談社、一九九七年。

(35) Walter Hermannsen/Karl Blome, *Warum hat man uns das nicht früher gesagt? Ein Bekenntnis deutscher Jugend zu geschlechtlicher Sauberkeit*, München 1940, S. 62. 精神分析や性科学への批判については、リッターの性教育書も参照。彼もまた、これらの学問が「ユダヤ人の手」になるものと考えていた。Ritter, *Die geschlechtliche Frage*, *a. a. O.*, S. 14-22.

(36) Burkhard Jellonnek, *Homosexuelle unter dem Hakenkreuz. Die Verfolgung von Homosexuellen im Dritten Reich*, Paderborn 1990, S. 171.

(37) Hans von Hattingberg, *Neue Seelenheilkunde*, Berlin 1943, S. 24-25, S. 31-34; ders., *Über die Liebe. Eine ärztliche Wegweisung*, München/Berlin 1936, S. 357.

(38) Lockot, *Erinnern und Durcharbeiten*, *a. a. O.*, S. 188. ゲーリングはヒトラーに対して「変わらぬ忠誠の誓い」を表明し、「ナチ的精神においてわが民族の心身の健康を守ること」を約束している。*Völkischer Beobachter*, 3. Dezember 1938.

(39) Hattingberg, *Neue Seelenheilkunde*, *a. a. O.*, S. 34, S. 48.

(40) „Bericht über das Deutsche Institut für psychologische Forschung und Psychotherapie vom 1. Oktober 1938 bis 30. September 1939“, in: *Zentralblatt für Psychotherapie*, 1. Sonderheft 1940, S. 1-5. ゲーリングによれば、研究所の課題は「精神療法の領域に属するあらゆる問題の科学的研究」、「この領域のための養成教育」、「資力の劣る民族同胞のための外来診療」の三つであった。*Völkischer Beobachter*, 3. Dezember 1938.

(41) ゲーリング研究所は一九三九年九月末に労働戦線の傘下に入り、「寛大な財政援助」を受けることになった。一方、研究所の設立にかかわった帝国医師指導者ゲアハルト・ヴァーグナーが一九三九年に死んだ後、保健行政の権限は帝国健康指導者レオナルド・コンティに引き継がれたが、彼もまた、「深層心理学がドイツ民族のために維持される」よう尽力したという。„Bericht über das Deutsche Institut für psychologische Forschung und Psychotherapie“, *a. a. O.*, S. 2-3. ゲーリング研究所は、労働戦線の職業教育・経営指導局と共同研究を行っただけでなく、労働戦線の健康・民族保護局、帝国健康指導部、帝国内務省保健局、親衛隊、帝国青年指導部、帝国刑事警察局、帝国文部省、帝国国民啓蒙・宣伝省、ナチ国民福祉団、ベルリン市青年局なども連携した。„Jahresbericht 1940 des Deutschen Institut für psychologische Forschung und Psychotherapie“, in: *Zentralblatt für Psychotherapie*, 14, 1942, S. 1-3. ゲーリング研究所と労働戦線の関係については、次の研究も参照。Cocks, *Psychotherapy, a. a. O.*, S. 196-202.

(42) Hattingberg, *Neue Seelenheilkunde, a. a. O.*, S. 42-43.

(43) „*Hier geht das Leben auf eine sehr merkwürdige Weise weiter…*“. *Zur Geschichte der Psychoanalyse in Deutschland*, hrsg. von Karen Brecht und Friedrich Volker u. a., 2. Aufl., Hamburg 1985, S. 146.

(44) *Psyche und Leistung. Bericht über die 3. Tagung der Deutschen Allgemeinen Ärztlichen Gesellschaft für Psychotherapie in Wien am 6. und 7. September 1940*, hrsg. von Rudolf Bilz, Stuttgart 1941, S. 7.

(45) Johannes Heinrich Schultz, „Seelische Gründe der Unfruchtbarkeit“, in: *Europäischer Wissenschaftsdienst*, 2, 1942, S. 22.

(46) Johannes Heinrich Schultz, *Die seelische Gesunderhaltung unter besonderer Berücksichtigung der Kriegsverhältnisse*, Berlin 1942, S. 48.

(47) Cocks, *Psychotherapy, a. a. O.*, S. 158-159, S. 202-216. 親衛隊はまた独自に研究グループを組織して、同性愛や不妊症の治療法を探ろうとしていた。たとえば一九四二年六月、ヒムラーは親衛隊の医師が提出した女性の不妊症に関する論考を高く評価する一方、「心理学的にもっとよい構成にすべき」だとして、その公表を戦後まで控えるよう指示した。Himmler an Grawitz vom 8. Juni 1942, in: *Reichsführer! Briefe an und von Himmler*, hrsg. von Helmut Heiber, München 1970, S. 151.

(48) Schultz, *Geschlecht・Liebe・Ehe, a. a. O.*, S. 7, S. 18, S. 22.

(49) Schultz, *Geschlecht・Liebe・Ehe, a. a. O.*, S. 47, S. 60, S. 82-83, S. 113-114.

(50) Schultz, *Geschlecht · Liebe · Ehe*, *a. a. O.*, S. 22, S. 71, S. 77, S. 82, S. 134, S. 140.
(51) Schultz, *Geschlecht · Liebe · Ehe*, *a. a. O.*, S. 112. シュルツはこの点を次のように説明している。「性生活の真の成就は、子だくさんの、最も深い内的な共同体にもとづいた結婚のみをもたらしうるのであり、共同体と民族の細胞としての結婚はたしかに、わがドイツ民族の永遠の流れにわれわれが組み込まれるための人間的な手段である」。*Ebd.*, S. 138.
(52) Schultz, *Geschlecht · Liebe · Ehe*, *a. a. O.*, S. 23, S. 63-64, S. 146.
(53) Schultz, *Geschlecht · Liebe · Ehe*, *a. a. O.*, S. 61. この点について、シュルツは自慰の危険性を説く迷信をはっきりと否定し、それがまったく正常で無害な行為であることを強調するとともに、自慰を奨励するわけではないとしながらも、「脅迫、懲罰、威圧などによって、子供や若者に圧力を行使すること」は重大な危険をもたらすとして、自己指導と自己支配へと導く必要を説いている。彼によれば、自慰の有害性はむしろ、現実を離れたところでひとりよがりに性的快楽を追求するあまり、共同体への責任と人格形成の必要をなおざりにし、健全な性生活への道を閉ざしてしまうことにあった。*Ebd.*, S. 52-55, S. 59.
(54) Schultz, *Geschlecht · Liebe · Ehe*, *a. a. O.*, S. 58, S. 97-98.
(55) 同性愛者に対する精神療法的な治療の試みについては、次の研究を参照。Jellonnek, *Homosexuelle*, *a. a. O.*, S. 171-175; Cocks, *Psychotherapy*, *a. a. O.*, S. 202-216.
(56) Jellonnek, *Homosexuelle*, *a. a. O.*, S. 172-173. ベームに問い合わせをしたリンデンも同様の報告を行っている。Herbert Linden, „Bekämpfung der Sittlichkeitsverbrechen mit ärztlichen Mitteln", in: *Allgemeine Zeitschrift für Psychiatrie*, 112, 1939, S. 412, S. 414.
(57) 犯罪心理学局は、一九四〇年には五三件のケースを診断したが、そのなかには二〇件の窃盗のほか、一件の獣姦、二件の幼児性愛、三件の露出症、二件のサディズム、一一件の同性愛が含まれていた。„Jahresbericht 1940 des Deutschen Institut für psychologische Forschung und Psychotherapie", *a. a. O.*, S. 39. 診断を受けた患者の総数は不明だが、たった一人の研究員しかいない部局の規模からして、それほど多くはなかったと考えられる。

(58) „Jahresbericht 1940 des Deutschen Institut für psychologische Forschung und Psychotherapie", *a. a. O.*, S. 5-7. 同性愛の問題を究明する研究グループには、カラウ・フォン・ホーフェ、ベームのほか、シュルツやハッティングベルクも加わった。不妊症の問題は、ヴェルナー・ケンパーに委託された。

(59) Lockot, *Erinnern und Durcharbeiten*, *a. a. O.*, S. 210; Cocks, *Psychotherapy*, *a. a. O.*, S. 220, S. 223.

(60) *„Hier geht das Leben auf eine sehr merkwürdige Weise weiter…"*, *a. a. O.*, S. 155.

(61) Fritz Mohr, „Einige Betrachtungen über Wesen, Entstehung und Behandlung der Homosexualität", in: *Zentralblatt für Psychotherapie*, 15, 1943, S. 2, S. 13.

(62) Günter Grau（Hrsg.）, *Homosexualität in der NS-Zeit. Dokumente einer Diskriminierung und Verfolgung*, Frankfurt am Main 1993, S. 216-217. もっとも、帝国刑事警察局は国防軍からの同性愛者の排除を推奨せず、兵役への教育のために同性愛者を予防拘禁から解放していた。これに対して、ナチ党は同性愛の素質をもっていたり、同性愛行為に及んだ党員を除名し、親衛隊と警察の法廷は同性愛者を死刑とするなど、組織・機関によって対応はまちまちであった。*Ebd.*, S. 218.

(63) Himmler an Brustmann vom 23. Juni 1943; Himmler an Kaltenbrunner vom 23. Juni 1943, in: BA, NS 19/2957.

(64) 国防軍もまた、戦争末期には精神療法的アプローチに懐疑的になった。一九四四年一二月、国防軍における同性愛事件の鑑定医をつとめたベームは、今後は同性愛の問題は精神科医や医師によってではなく、同性愛・中絶撲滅帝国本部によって解決されるという取り決めに同意した。これによって、鑑定医の専門意見は、犯行が意識朦朧状態やアルコールの影響に起因する場合や、犯人が二一歳以下であったり、精神障害を患っていたりした場合にのみ、聞き入れられることになった。Grau（Hrsg.）, *Homosexualität*, *a. a. O.*, S. 239-241.

（65）デンマーク人医師カール・フェルネットは、ブーヘンヴァルト強制収容所の同性愛者に人工的な性腺を移植することで、その治療を試みた。Aktenvermerk betr. Hormonforschung des Dänen Dr. med. Carl Vaernet vom 3. Dezember 1943, in: BA, NS 3/21.

（66）Lockot, *Erinnern und Durcharbeiten*, *a. a. O.*, S. 225; „Bluthaftes Verständnis", *a. a. O.*, S. 185.

（67）Johannes Heinrich Schultz, „Vorschlag eines Diagnosen-Schemas", in: *Zentralblatt für Psychotherapie*, 12, 1940, S. 113, S. 123.

（68）„Bluthaftes Verständnis", *a. a. O.*, S. 185.

（69）Hattingberg, *Über die Liebe*, *a. a. O.*, S. 9-11.

（70）*Völkischer Beobachter*, 14. Mai 1939. こうしたゲーリングの要求は、医師が担当世帯の健康を管理して固定給を受け取るという、ドイツ労働戦線の保健扶助改革案（「ドイツ民族保護」）と軌を一にするものであり、国民の生産性向上をめざした包括的な健康政策のもと、医師の活動領域を拡大することを狙っていた。この保健扶助改革案には、帝国健康指導者レオナルド・コンティも同意していた。この構想については、次の研究を参照。Marie-Luise Recker, *Nationalsozialistische Sozialpolitik im Zweiten Weltkrieg*, München 1985, S. 122-123.

（71）Linden, „Bekämpfung", *a. a. O.*, S. 423.

（72）Lockot, *Erinnern und Durcharbeiten*, *a. a. O.*, S. 206-207. 精神障害と社会保険の関係については、ゲーリングの論考を参照。Matthias Heinrich Göring, „Die Bedeutung der Neurose in der Sozialversicherung", in: *Zentralblatt für Psychotherapie*, 11, 1939, S. 36-50.

（73）ナチ党指導部もまた、人口・人種政策の「ポジティブ」な役割を重視していた。一九四四年一〇月、党官房長マルティン・ボルマンは、保健当局は国民の健康を増進するという「建設的でポジティブ」な活動に戻るべきで、伝染病の撲滅や遺伝病者の根絶といった「純粋にネガティブ」で「割の合わない」仕事に限定されるべきではないと要求している。Bormann an Himmler vom Oktober 1944, in: BA, R 1501/2983.

(74) *Völkischer Beobachter*, 14. Mai 1939.

(75) ナチズムが性を抑圧したとする一般的な見解も、こうした観点から再考すべきだろう。権力は必然的に性を抑圧するものと考えられることが多いが、ミシェル・フーコーはこの「抑圧の仮説」を批判し、それじたいが性に関するブルジョワの戦略の構成要素だったことを明らかにしている。Michel Foucault, *L'Histoire de la sexualité, I, La volonté de savoir*, Paris 1976（ミシェル・フーコー、渡辺守章訳『性の歴史Ⅰ　知への意志』新潮社、一九八六年）.

(76) ヘルベルト・マルクーゼはすでに同時代に、「性生活の解放は明らかに第三帝国の人口政策と結びついている」ことを看破していた。Herbert Marcuse, *Technology, War and Fascism. Collected Papers of Herbert Marcuse*, vol. 1, London/New York 1998, S. 85.

第三章

（1）Rede Himmlers bei der SS-Gruppenführertagung in Posen am 4. Oktober 1943, Dokument 1919-PS, in: *Der Prozess gegen die Hauptkriegsverbrecher vor dem Internationalen Militärgerichtshof Nürnberg 14. November 1945 – 1. Oktober 1946*, Bd.XXIX, Nürnberg 1948, S. 145. ヒムラーのこの演説は、ニュルンベルク国際軍事法廷で犯罪を立証する証拠に採用された。

（2）Rede Himmlers in Posen am 4. Oktober 1943, *a. a. O.*, S. 146.

（3）Hans Peter Bleuel, *Das saubere Reich. Die verheimliche Wahrheit. Eros und Sexualität im Dritten Reich*, Bern/München 1972, S. 219（ハンス・ペーター・ブロイエル、大島かおり訳『ナチ・ドイツ清潔な帝国』人文書院、一九八三年、一八六頁）.

（4）Raphael Gross, *Anständig geblieben. Nationalsozialistische Moral*, Frankfurt am Main 2010, S. 234-235.

（5）Rede Himmlers in Posen am 4. Oktober 1943, *a. a. O.*, S. 122-123, S. 146.

（6）Rede Himmlers vor den SS-Gruppenführern in Bad Tölz am 18. Februar 1937, in: *Heinrich*

Himmler. Geheimreden 1933 bis 1945 und andere Ansprachen, hrsg. von Bradley F. Smith und Agnes F. Peterson, Frankfurt am Main 1974, S. 100.

(7) Rede Himmlers auf der Gruppenführerbesprechung in München am 8. November 1937, in: Bundesarchiv Berlin (BA), NS 19/4004.

(8) Rede Himmlers in Bad Tölz am 18. Februar 1937, *a. a. O.*, S. 145.

(9) Ausführungen Himmlers gelegentlich der Beratungen des Sachverständigenbeirats für Bevölkerungs- und Rassenpolitik am 15. Juni 1937, in: BA, NS 2/41.

(10) Rede Himmlers in Bad Tölz am 18. Februar 1937, *a. a. O.*, S. 93-104. ジョージ・モッセによれば、この演説は「ナチ党指導者によってなされたセクシュアリティ論議のなかで最も包括的かつ本質的なもの」であった。George L. Mosse, *Nationalism and Sexuality. Respectability and Abnormal Sexuality in Modern Europe*, New York 1985, S. 166（ジョージ・L・モッセ、佐藤卓己・佐藤八寿子訳『ナショナリズムとセクシュアリティ――市民道徳とナチズム』柏書房、一九九六年、二〇六頁）.

(11) Rede Himmlers in Bad Tölz am 18. Februar 1937, *a. a. O.*, S. 93-94. ヒムラーはこの四ヵ月後の陳述でも、ドイツに一〇〇万人から二〇〇万人の同性愛者がいることを認めている。彼によれば、ドイツ民族は「性的に完全に混乱」しており、「性と種の維持」の領域における混乱は全体を破壊する「ダイナマイト」となりうるものだった。さらにまた、ドイツは同性愛の問題に関しては、他国を大きく凌駕していた。Ausführungen Himmlers gelegentlich der Beratungen des Sachverständigenbeirats am 15. Juni 1937, *a. a. O.*

(12) Rudolf Diels, *Lucifer ante portas*, Stuttgart 1950, S. 381.

(13) *Das Schwarze Korps*, 4. März 1937.

(14) Rede Himmlers in Bad Tölz am 18. Februar 1937, *a. a. O.*, S. 96.

(15) この発言を書き留めているのは、ヒムラーのお抱えのマッサージ師フェリックス・ケルステンである。Felix Kersten, *Totenkopf und Treue. Heinrich Himmler ohne Uniform*, Hamburg 1952, S. 69. 同性

愛の政治的危険をヒトラーも同じように認識していたことは、次の発言がはっきりと示している。「われわれの国家とわれわれの秩序はまさに業績の原則の上にのみ築かれうるし、築かれるべきである。お気に入りの関係はすべて拒否されなければならない。秘蔵っ子のようなものは不要である。ところが同性愛者は他の男を業績によって判断しない。彼は最も有能な男でも同性愛者でなければ、いや同性愛者でないからこそ拒否し、同性愛者を優遇するのである」。Aktenvermerk aus dem Führerhauptquartier vom 19. August 1941, in: BA, NS 2/57. ヨーゼフ・ゲッベルスによれば、ヒトラーは私的な会話のなかで次のようにも語っていた。「同性愛者はつねに適性の観点によってではなく、犯罪的、あるいは少なくとも病的な観点にしたがって人材の選抜を行う傾向がある。これを放置しておくと、国家は長い間に同性愛の組織となり、男らしい選り抜きの組織ではなくなってしまう。……ナチ国家は男らしい国家でなくてはならない。それは永遠の循環のなかでくり返される自然淘汰という、確固たる基盤の上に築かれている」。*Die Tagebücher von Joseph Goebbels*, hrsg. von Elke Fröhlich, Teil II Diktate 1941-1945, Bd.1, München 1996, S. 272.

(16) *Hitler. Reden und Proklamationen 1932-1945. Kommentiert von einem deutschen Zeitgenossen*, hrsg. von Max Domarus, München 1973, Bd. 1, S. 401.

(17) Rede Himmlers in Bad Tölz am 18. Februar 1937, *a. a. O.*, S. 97. ただしヒムラーの試算は不正確で、実際にはもっと数が多かったと推察される。ライプチヒの警察署管内だけで、一九三七〜三八年に四人の親衛隊員が逮捕されていた。Günter Grau (Hrsg.), *Homosexualität in der NS-Zeit*, Frankfurt am Main 1993, S. 184.

(18) Bradley F. Smith, *Heinrich Himmler. A Nazi in the Making, 1900-1926*, Stanford 1971, S. 115. ハンス・ブリューアはヴァンダーフォーゲル運動の理論家で、自著のなかで男性間の友愛から生じる性愛的結びつきを擁護していた。Hans Blüher, *Die Rolle der Erotik in der männlichen Gesellschaft. Eine Theorie der menschlichen Staatsbildung nach Wesen und Wert*, Stuttgart 1962.

(19) Rede Himmlers in Bad Tölz am 18. Februar 1937, *a. a. O.*, S. 94.

(20) ナチズムと男性同盟および同性愛の関係については、とくに次の論考を参照。Mosse, *Nationalism and Sexuality, a. a. O.*, S. 158-170（邦訳、一九六―二一〇頁）; Harry Oosterhuis (ed.), *Homosexuality and Male Bonding in Pre-Nazi Germany. The Youth Movement, the Gay Movement and Male Bonding before Hitler's Rise*, New York 1991, S. 241-263（ハリー・オースターホイス、辰巳伸知・月川和雄訳「ナチス以前のドイツにおける同性愛と男性結社」『imago』一九九五年一一月号、一六〇―一七五頁）.

(21) Rede Himmlers in Bad Tölz am 18. Februar 1937, *a. a. O.*, S. 94, S. 99-100.

(22) Rede Himmlers in Bad Tölz am 18. Februar 1937, *a. a. O.*, S. 96-97.

(23) *Das Schwarze Korps*, 4. März 1937. ヒムラーが他方で、同性愛的素因が遺伝すると考えていたこともたしかである。彼によれば、男性同性愛者の多くは女性と結婚し、「偽装」として子供をつくるが、こうして産まれた子供も「同性愛に向かう傾向」を継承するため、同性愛の蔓延は止まらないのだという。Ausführungen Himmlers gelegentlich der Beratungen des Sachverständigenbeirats am 15. Juni 1937, *a. a. O.*

(24) *Das Schwarze Korps*, 15. April 1937.

(25) Aktenvermerk aus dem Führerhauptquartier vom 19. August 1941, *a. a. O.* 帝国青年指導部の報告書も、同性愛が若者の間に伝染していく連鎖的な過程を次のように説明している。「一人の成人の同性愛者がたいてい多数の若者を誘惑する。彼らが今度は別の若者の誘惑者になるので、同性愛コンプレックスの多くは伝染病のような効果を通じて途方もなく広まる」。*Kriminalität und Gefährdung der Jugend. Lagebericht bis zum Stande vom 1. Januar 1941*, hrsg. vom Jugendführer des Deutschen Reichs, Berlin 1941, S. 94. ヒムラーはこの点について、同性愛者はみな一〇人から一五人の若者を誘惑しており、しかも同じ職場に五人から六人の同性愛者がいると主張している。Ausführungen Himmlers gelegentlich der Beratungen des Sachverständigenbeirats am 15. Juni 1937, *a. a. O.*

(26) たとえばヨハンネス・ハインリヒ・シュルツは、同性愛の大部分は「深層の心的発達障害」によるもので、基本的にはつねに「適切な専門医による精神的な治療（精神療法）」によって「治療可能」であると主張していた。Johannes Heinrich Schultz, *Geschlecht・Liebe・Ehe. Die Grundtatsachen des Liebes- und Geschlechtslebens in ihrer Bedeutung für Einzel- und Volksdasein*, 3. Aufl., Berlin 1942, S. 97-98.

(27) *Das Schwarze Korps*, 4. März 1937.

(28) Rede Himmlers in Bad Tölz am 18. Februar 1937, *a. a. O.*, S. 99.

(29) Rede Himmlers in Bad Tölz am 18. Februar 1937, *a. a. O.*, S. 97.

(30) *Das Schwarze Korps*, 22. Mai 1935.

(31) Rede Himmlers in Bad Tölz am 18. Februar 1937, *a. a. O.*, S. 98.

(32) Grau (Hrsg.), *Homosexualität, a. a. O.*, S. 56-60; Bleuel, *Das saubere Reich, a. a. O.*, S. 286（邦訳、二四四頁）.

(33) ヒムラーによれば、すでに一九三四年の最初の六週間で、ベルリン警察が過去二五年間に逮捕したよりも多くの同性愛者が逮捕されたという。Rede Himmlers in Bad Tölz am 18. Februar 1937, *a. a. O.*, S. 98.

(34) Telegramm der Gestapo Berlin vom 24. Oktober 1934, in: Institut für Zeitgeschichte München (IfZ), MA 131.

(35) Grau (Hrsg.), *Homosexualität, a. a. O.*, S. 93-94.

(36) Burkhard Jellonnek, *Homosexuelle unter dem Hakenkreuz. Die Verfolgung von Homosexuellen im Dritten Reich*, Paderborn 1990, S. 123. この機関は当初ベルリンのプロイセン州刑事警察局に置かれたが、その後秘密国家警察局の特別班と統合され、最終的に帝国刑事警察局に編入された。関係史料の欠如により活動の実態は十分に解明されていないが、一九三九年には三万三〇〇〇人がこの機関に登録され、そのうち七八〇〇人が青年誘惑者、三八〇〇人が男娼であった。一九四〇年には四万二〇〇〇人が登録され、その半数が青年誘惑者であった。*Ebd.*, S. 131-132.

（37）一七五条違反で有罪判決を下された者の数は、一九三三〜三五年の四〇〇〇人から、三六〜三八年の二万二〇〇〇人へと急増した。Jellonnek, *Homosexuelle, a. a. O.*, S. 122.

（38）*Kriminalität und Gefährdung der Jugend, a. a. O.*, S. 89. 一七五条違反で有罪判決を受けた者の数は、一九三三年が八五三人、三六年が五三二〇人、三九年が七六一四人だった。

（39）Hans Günter Hockerts, *Die Sittlichkeitsprozesse gegen katholische Ordensangehörige und Priester 1936/37*, Mainz 1971, S. 91. 聖職者の性犯罪に関する報道はセンセーションを巻き起こし、信者たちにも動揺を与えた。*Deutschland-Berichte der sozialdemokratischen Partei Deutschlands* (*SOPADE*) *1934-1940*, hrsg. von Klaus Behnken, Frankfurt am Main 1980, Bd. 3, S. 921.

（40）Jellonnek, *Homosexuelle, a. a. O.*, S. 116.

（41）Jellonnek, *Homosexuelle, a. a. O.*, S. 139, S.156.

（42）Rede Himmlers vor Gauleitern und anderen Parteifunktionären am 29. Februar 1940, in: *Heinrich Himmler. Geheimreden, a. a. O.*, S. 120.

（43）Walter Hermannsen/Karl Blome, *Warum hat man uns das nicht früher gesagt? Ein Bekenntnis deutscher Jugend zu geschlechtlicher Sauberkeit*, München 1940, S. 23. ヒトラー・ユーゲントの同性愛対策については、一九四三年六月の「特別方針」も参照。Sonderrichtlinien. Die Bekämpfung gleichgeschlechtlicher Verfehlungen im Rahmen der Jugenderziehung, in: Grau (Hrsg.), *Homosexualität, a. a. O.*, S. 294-299.

（44）Rede Himmlers auf der Tagung der Auslandsorganisation in Stuttgart am 2. September 1938, in: IfZ, MA 312.

（45）Erlaß Hitlers zur Reinhaltung von SS und Polizei vom 14. November 1941, in: IfZ, MA 389. ヒムラーの注釈によれば、「猥褻行為」には「性交に似た」行為だけでなく、羞恥心を侵害し、好色的な意図がある場合には、着衣の上から体に触ることや、接吻することも含まれた。Franz Seidler, *Prostitution, Homosexualität, Selbstverstümmelung. Probleme der deutschen Sanitätsführung*

1939-1945, Neckargemünd 1977, S. 223.

(46) Befehl Himmlers vom 7. März 1942 betr. den Erlaß des Führers zur Reinhaltung von SS und Polizei, in: BA, NS 19/2376.

(47) ジェフリー・ジャイルスによれば、総統命令の後に死刑が執行されたことはたしかだが、この命令が適用されたケースはほとんどなかった。一九四三年の最初の四半期に有罪判決が下された二二件のうち、死刑判決は皆無であった。Geoffrey J. Giles, "The Denial of Homosexuality. Same-Sex Incidents in Himmler's SS and Police", in: Dagmar Herzog (ed.), *Sexuality and German Fascism*, New York 2005, S. 266.

(48) 一九四三年に三件の死刑判決が下された際には、親衛隊の鑑定医と精神科医がこれに異議を唱え、ヒムラーの逆鱗に触れることになった。親衛隊帝国指導者は、この二人がもとめる「異常な人間への教育の試み」を軍事的理由から拒否した。Himmler an Brustmann vom 23. Juni 1943; Himmler an Kaltenbrunner vom 23. Juni 1943, in: BA, NS 19/2957.

(49) 一例を挙げれば、ヒムラーはデンマーク人医師カール・フェルネットがブーヘンヴァルト強制収容所で行った同性愛者に対するホルモン治療実験に多大な関心を示した。Grau (Hrsg.), *Homosexualität*, *a. a. O.*, S. 347-348.

(50) ブルクハルト・イェロネクによれば、第三帝国期には五万人の同性愛者が有罪判決を受け、そのうち五〇〇〇人から一万五〇〇〇人が強制収容所に送られたが、その絶対数からも、「同性愛者のホロコースト」を認めることは困難である。Jellonnek, *Homosexuelle*, *a. a. O.*, S. 31-33.

(51) Rede Himmlers in Bad Tölz am 18. Februar 1937, *a. a. O.*, S. 103. ヒムラーは、キリスト教が女性を蔑視していることを批判し、教会を「ホモセクシュアルでエロティックな男性同盟」と決めつけている。*Ebd.*, S. 102-103. この点ではヒトラーもまた、キリスト教が「美の喜びを抹殺」していると批判していた。Henry Picker, *Hitlers Tischgespräche im Führerhauptquartier*, Berlin 1993, S. 108.

(52) 「氏族」としての親衛隊というヒムラーの構想については、ペーター・ロンゲリヒの指摘を参照。Peter

Longerich, *Heinrich Himmler. Biographie*, München 2008, S. 365-366.

(53) Rede Himmlers in München am 8. November 1937, *a. a. O.*

(54) Die Pflichten des SS-Mannes und SS-Führers, in: BA, NS 19/3973.

(55) Merkblatt für das Einreichen der Unterlagen zum Verlobungs- und Heiratsgesuch vom 21. September 1935, in: BA, NS 2/179.

(56) Befehl Himmlers vom 18. Mai 1937 betr. SS-ärztliche Untersuchung für Verlobungs- und Heiratsgenehmigung, in: BA, NS 2/179.

(57) Longerich, *Heinrich Himmler, a. a. O.*, S. 367-369. ヒムラーはまた、親衛隊員に上司の許可を得た上での結婚申請を指示したり、婚約者に母親講座の修了や帝国スポーツ賞の受賞をもとめる命令も出した。

(58) 一九三二～四〇年の結婚許可の統計によると、一〇万六〇〇〇件の申請のうち、最も多かったのは暫定的に許可された四万件で、未決定のままになっていたのが二万九〇〇〇件だった。Bleuel, *Das saubere Reich, a. a. O.*, S. 259-260（邦訳、二二〇頁）.

(59) Longerich, *Heinrich Himmler, a. a. O.*, S. 368-370.

(60) Himmler an von Woyrsch vom 22. März 1943, in: BA, NS 2/231.

(61) Adolf Hitler, *Mein Kampf*, 47. Aufl., München 1939, S. 275-276（アドルフ・ヒトラー、平野一郎・将積茂訳『わが闘争』角川書店、一九七三年、上、三五八頁）.

(62) Durchführungsverordnung über die Gewährung von Ehestandsdarlehen vom 20. Juni 1933, in: Reichsgesetzblatt (RGBl), I 1933, S. 377-379. 一九三八年までに一〇〇万件の結婚資金貸与が行われ、総額にして六億五〇〇〇万マルクが支払われた。Bleuel, *Das saubere Reich, a. a. O.*, S. 198（邦訳、一六九頁）.

(63) *Mutter und Kind. Ein Mahnwort für den deutschen Mann und die deutsche Frau*, hrsg. vom Amt für Volkswohlfahrt bei der Obersten Leitung der P. O., Berlin o. J. もっとも、家事の手伝いを行う

若い女性が不足していたため、この事業が大きな効果を挙げたのかは疑問である。ヒムラーはこの点について次のような憂慮を表明している。「きわめて多くの女性が明らかに子供を――それもたくさんの子供を――欲しいと望んでいるにもかかわらず、手伝いを雇えずに自分で家事のすべてをしなければならないという厳しい現実が、彼女たちのこの意志をくじいてしまう危険がきわめて大きい」。こうした問題を解決するため、彼はポーランドやウクライナから家事手伝いの娘を徴用することを検討していた。*Reichsführer! Briefe an und von Himmler*, hrsg. von Helmut Heiber, München 1970, S. 112-113.

(64) Satzung des Ehrenkreuzes der Deutschen Mutter vom 16. Dezember 1938, in: RGBl, I 1938, S. 1924. ヒトラーの母親の誕生日に授与されたこの勲章には、「子供は母親を高貴にする」という銘文が刻まれていた。

(65) Gesetz zur Verhütung erbkranken Nachwuchses vom 14. Juli 1933, in: RGBl, I 1933, S. 529-531; Gesetz zum Schutze des deutschen Blutes und der deutschen Ehre vom 15. September 1935, in: RGBl, I 1935, S. 1146-1147.

(66) *Das Schwarze Korps*, 11. Mai 1939.

(67) Bleuel, *Das saubere Reich*, *a. a. O.*, S. 196（邦訳、一六七頁）, S. 254-255（邦訳、二一五―二一六頁）.

(68) *Das Schwarze Korps*, 24. Dezember 1936.

(69) Gesetz zur Vereinheitlichung des Rechts der Eheschließung und Ehescheidung im Lande Österreich und im übrigen Reichsgebiet vom 6. Juli 1938, in: RGBl, I 1938, S. 807-822.

(70) Picker, *Hitlers Tischgespräche*, *a. a. O.*, S. 411.

(71) Picker, *Hitlers Tischgespräche*, *a. a. O.*, S. 121, S. 339.

(72) Picker, *Hitlers Tischgespräche*, *a. a. O.*, S. 340. ヒトラーは、ドイツ人の兵士がしばしば外国人の女性と結婚しようとすることに反対であった。彼の目からすると、そうした結婚が「一度かぎりの性的体験」から生じたものであるのは疑いなかったし、兵士が結婚を望む相手の写真を見ると、「たいていの女性は猫背か不器量で、ドイツ人が本当にこんな女と結婚しても最終的に幸せになれるはずはないし、ドイツ民族の見地からしても価値のある結果が期待できないのは明らか」だったからである。*Ebd.*, S. 339. この点に関してはヒムラーもまた、親衛隊員が人種的に劣った娘と結婚したがることに不満を抱いており、「ダンスで知り合った恋人とは必ずしも結婚しなくてもよい」と訓示を垂れなければならないほどであった。彼は自分のもとに送られてきた結婚申請を見て、「何たることか、親衛隊員がよりによってこんなどうしようもない不器量な女と結婚しなければならないとは」と感じることが多いとこぼしている。Rede Himmlers auf der Gruppenführerbesprechung in Dachau am 8. November 1936, in: BA, NS 19/4003.

(73) *Adolf Hitler. Monologe im Führerhauptquartier 1941-1944*, hrsg. von Werner Jochmann, Hamburg 1980, S. 109.

(74) Picker, *Hitlers Tischgespräche, a. a. O.*, S. 163. ヒトラーはまた、こうした「道徳的偽善者」は多数の愛人を囲ったプロイセンの王子を紳士と見なすくせに、「立派なドイツ人男性が身分を超えて自分の子を産もうとする女性と結婚しようとすると、意地の悪い言葉を浴びせる」ような連中だと批判している。*Ebd.*, S. 410.

(75) Picker, *Hitlers Tischgespräche, a. a. O.*, S. 340, S. 411.

(76) Rudolf Heß an eine unverheiratete Mutter, in: BA, NS 19/3973.

(77) 女性公務員は私生児を産んだことだけでは解雇されなかったし、姦通に関しても懲戒の対象とはならなかった。この点の確認をもとめたヘスに対して、帝国官房長ハンス・ハインリヒ・ラマースは次のように回答している。「総統は、公務員の私生活にかかわるこの問題では、一般的に妥当する帝国政府の方針を確定するのは無理だと考えている」。David Schoenbaum, *Hitler's Social Revolution. Class and Status in Nazi Germany 1933-1939*, New York 1966, S. 190（デイヴィッド・シェーンボウム、大島通義・大島かおり訳『ヒットラーの社会革命――一九三三～三九年のナチ・ドイツにおける階級とステイタス』而立書房、一九七八年、二二七頁).

(78) *Das Schwarze Korps*, 4. Januar 1940. もっとも、婚外交渉を否定しようとする声は止まなかった。ナチ党人種政策局の機関誌『新しい民族』は一九四〇年五月、ある母親が前線の息子に宛てた次のような手紙を紹介している。「少女が自尊心を失わないためには、越えてはならない一線があります。一度でも自尊心を失ってしまうと、少女が身を持ち崩さないようにするのは困難です」。*Neues Volk*, H. 5, Mai 1940.

(79) Gunter d'Alquen, *Die SS. Geschichte, Aufgabe und Organisation der Schutzstaffeln der NSDAP.*, Berlin 1939, S. 25.

(80) Satzung des Vereins „Lebensborn" e.V. vom 12. Dezember 1935, in: BA, NS 19/329. 生命の泉の活動の重点が未婚の母の支援に置かれていたことについては、ゲオルク・リリエンタールの指摘を参照。Georg Lilienthal, *Der „Lebensborn e.V.": Ein Instrument nationalsozialistischer Rassenpolitik*, Frankfurt am Main 1993, S. 44.

(81) ヒムラーがバート・テルツで語った内容によると、ドイツでは年間六〇万件から八〇万件の中絶が行われ、それが原因で三〇万人の女性が不妊となり、三万人から四万人の女性が死亡していた。Rede Himmlers in Bad Tölz am 18. Februar 1937, *a. a. O.*, S. 91. ただしヒムラーの挙げる数字は、演説によってまちまちであった。Longerich, *Heinrich Himmler*, *a. a. O.*, S. 241-242.

(82) Kersten, *Totenkopf und Treue*, *a. a. O.*, S. 229.

(83) Bleuel, *Das saubere Reich*, *a. a. O.*, S. 214 (邦訳、一八二頁). ヒムラー自身、施設に受け入れた女性を——未婚・既婚を問わず——平等に扱うべきことを強調していた。Kersten, *Totenkopf und Treue*, *a. a. O.*, S. 229.

(84) Satzung des Vereins „Lebensborn" e.V., *a. a. O.*

(85) Rundschreiben Himmlers an alle SS-Führer vom 13. September 1936, in: BA, NS 19/3973.

(86) 一九三九年の時点で、生命の泉はシュタインヘーリング、ポルツィン、クロースターハイデ、ブレーメン近郊ホーエホルスト、ヴィーナーヴァルトに施設を有していた。d'Alquen, *Die SS, a. a. O.*, S. 25. 協会の組織については、Lilienthal, *Der „Lebensborn e.V.“, a. a. O.*, S. 47-58 を参照。生命の泉はまた、戦時中には占領地域から連れてこられたゲルマン系の子供たちを引き取り、彼らをドイツ化して子供のいない養父母に供給するという任務も与えられた。Bleuel, *Das saubere Reich, a. a. O.*, S. 217-218（邦訳、一八四―一八五頁）.

(87) *Das Schwarze Korps*, 25. März 1937. リューベックのある女性は、最寄りの「交配施設」がどこにあるのか教えてほしいと、親衛隊に願い出てきたという。Schreiben Lisamaria K. an Sturmbannführer der SS Leipzig vom 20. Juli 1944, in: BA, NS 19/204.

(88) Kersten, *Totenkopf und Treue, a. a. O.*, S. 230. なお、帝国健康指導者レオナルド・コンティもまた、一九四二年六月に「結婚紹介、結婚相談、養子による出生数の引き上げ」という草案を書き、結婚の多産性は早婚奨励によって高められるべきだとして、党と医療機関の協力による計画的な結婚紹介の推進を提案したが、ヒムラーの反対で実現を見なかった。Erhöhung der Kinderzahl durch Eheanbahnung, Eheberatung und Wahlkinder; Himmler an Conti vom 13. Juli 1942, in: BA, NS 19/1674.

(89) Kersten, *Totenkopf und Treue, a. a. O.*, S. 92-93. ヒムラーの婚姻法改革構想については、Bleuel, *Das saubere Reich, a. a. O.*, S. 225-226（邦訳、一九〇―一九二頁）を参照。

(90) Kersten, *Totenkopf und Treue, a. a. O.*, S. 223-224. 多婚制を擁護したのはヒムラーだけではなかった。帝国内務省の人種・人口政策諮問委員会でも、ある人種衛生学者が一九三七年に次のような答申を行っていた。「（第一次世界大戦後に）非常に真剣に考えたのは、戦争による損失の結果、夫を見つけられなかった多くの価値の高い少女たちが、どうやってみずからの価値の高い遺伝的形質を後世に伝えることができるのかという問題だった。残念だったのは、われわれがゲルマンの祖先たちのような重婚の制度をもたなかったことである。それがあれば、多くのことがおのずと解決されただろう。もっとも、当時の世論は道徳的にそれを受け入れるだけの用意がなかった。今日、価値の高い男たちに複数の女性との生殖の可能性を与えることができるかどうかも、まだ疑わしいと思われる」。Besprechung im Reichsinnenministerium vom 15. Juni 1937, in: *Akten der Reichskanzlei. Regierung Hitler 1933-1945*, Bd. IV, bearb. von Friedrich Hartmannsgruber, München 2005, S. 371. ヒトラーも同様の観点から、男性エリートに重婚を認めることの意義を強調していた。「三〇年戦争の後、多妻制が再び容認された。私生児によって国力が回復したのだ。法的にこれを認めることはできないが、二五〇万人もの女性がオールドミスにならざるをえない以上、私生児を差別してはならない！　子を産み育てる少女の方がオールドミスよりもすぐれていると思う。社会的な偏見は薄れつつある」。Picker, *Hitlers Tischgespräche, a. a. O.*, S. 162. また、帝国青年指導部でも重婚や暫定結婚の合法化について論議され、戦争による人的損失は男性が多くの女性との間に子供をつくることで償われるべきだという主張がなされたという。Melita Maschmann, *Fazit. Mein Weg in der Hitler-Jugend*, Stuttgart 1963, S.161.

（91）Kersten, *Totenkopf und Treue, a. a. O.*, S. 228-229. ただしヒムラーは、親衛隊が婚外出産を奨励しているという「いささか不道徳な」評判を否定するため、具体的な数字を挙げながら結婚奨励策の成果を説明している。それによると、二一万人の親衛隊員のうち、一九三三年の時点で七万人が既婚者であり、その後三七年までにさらに五万人が結婚許可を得ていた。Ausführungen Himmlers gelegentlich der Beratungen des Sachverständigenbeirats am 15. Juni 1937., *a. a. O.*

（92）Rede Himmlers in Bad Tölz am 18. Februar 1937, *a. a. O.*, S. 103-104. 帝国青年指導者バルドゥーア・フォン・シーラッハもまた、男女の接触によって同性愛を防止できるという信念を表明していた。Bleuel, *Das saubere Reich, a. a. O.*, S. 155-156（邦訳、一三四—一三五頁）.

（93）*Das Schwarze Korps*, 5. März 1936.

（94）*Das Schwarze Korps*, 7. Januar 1937; 15. April 1937.

（95）*Das Schwarze Korps*, 7. Januar 1937. 別の調査によれば、婚前交渉経験率は地域によってばらつきがあり、ザクセンで五一パーセント、ミュンヘンで九〇パーセントであった。*Deutsches Ärzteblatt*, 12. Dezember 1936.

(96) Ausführungen Himmlers gelegentlich der Beratungen des Sachverständigenbeirats am 15. Juni 1937, *a. a. O.* ヒムラーは側近に対しても、「真の男の行動意欲は性の領域にも及ぶものである」と強調していた。Kersten, *Totenkopf und Treue*, *a. a. O.*, S. 232.

(97) Picker, *Hitlers Tischgespräche*, *a. a. O.*, S. 332. ドイツ労働戦線の指導者ローベルト・ライもまた、オルデンスブルクにくる若者は「修道院のように世間から隠遁して」暮らすのではなく、「外界や異性ともつねに接触を保つ」ようにすべきであると説いていた。Robert Ley, *Wir alle helfen dem Führer. Deutschland braucht jeden Deutschen*, München 1937, S. 133-134.

(98) Picker, *Hitlers Tischgespräche*, *a. a. O.*, S. 541. ヒトラーはまた、兵士たちが休暇中に売春宿を利用することを当然だと考えていた。「海軍の兵士は三時間しか外出許可がもらえないって？　もっと長くしてやれないのかね？　彼らは港にしか滞在しないのだから、ほかのことはもちろん期待できないだろう！」。*Adolf Hitler. Monologe im Führerhauptquartier*, *a. a. O.*, S. 392.

(99) *Sittengeschichte des Zweiten Weltkrieges. Die tausend Jahre von 1933-1945*, Hanau 1968, S. 603.

(100) Detlev Peukert, *Grenzen der Sozialdisziplinierung. Aufstieg und Krise der deutschen Jugendfürsorge von 1878 bis 1932*, Köln 1986, S. 281. 第三帝国下の売春の問題については、Christa Paul, *Zwangsprostitution. Staatlich errichtete Bordelle im Nationalsozialismus*, Berlin 1994（クリスタ・パウル、イエミン恵子・池永記代美・梶村道子・ノリス恵美・浜田和子訳『ナチズムと強制売春――強制収容所特別棟の女性たち』明石書店、一九九六年）を参照。

(101) Rede Himmlers in Bad Tölz am 18. Februar 1937, *a. a. O.*, S. 98.

(102) SS-Befehl für die gesamte SS und Polizei vom 28. Oktober 1939, in: BA, NS 19/3973.

(103) Kersten, *Totenkopf und Treue*, *a. a. O.*, S. 233.

(104) Rede Himmlers in Dachau am 8. November 1936, *a. a. O.* ヒムラーは他方で、親衛隊員が若い娘を軽率にもてあそび、不幸に陥れてはならないとも説いていた。それは立派な男のすることではないし、民族から将来の妻と母を奪うことになるというのである。Rundschreiben Himmlers an alle Männer

der SS und Polizei vom 6. April 1942, in: BA, R 43 II/1204b.

(105) An alle Männer der SS und Polizei vom 30. Januar 1940, in: BA, NS 19/3973.

(106) Heinrich Himmler, *Die Schutzstaffel als antibolschewistische Kampforganisation*, München 1936, S. 29.

(107) Stellungsnahme Himmlers zu dem Problem „uneheliche Kinder" vom 28. April 1936, in: BA, NS 19/4090.

(108) Detlev Peukert, *Max Webers Diagnose der Moderne*, Göttingen 1989, S. 111（デートレフ・ポイカート、雀部幸隆・小野清美訳『ウェーバー　近代への診断』名古屋大学出版会、一九九四年、二一四頁）.

(109) Picker, *Hitlers Tischgespräche*, *a. a. O.*, S. 331-332. ヒトラーはまた、こうした「血の刷新」に異議を唱えるのも「偽善的な道徳」を奉ずる連中だと批判している。*Ebd.*, S. 409-410.

(110) *Adolf Hitler. Monologe im Führerhauptquartier*, *a. a. O.*, S. 200.

(111) *Statistisches Jahrbuch für das Deutsche Reich*, hrsg. vom Statistischen Reichsamt, Jg. 59 (1941/42), Berlin 1942, S. 66. 出生数そのものは、一九三三年の九七万一一七四人から、三六年の一二七万八五八三人、三九年の一四一万三二三〇人へと増加した。これに対して、私生児の割合は一九三三年の一〇・七パーセントから三九年の七・八パーセントへと、一貫して減少しつづけた。

(112) Gütt an Hitler vom 22. Oktober 1934, in: BA, R 43 II/720a.

(113) Lilienthal, *Der „Lebensborn e.V."*, *a. a. O.*, S. 229.

第四章

（1）Hinkel an von Arent vom 27. Oktober 1938, in: Bundesarchiv Berlin（BA）, BDC RK J0097. このエピソードについては、Peter Jelavich, *Berlin Cabaret*, Cambridge 1993, S. 253 も参照。

（2）*Berliner Illustrierte Zeitung*, 1942, Nr. 36; 1943, Nr. 42 などを参照。

（3）親衛隊機関紙『黒色軍団』が「美しく純粋な」ヌードを擁護していた事実については、すでにハンス・ペーター・ブロイエル、ダグマー・ヘルツォークらの指摘がある。Hans Peter Bleuel, *Das saubere Reich. Die verheimliche Wahrheit. Eros und Sexualität im Dritten Reich*, Bern/München 1972（ハンス・ペーター・ブロイエル、大島かおり訳『ナチ・ドイツ清潔な帝国』人文書院、一九八三年）; Dagmar Herzog, *Die Politisierung der Lust. Sexualität in der deutschen Geschichte des zwanzigsten Jahrhunderts*, München 2005（ダグマー・ヘルツォーク、川越修・田野大輔・荻野美穂訳『セックスとナチズムの記憶——20世紀ドイツにおける性の政治化』岩波書店、二〇一二年）. 両者とも裸体文化運動の影響についてはほとんど考察していないが、『黒色軍団』の記事についてすぐれた分析を行っている。

（4）*Das Schwarze Korps*, 20. Oktober 1938.

（5）*Das Schwarze Korps*, 24. April 1935.

（6）*Das Schwarze Korps*, 16. April 1936.

（7）*Das Schwarze Korps*, 20. Januar 1938.

（8）*Das Schwarze Korps*, 16. April 1936.

（9）*Das Schwarze Korps*, 20. Januar 1938.

（10）*Das Schwarze Korps*, 24. April 1935.

（11）*Das Schwarze Korps*, 25. November 1937.

（12）*Das Schwarze Korps*, 16. April 1936.

（13）ここで留意したいのは、「裸体文化」を指す言葉には「Nacktkultur」と「Freikörperkultur」の二つがあり、前者が裸体の提示を非難する場合など、主として否定的な意味合いでもちいられたのに対し、後者が裸体文化運動の支持者たちによって、みずからの理念や目標を示すため、もっぱら肯定的な意味合いでもちいられたことである。とはいえ、「nackter Körper」や「Nacktheit」といった言葉も裸体の崇高さをあらわすのにもちいられ、使用頻度も高かったことから、「nackt」という形容詞じたいは価値中立的で、必ずしも否定的なニュアンスを含むものではなかったと考えられる。

(14) *Das Schwarze Korps*, 20. Oktober 1938.

(15) *Das Schwarze Korps*, 17. Dezember 1936.

(16) 第三帝国下の裸体文化運動については、とりわけチャド・ロスの研究を参照。Chad Ross, *Naked Germany. Health, Race and the Nation*, Oxford/New York 2005. そのほか、以下の研究も参照。Dietger Pforte, „Zur Freikörperkultur-Bewegung im nationalsozialistischen Deutschland", in: Michael Andritzky/Thomas Rautenberg (Hrsg.), *„Wir sind nackt und nennen uns Du". Von Lichtfreunden und Sonnenkämpfern. Eine Geschichte der Freikörperkultur*, Gießen 1989; Ulrich Linse, „Sonnenmenschen unter der Swastika. Die FKK-Bewegung im Dritten Reich", in: Michael Grisko (Hrsg.), *Freikörperkultur und Lebenswelt. Studien zur Vor- und Frühgeschichte der Freikörperkultur in Deutschland*, Kassel 1999.

(17) Runderlaß des Preußischen Ministers des Innern vom 3. März 1933 II D 31, in: *Ministerialblatt für die Preußische innere Verwaltung*, Nr. 13 vom 8. März 1933.

(18) 警察はたとえば、裸体文化団体が借りた土地の所有者に借用契約を無効にするよう圧力をかけたり、自治体に施設を使わせないよう指示したりすることで、活動の機会を奪った。また裸体文化団体の催しも、参加者の多さが公序良俗を乱すとして禁止された。Abschrift II 1768/28.5.II, in: Staatsarchiv Hamburg (SAH), 136-2 Sportamt 81. プロイセン以外でも、たとえばアンハルトでは、「完全に裸の男女が公の場で自由にうろつき回り、それによって公の怒りを喚起すること」が問題視され、警察当局に裸体文化運動の取り締まりが命じられた。Anhaltisches Staatsministerium an die Kreispolizeibehörden vom 9. Mai 1933, in: SAH, 136-2 Sportamt 81.

(19) Reichssportführer an Reichsminister des Innern vom 22. Februar 1934, in: BA, R 1501/126337. なお、この史料は裸体文化運動の歴史を概説している。それによれば、裸体文化運動はディーフェンバッハ、フィードゥス周辺の芸術的・美的サークルに由来するもので、第一次世界大戦前に青年運動の民族主義的グループによって勃興し、リヒャルト・ウンゲヴィッターによって一九一一年に最初の団体が設立された。大戦後の諸団体も概して民族主義的青年運動から発生したが、その活動が広く知られるようになったのは、一九二〇年代のハンス・ズーレンの著作によってであった。一方、これとほぼ同時期に活動をはじめたアドルフ・コッホは、それまでの団体とは違ってマルクス主義的・共産主義的に運動を展開し、政府、とりわけプロイセン内務省による攻撃を受けたため、「「裸体文化」は純粋にマルクス主義的で非ドイツ的な事柄である」との印象を与えることになった。この間、他のグループは裸体文化帝国連盟の前身を形成したが、平和主義的・自由主義的傾向を強めたため、反対が生じた。その解消後に形成されたのが、ナチ政権の承認を受けることになる「民族主義的裸体文化闘争連合」、後の「肉体訓練同盟」で、それは裸体文化運動初期の民族主義的な性格を濃くしていた。なお、コッホの団体は「民族・国家にとって敵対的」であるとして解体された。

(20) Thüringisches Ministerium des Innern vom 17. Januar 1934, in: SAH, 136-2 Sportamt 81; Reichssportführer an Reichsminister des Innern vom 22. Februar 1934, *a. a. O.*

(21) Bückmann an Heß, Lammers, Frick, Wagner und Darré vom 27. Februar 1934, in: BA, R 1501/126337; Reichssportführer an Reichsminister des Innern vom 22. Februar 1934, *a. a. O.*

(22) Reichsminister des Innern an Reichsführer-SS Persönlicher Stab vom 25. Mai 1939, in: BA, NS 19/1152. この裸体文化映画『自然な肉体教育』は、裸の男女のメンバーの活動を紹介したもので、帝国映画検閲局によって「民族教育的」と判定され、一九三〇年代末にビュックマンの同伴でドイツ各地で上映された。ヒムラーは上映された映画に関心をもち、同じものを送るよう要求している。Ullmann an von Eberstein vom 31. Juli 1939, in: BA, NS 19/1152.

(23) Reichssportführer an Reichsminister des Innern vom 22. Februar 1934, *a. a. O.*

(24) Groß an Reichssportkommissar vom 7. Juni 1934, in: Landesarchiv Berlin, A Pr. Br. Rep. 030-04 Nr. 782.

(25) Bückmann an Heß, Lammers, Frick, Wagner und Darré vom 27. Februar 1934, *a. a. O.*

(26) *Deutsche Freikörperkultur*, Jg. 1934, H. 2, S. 19.

(27) Hermann Wilke, *Dein „Ja“ zum Leibe. Sinn und Gestaltung Deutscher Leibeszucht*, Berlin 1939, S. 132-134. なお、裸体文化運動が性欲をも自然な衝動として肯定していたことは、従来の研究ではほとんど無視されている。たとえばジョージ・モッセは、第三帝国期の裸体文化雑誌が「裸体からそのセクシュアリティをはぎ取ろうとした」と指摘している。George L. Mosse, *Nationalism and Sexuality. Respectability and Abnormal Sexuality in Modern Europe*, New York 1985, S. 171（ジョージ・L・モッセ、佐藤卓己・佐藤八寿子訳『ナショナリズムとセクシュアリティ——市民道徳とナチズム』柏書房、一九九六年、二一一頁）.

(28) Kurt Reichert, *Von Leibeszucht und Leibesschönheit*, Berlin 1940, S. 10, S. 15-16. 裸体文化を擁護する著者は、衣服を着ることによってむしろ「性生活が過度に強調され、刺激される」と述べている。衣服は文明の見せかけの価値を表現するものだというのである。

(29) Reichsminister des Innern an Reichsführer-SS Persönlicher Stab vom 25. Mai 1939, *a. a. O.*

(30) „Deutsche Gymnastik“, in: *N. S. Landpost*, Nr. 40 vom 8. Oktober 1937. この点についてズーレンはまた、「結核に対する日光の効果はとくに驚異的で、病気治療の手段として体操が取り入れられた」と述べている。なお、第三帝国期に人種主義的傾向を強めた彼は、一九二〇年代に広く読まれた著書『人間と太陽』の改訂版を出版している。Hans Surén, *Mensch und Sonne. Arisch-olympischer Geist*, Berlin 1936.

(31) „Dr. Gerhard Wagners Wollen“, in: *Ziel und Weg*, Nr. 16 vom 15. August 1938.

(32) „Gesund durch Licht, Luft und Wasser“, in: *Der Mitteldeutsche*, Nr. 50 vom 20. Februar 1937; „Zehn Gebote gesunder Lebensführung“, in: *N. S. K.*, Nr. 114 vom 13. August 1939.

(33) Reichsführer-SS Persönlicher Stab an den Bund für Leibeszucht vom 15. Mai 1939, in: BA, NS 19/1152.

(34) Zellmann an Richter vom 18. September 1937; Richter an den Bund für Leibeszucht vom 13.

Dezember 1937, in: SAH, 136-2 Sportamt 81. 肉体訓練同盟の活動に関するある報告は、裸体文化運動はけっして万人が行う活動ではないため、既存の団体をさしあたり認めるにしても、さらなる普及には慎重であるべきだと指摘している。Zellmann an Sieg vom 12. Oktober 1937, in: SAH, 136-2 Sportamt 81.

（35） Eiffe an das Büro Richters vom 4. März 1938, in: SAH, 136-2 Sportamt 81. この報告は、裸体文化が再び大規模に実践されるようになると、国家に敵対的なグループが形成されるとの疑念が払拭されていなかったことを明らかにしている。もっとも、一九三九年頃にはヒムラーやハイドリヒの態度に軟化の徴候が見られるようになった。一九三九年五月、ハイドリヒはダレーに対して、「裸体文化に対する自然で民衆的な態度にもとづいて、この問題を扱うことにつとめるつもりである」と約束している。Pforte, „Zur Freikörperkultur-Bewegung“, *a. a. O.*, S. 141.

（36） Polizeiverordnung zur Regelung des Badewesens vom 10. Juli 1942, in: Reichsgesetzblatt, I 1942, S. 461.

（37） Surén, *Mensch und Sonne*, *a. a. O.*; *Das Schwarze Korps*, 17. Dezember 1936; *Völkischer Beobachter*, 17. Dezember 1936; *Geist und Schönheit*, Folge 1, 1939; Wilke, *Dein „Ja“ zum Leibe*, *a. a. O.*; Wilm Burghardt, *Sieg der Körperfreude*, Dresden 1940; Reichert, *Von Leibeszucht und Leibesschönheit*, *a. a. O.* 肉体訓練同盟の機関誌については、Pforte, „Zur Freikörperkultur-Bewegung“, *a. a. O.*, S. 141 を参照。

（38） Adolf Sellmann, *50 Jahre Kampf für Volkssittlichkeit und Volkskraft*, Schwelm 1935, S. 109.

（39） Reichsschrifttumskammer an das Reichsministerium für Volksaufklärung und Propaganda vom 9. September 1940; 25. Oktober 1940; 11. Dezember 1940, in: BA, R 56 V/827.

（40） *Kriminalität und Gefährdung der Jugend. Lagebericht bis zum Stande vom 1. Januar 1941*, hrsg. vom Jugendführer des Deutschen Reichs, Berlin 1941, S. 204-206. 報告にも注記されている通り、この指摘は戦時青年保護作業委員会のジーヴァーツ教授の報告にもとづくものである。「最近、再び非常

に増大している裸体文化雑誌、ヌード作品など。それらは残念ながら駅のキオスクにも陳列されている。私見によれば、ここでは種にふさわしい北方的生活や北方的生活理想を支持したり、アマチュア写真家のための指示を与えたりすることを隠れ蓑にして、もっぱら性欲の刺激を目的とした写真や文章が出版されている」。Arbeitsgemeinschaft zum Schutze der Jugend im Kriege 111-26.49, in: SAH, 351-10I Sozialbehörde I VT 38.10.

(41) Oberpräsident der Rheinprovinz vom 10. Mai 1940, in: SAH, 351-10I Sozialbehörde I VT 38.10. この報告によれば、ハンブルクの青年当局やミュンヘンの市長からも、裸体文化雑誌の販売に苦情の声が上がっていたという。報告はまた、匿名の公衆向けの雑誌販売スタンドによって、若者グループ内での普及が強く促進されていると指摘している。

(42) Bückmann an die Reichsschrifttumskammer vom 22. August 1940; 4. September 1940, in: BA, R 56 V/827.

(43) *Enthüllte Schönheit. 15 Lichtbild-Kunstblätter*, Stuttgart o. J. この写真集は、肉体訓練同盟のカラー写真集『肉体の美』などとともに、センセーションを巻き起こした。*Schönheit des Leibes. 12 Kunstfarbblätter aus dem Leben des Bundes für Leibeszucht*, Berlin o. J. また、Reichert, *Von Leibeszucht und Leibesschönheit, a. a. O.* の序文も参照。

(44) Othmar Helwich, *Der Freilicht-Akt. Neue Wege der Lichtbildkunst*, Wien 1940, S. 20, S. 50. 著者はまた、「純真な裸体への自然な感情を誰もがもっているなら、裸の石像に服を着せたり、襠《まち》政令を出したりするよりも、道徳と風紀にとっていいことではないか」と問いかけている。なお、ここで言及されている「襠政令」とは水着に襠を入れるよう規定した政令で、一九三二年にプロイセン内務省が発令したものである。

(45) Helwich, *Der Freilicht-Akt, a. a. O.*, S. 18, S. 21. 著者によれば、バストの形が悪い場合には前屈みの姿勢をとるなどして、撮影の際にそうした欠点を目立たなくすることが可能であった。同書はまたモデルとの「有益な協力」の必要性を説いているが、この点は別の写真入門書でも強調されていた。

(46) Walter Thiele, *Aktfotos. Die jeder kann*, Halle (Saale) 1940, S. 7. これによると、モデルの協力を通じて「体を完全に知ること」、「モデルの体を最も繊細な神経繊維まで感じ取ること」が必要であった。親衛隊保安部の報告は、大ドイツ芸術展に出展された裸体画に対して、年々批判の声が高まっていることを指摘している。「多くの絵画は、裸体の美しさよりも「むき出しのもの」、「もっぱらエロティックなもの」という印象を与えており、しばしば芸術的な体験とはほど遠いものしかもたらしていない」。これらの絵画を印刷した絵葉書が出回っていることも、「健全な考えをもった上品ぶっていない住民層」の批判を呼び起こしていた。「とくに厳しい批判の声が向けられたのは、裸体画を元にした数多くの複製、とりわけ展覧会にひきつづき書店や美術品店で展示された絵葉書である」。*Meldungen aus dem Reich. Die geheimen Lageberichte des Sicherheitsdienstes der SS 1938-1945*, hrsg. von Heinz Boberach, Herrsching 1984, Bd. 12, S. 4445.

(47) Albert Zoller, *Hitler privat*, Düsseldorf 1949, S. 52.

(48) Henry Picker, *Hitlers Tischgespräche im Führerhauptquartier*, Berlin 1993, S. 332.

(49) Georg Schorer, *Deutsche Kunstbetrachtung*, München 1939, S. 172.

(50) *Das Schwarze Korps*, 24. April 1935.

(51) Picker, *Hitlers Tischgespräche, a. a. O.*, S. 108, S. 332-333.

(52) Berthold Hinz, *Die Malerei im deutschen Faschismus. Kunst und Konterrevolution*, München 1974, S. 87.

(53) Fritz Alexander Kauffmann, *Die neue deutsche Malerei*, Berlin 1941, S. 45.

(54) Werner Rittich, *Deutsche Kunst der Gegenwart*, Bd. 2, Breslau 1943, S. 14-15.

(55) *Das Schwarze Korps*, 25. November 1937. これと同様に、画家のヴォルフガング・ヴィルリヒもまた、次のように主張していた。「このような貴族へのドイツ民族の憧憬を喚起し、その美と崇高さを、信じがたい神々の特権としてではなく、人間の可能性として、人種改良の模範として明確に提示し、徹底的にたたき込むこと、これこそが芸術の高貴な使命である」。Wolfgang Willrich, *Säuberung des Kunsttempels. Eine kunstpolitische Kampfschrift zur Gesundung deutscher Kunst im Geiste nordischer Art*, München/Berlin 1937, S. 145.

(56) Rittich, *Deutsche Kunst der Gegenwart*, *a. a. O.*, S. 14.

(57) Kauffmann, *Die neue deutsche Malerei*, *a. a. O.*, S. 45.

(58) Rede Goebbels' vor dem Reichsverband der deutschen Presse am 18. November 1934, in: *Goebbels-Reden 1932-1945*, hrsg. von Helmut Heiber, Bd. 1, Düsseldorf 1971, S. 193. ゲッベルスはまた、検閲を受けたいくつかの映画の内容が羞恥心を害しているという批判に反論して、「われわれはフランシスコ修道院で暮らしているわけではない。健全な時代はデリケートな問題に対しても健全な態度をとるものだ」と主張していた。*Berliner Tageblatt*, 27. November 1936.

(59) *Die Tagebücher von Joseph Goebbels*, hrsg. von Elke Fröhlich, Teil I Aufzeichnungen 1923-1941, Bd. 7, München 1998, S. 361.

(60) *Wollt Ihr den totalen Krieg? Die geheimen Goebbels-Konferenzen 1939-1943*, hrsg. von Willi Boelcke, Stuttgart 1967, S. 302.

(61) *Wollt Ihr den totalen Krieg?*, *a. a. O.*, S. 308.

(62) もちろん、ナチ党はヴァイマル期のキャバレーとレヴューを「ユダヤ的」な退廃と倒錯のあらわれとして非難していた。レヴューに見られる「現実の性愛化」は、「ユダヤ的精神の表現」だというのである。*Die Juden in Deutschland*, hrsg. vom Institut zum Studium der Judenfrage, 4. Aufl., München 1936, S. 329.

(63) Picker, *Hitlers Tischgespräche*, *a. a. O.*, S. 196-197. ヒラー・ガールズの「軍隊式」のマーチは、ヒトラーやゲッベルスの前でも上演された。もっとも、戦争がはじまると、この演目は軍隊を瑣末化するものとして批判され、上演が禁止された。Duisberg an das Reichsministerium für Volksaufklärung und Propaganda, in: BA, R 55/20474; Rundschreiben des Präsidenten der Reichstheaterkammer

vom 2. Juli 1940, in: BA, R 55/20472a.

(64) Ernst Kammerer, *Alltag bis Zwetschgendatschi. Ein kleines Lexikon von A bis Z*, Frankfurt am Main 1939, S. 83.

(65) Bericht über die Revue „Magazin der Liebe“ vom 2. Juli 1939, in: BA, R 55/20472; Kleinschmidt an Hanke vom 5. Juni 1939, in: BA, R 55/20474.

(66) *Die Tagebücher von Joseph Goebbels*, Teil I, Bd. 4, München 2000, S. 199.

(67) *Illustrierter Film-Kurier*, Nr. 2564 – Truxa（1936）. これは劇中でハンス・ゼーンカーが歌ったタンゴの曲である。

(68) *Berliner Illustrierte Zeitung*, 1941, Nr. 36.

(69) *Berliner Illustrierte Zeitung*, 1943, Nr. 14. この記事では、映画『サーカス・レンツ』の曲芸師の女性が、着替えをのぞいたパートナーの男性を水で追い払う様子が紹介されていた。「「窓に誰かがいる！」バシャッ！　男の顔に水がかけられる。きれいな若い女性の着替えをのぞくとこうなるのよ！　だが女性はからかい半分である」。別の記事でも、映画『前線劇場』の女優二人が、入浴中に浴室に入ってきた兵士二人を追い払う場面が紹介されていた。*Ebd.*, 1942, Nr. 7.

(70) *Kriminalität und Gefährdung der Jugend, a. a. O.*, S. 206-208.

(71) Reichenbach an die Reichskulturkammer vom 24. Juni 1939, in: BA, R 55/20472. 別の党員も、劇場やヴァリエテの舞台に「不十分にしか服を着ていないか、まったく服を着ていない」ダンサーが多いことを指摘し、こういう破廉恥なダンサーの出演を許すのは「まったく不名誉」なことであり、宣伝省がこの問題に介入しないのは理解できないと抗議している。Hanke an das Reichsministerium für Volksaufklärung und Propaganda vom 31. März 1939, in: BA, R 55/20472.

(72) *Meldungen aus dem Reich*, Bd. 3, S. 712; Bd. 4, S. 977-978.

(73) *Das Schwarze Korps*, 25. November 1937.

(74) *NS-Frauenwarte*, H. 17, 7. Jg.（1939）, 2. Februarheft.

(75) Curt Rosten, *Das ABC des Nationalsozialismus*, Berlin 1933, S. 199. ナチズムの女性像については、Bleuel, *Das saubere Reich, a. a. O.*, S. 102-112（邦訳、八九—九七頁）も参照。

(76) Kurt Engelbrecht, *Deutsche Kunst im totalen Staat*, Lahr in Baden 1933, S. 129-130.

(77) Ellen Semmelroth/Renate von Stieda, *N. S. Frauenbuch*, München 1934, S. 231.

(78) *Das Schwarze Korps*, 20. Juli 1939.『黒色軍団』はまた、経済的な理由を挙げることも忘れなかった。美しさは投機の対象ではないのであって、女性の不安を煽って高価な化粧品を買わせるのは無駄な浪費につながるだけだというのである。「ナチズムの女性教育はもっと安い美容手段をもっている。すなわち、理性的で単純な生活方法へのエネルギーである」。*Ebd.*, 5. Dezember 1935.

(79) *Das Schwarze Korps*, 12. März 1936.

(80) ドイツ女子青年団については、とくにマルティン・クラウスの研究を参照。Martin Klaus, *Mädchen im 3. Reich. Der Bund Deutscher Mädel*, Köln 1998.

(81) *Glaube und Schönheit. Ein Bildbuch von den 17-21 jährigen Mädeln*, hrsg. von Clementine zu Castell, München o. J., S. 38.

(82) *Frankfurter Zeitung*, 1. Juni 1937.

(83) Rede Himmlers vor Hitler-Jugend-Führern auf dem Brocken im Harz am 22. Mai 1936, in: BA, NS 19/4003.

(84) Charles Schüddekopf (Hrsg.), *Der alltägliche Faschismus. Frauen im Dritten Reich*, Berlin/Bonn 1982, S. 72（カール・シュッデコプフ編、香川檀・秦由紀子・石井栄子訳『ナチズム下の女たち——第三帝国の日常生活』未來社、一九八七年、一〇九頁）.

(85) Wilfred von Oven, *Mit Goebbels bis zum Ende*, Buenos Aires 1949, Bd. 1, S. 41.

(86) Rede Himmlers vor den SS-Gruppenführern in Bad Tölz am 18. Februar 1937, in: *Heinrich Himmler. Geheimreden 1933 bis 1945 und andere Ansprachen*, hrsg. von Bradley F. Smith und Agnes F. Peterson, Frankfurt am Main 1974, S. 103.

(87) Felix Kersten, *Totenkopf und Treue. Heinrich Himmler ohne Uniform*, Hamburg 1952, S. 94-95.
(88) *Das Schwarze Korps*, 12. März 1936.
(89) Hildegard von Kotze/Helmut Krausnick (Hrsg.), „*Es spricht der Führer*". *7 exemplarische Hitler-Reden*, Gütersloh 1966, S. 164.
(90) *Glaube und Schönheit*, *a. a. O.*, S. 78.
(91) Matthias Laros, *Die Beziehungen der Geschlechter*, Köln 1936, S. 166-167.
(92) *Das Deutsche Mädel*, Jg. 1938, Juniheft.
(93) *Das Deutsche Mädel*, Jg. 1937, Märzheft.
(94) *Mädel im Dienst. Ein Handbuch*, hrsg. von der Reichsjugendführung, Potsdam 1934, S. 13.
(95) *Wollt Ihr den totalen Krieg?*, *a. a. O.*, S. 236.
(96) *Die Tagebücher von Joseph Goebbels*, Teil II Diktate 1941-1945, Bd. 8, München 1993, S. 262-263.
(97) *Wollt Ihr den totalen Krieg?*, *a. a. O.*, S. 347; *Meldungen aus dem Reich*, Bd. 13, S. 4870.
(98) Gretel Wagner, „Das Deutsche Mode-Institut 1933-1941", in: *Waffen- und Kostümkunde*, 39 (1997) 1/2, S. 84-85. このインタビューについては、*Vossische Zeitung*, 6. Juli 1933 も参照。
(99) *Deutsche Allgemeine Zeitung*, 21. Juli 1939.
(100) *Das Schwarze Korps*, 20. Juli 1939. ライの狙いについては、一九四一年一〇月の覚え書きを参照。彼はとくにモードの経済的価値を強調する一方、この領域での「混乱した状況」を克服する必要を説いていた。 Aufzeichnung über die heutige Besprechung bei Dr. Ley betr. Modefragen vom 9. Oktober 1941, in: BA, R 55/622.
(101) 第三帝国下の女性ファッションについては、とくにアイリーン・ギュンターの研究を参照。Irene Guenther, *Nazi Chic? Fashioning Women in the Third Reich*, Oxford/New York 2004. また、Hans Dieter Schäfer, *Das gespaltene Bewußtsein. Deutsche Kultur und Lebenswirklichkeit 1933-1945*, München 1981 も参照。

(102) *NS-Frauenwarte*, H. 21, 8. Jg. (1940), 1. Maiheft. 男性の視線を釘付けにするセクシーなスリットスカートも人気だった。ある作家はその魅力をこう表現している。「ずいぶん前から周囲でスリットスカートを見かける。だが下に向かってスリットの入った女性のスカートが男性にどんな危険をもたらすかについては、これまで誰も語ろうとはしなかった。それは単に、スリットスカートからのぞくむき出しの脚をじかに見ると、男性は言葉を失うからにすぎない」。Kammerer, *Alltag bis Zwetschgendatschi, a. a. O.*, S. 234.

(103) *Filmwoche*, 1939, Nr. 6.

(104) *Sei schön und gepflegt*, Leipzig 1938, S. 2.

(105) Elfride Scheel/Oda Lange, *Kosmetik ohne Geheimnis. Ein Nachschlagwerk der modernen Schönheitspflege mit Rezepten und Abbildungen*, Berlin 1939, S. 105, S. 113. 多くの雑誌でも、自然な美しさを引き立たせる「控えめなメーキャップ」が推奨されていた。*Sport im Bild*, 1933, Nr. 8.

(106) *Berliner Illustrierte Zeitung*, 1935, Nr. 48.

(107) *Die Dame*, 1939, Heft 4.

(108) *Filmwoche*, 1939, Nr. 6. 帝国経済大臣の出したパーマ禁止令も、女性の不興を買ったために撤回された。「パーマをかけることは、帝国全土で統一的に許可される」。*Wollt Ihr den totalen Krieg?, a. a. O.*, S. 347.

(109) Scheel/Lange, *Kosmetik ohne Geheimnis, a. a. O.*, S. 7, S. 15.

(110) *Berliner Illustrierte Zeitung*, 1936, Nr. 24; 1937, Nr. 45; *NS-Frauenwarte*, H. 25, 7. Jg. (1939), 1. Juniheft. 一年中いつでも太陽を浴びたい人向けに、日焼け用ライト「ハーナウ太陽灯」も販売された。*Koralle*, 1936, Nr. 45.

(111) *Die Dame*, 1939, Heft 10.

(112) *Die neue Linie*, März 1937. ある手引書は、女性のバストが「エロティックで美的な要素」であることを認め、「適度にふっくらとして張りのある」ものが理想的だと述べるとともに、その「健康な美しさ」を無分別や怠惰によって破壊してはならないと説いていた。Scheel/Lange, *Kosmetik ohne Geheimnis, a. a. O.*, S. 192.

(113) *Die neue Linie*, Juni 1936.

(114) *Der Silberspiegel*, 4. Jg. (1938), Nr. 15.

(115) *Koralle*, 1936, Nr. 16; 1936, Nr. 43; *Das Magazin*, 1938, Nr. 165.

(116) *Koralle*, 1936, Nr. 48. いくつかの新聞や雑誌がハリウッドの「妖婦」を非難するキャンペーンを展開したが、その「非ドイツ的」な魅力を抑圧することはできなかった。Schäfer, *Das gespaltene Bewußtsein, a. a. O.*, S. 130-131.

(117) ある論説は次のように述べて、様々な女性像の対立や矛盾を止揚しようと試みていた。「明日のドイツの女性は家事だけをこなす主婦でも、熱心な女権運動家でもなく、成長したおてんば娘でも、戦後にあらわれた性別の曖昧な存在でもない。彼女がどれほど根本的に変化したかは、断髪かお下げ髪か、化粧をしているか男性風の髪型か、タバコを吸うかローヒールをはいているか、ダンスが好きかスポーツをするかといったことがきわめて副次的な問題になったことからも明らかである。……今日では一方が他方と調和しているが、それは同じ運命を共有する大いなる全体が唯一の義務となっており、その前ではほかのあらゆることが個人的な生活様式や趣味の問題となるからにほかならない」。*Die Tat*, 30. Jg., Heft 2, Mai 1938.

(118) ヘルツォークは、このような矛盾した姿勢がナチズムの「性－政治」に特徴的だったと指摘している。Herzog, *Die Politisierung der Lust, a. a. O.*, S. 50（邦訳、三一頁）.

(119) *Das Schwarze Korps*, 24. April 1935; *NS-Frauenwarte*, H. 17, 7. Jg. (1939), 2. Februarheft.

(120) Bleuel, *Das saubere Reich, a. a. O.*, S. 13-14（邦訳、一一頁）.

(121) Schaeffers an Hinkel vom 4. November 1938, in: BA, BDC RK J0097.

(122) ゲッベルスは一九三九年二月の論説で、自分は「政治的ジョーク」の問題に関してこれまで「寛容」だったが、それにも「限度」があって、ナチズムの理想が嘲笑されるのを許すわけにはいかないと主張した。*Völkischer Beobachter*, 4. Februar 1939. 何人かの喜劇俳優が帝国文化院から除名されるなど、その後はジョークに対する締めつけが厳しくなった。ナチ政権下で実際に政治的ジョークが黙認されていたことについては、亡命社会民主党の『ドイツ通信』の指摘も参照。*Deutschland-Berichte der sozialdemokratischen Partei Deutschland (SOPADE) 1934-1940*, hrsg. von Klaus Behnken, Frankfurt am Main 1980, Bd. 5, S. 143.

第五章

（1）*Kriminalität und Gefährdung der Jugend. Lagebericht bis zum Stande vom 1. Januar 1941*, hrsg. vom Jugendführer des Deutschen Reichs, Berlin 1941, S. 165.

（2）*Meldungen aus dem Reich. Die geheimen Lageberichte des Sicherheitsdienstes der SS 1938-1945*, hrsg. von Heinz Boberach, Herrsching 1984, Bd. 15, S. 6142.

（3）Ferdinand Hoffmann, *Sittliche Entartung und Geburtenschwund*, 8. Aufl., München 1941, S. 29-30, S. 42.

（4）Martin Staemmler, *Rassenpflege im völkischen Staat*, München 1933, S. 61.

（5）*Der Angriff*, 25. November 1936.

（6）ナチ政権下でゆきずりの関係が広範に許容されていたことは、ある作家の次のような記述が物語っている。「少女が釣れるのはめずらしいことではない。若い男たちは時流に乗って釣り糸を垂れ、魚がかかるのを待つ。餌になるのは、大学出の一流企業人や年金資格のある役人といった誘い文句である。俳優をしていたり、車をもっていたりすることも餌になるが、ただしその場合は、餌を頻繁に取り替える必要が出てくる。……何度か路上で少女を釣ると、ベルリンっ娘がよく釣れることに気づくだろう」。Ernst Kammerer, *Alltag bis Zwetschgendatschi. Ein kleines Lexikon von A bis Z*, Frankfurt am Main 1939, S. 191-193.

（7）Hoffmann, *Sittliche Entartung, a. a. O.*, S. 49-51.

（8）*Das Schwarze Korps*, 3. Februar 1938. ただし、同紙は何度か恋人募集広告を嘲笑する記事も掲載していた。*Das Schwarze Korps*, 10. Juli 1935; 3. Oktober 1935.

（9）Heydrich an die Leiter der Kriminalpolizeistellen und der Staatlichen Kriminalabteilungen vom 27. März 1941, in: Bundesarchiv Berlin (BA), NS 6/518.

（10）*Das Schwarze Korps*, 16. März 1939.

（11）第三帝国下のカーニヴァルについては、Carl Dietmar/Marcus Leifeld, *Alaaf und Heil Hitler. Karneval im Dritten Reich*, München 2010 を参照。あるファッションデザイナーはカーニヴァルの意義をこう説明している。「カーニヴァル？ そこでは願望が現実となる。幾晩かにわたって空想が支配し、普段は市民生活が禁じていることを、誰もが実現しようとつとめる」。*Die neue Linie*, Februar 1939.

（12）*Faschingsfieber. Ein lustiges Bilderbuch für den Münchner Fasching 1938*, hrsg. vom Verein Münchner Fasching e. V., München 1938, S. 59.

（13）「アマゾン女の夜」の催しについては、*München – Hauptstadt der Bewegung. Bayerns Metropole und der Nationalsozialismus*, München 1993, S. 346-348 を参照。

（14）Hans Peter Bleuel, *Das saubere Reich. Die verheimliche Wahrheit. Eros und Sexualität im Dritten Reich*, Bern/München 1972, S. 125（ハンス・ペーター・ブロイエル、大島かおり訳『ナチ・ドイツ清潔な帝国』人文書院、一九八三年、一〇八頁）.

（15）*Der Angriff*, 21. Januar 1937.

（16）Joseph Goebbels, *Wetterleuchten. Aufsätze aus der Kampfzeit*, München 1939, S. 384-385.

（17）*Deutschland-Berichte der sozialdemokratischen Partei Deutschland (SOPADE) 1934-1940*, hrsg. von Klaus Behnken, Frankfurt am Main 1980, Bd. 4, S. 300.

（18）*Kriegspropaganda 1939-1941. Geheime Ministerkonferenzen im Reichspropagandaministerium*, hrsg. von Willi Boelcke, Stuttgart 1966, S. 308.

（19）*Deutschland-Berichte*, Bd. 6, S. 478-479.

(20) *Deutschland-Berichte*, Bd. 3, S. 882. また、ナチ党の大管区指導者のために催行された歓喜力行団の船旅において、秘密国家警察が参加者のなかに二人の売春婦を見つけたという事例もあった。Timothy W. Mason, *Sozialpolitik im Dritten Reich. Arbeiterklasse und Volksgemeinschaft*, Opladen 1977, S. 185.

(21) Hans Dieter Schäfer, *Das gespaltene Bewußtsein. Deutsche Kultur und Lebenswirklichkeit 1933-1945*, München 1981, S. 135.

(22) *Deutschland-Berichte*, Bd. 4, S. 462.

(23) Hoffmann, *Sittliche Entartung, a. a. O.*, S. 61.

(24) 第三帝国下の男女関係に対する保守派の批判については、とくにダグマー・ヘルツォークの研究を参照。Dagmar Herzog, *Die Politisierung der Lust. Sexualität in der deutschen Geschichte des zwanzigsten Jahrhunderts*, München 2005 (ダグマー・ヘルツォーク、川越修・田野大輔・荻野美穂訳『セックスとナチズムの記憶——20世紀ドイツにおける性の政治化』岩波書店、二〇一二年).

(25) Hoffmann, *Sittliche Entartung, a. a. O.*, S. 23-24, S. 28-29, S. 31, S. 37.

(26) Staemmler, *Rassenpflege, a. a. O.*, S. 57.

(27) Helmut Stellrecht, *Neue Erziehung*, Berlin 1943, S. 124-125.

(28) Johannes Ehwalt, *Eheleben und Ehescheidung in unserer Zeit*, Berlin 1936, S. 16. この法学者はまた、「自分の体に対する権利」という若い女性の考えは、売春とさほど変わらないと批判している。*Ebd.*, S. 29.

(29) Hoffmann, *Sittliche Entartung, a. a. O.*, S. 43.

(30) Renate Schmid, „Zum Problem der geschlechtlichen Erziehung. Betrachtungen einer Mutter“, in: *Zeitwende*, Jg. 13 (1936-37), S. 40.

(31) Matthias Laros, *Die Beziehungen der Geschlechter*, Köln 1936, S. 15, S. 20, S. 24, S. 70, S. 166-167.

(32) Hoffmann, *Sittliche Entartung, a. a. O.*, S. 32; Schmid, „Zum Problem“, *a. a. O.*, S. 45; Stellrecht,

(33) *Neue Erziehung, a. a. O.*, S. 127.

(34) *Das Schwarze Korps*, 20. Oktober 1938.

(35) *Das Schwarze Korps*, 1. April 1937. これと同様に、保守派の論客ヴィルヘルム・シュターペルがナチ党公認の女性のヌード画を「裸体文化のプロパガンダ」であると非難したときも、『黒色軍団』はこれにすぐさま応酬して、彼を「堕落した好色家」と決めつけた。*Ebd.*, 24. April 1935.

(36) Hoffmann, *Sittliche Entartung, a. a. O.*, S. 14.

(37) Dr. Wollenweber, „Das Gesundheitswesen im Kampfe gegen den Geburtenschwund“, in: *Der öffentliche Gesundheitsdienst*, Jg. 5 (1939-40), S. 447, S. 451-452. ただし、この医師は若者の婚前交渉を容認していた。「人口政策的観点からすれば、都会であれ田舎であれ、青年が若々しい愛の衝動に駆られて少女を腕に抱き、彼女と性交したとしても、それを悲劇と見なすことはできない」。*Ebd.*, S. 452.

(38) Staemmler, *Rassenpflege, a. a. O.*, S. 60.

(39) Gesetz zur Abänderung strafrechtlicher Vorschriften vom 26. Mai 1933, in: Reichsgesetzblatt (RGBl), I 1933, S. 296; Adolf Sellmann, *50 Jahre Kampf für Volkssittlichkeit und Volkskraft*, Schwelm 1935, S. 109.

(40) Entwurf eines Gesetzes gegen Mißstände im Gesundheitswesen vom 3. Juli 1934, in: *Akten der Reichskanzlei. Regierung Hitler 1933-1938*, Teil I, Bd. 2, bearb. von Karl-Heinz Minuth, Boppard am Rhein 1983, S. 1360.

(41) Niederschrift über die Sitzung der Arbeitsgemeinschaften II und III des Sachverständigenbeirats für Rassen- und Bevölkerungspolitik am 3. August 1933, in: BA, R 43 II/720a. 人種・人口政策諮問委員会は、避妊具の禁止をもとめるヒトラーの意向に応じるためにこの問題への対応を協議したが、性病を予防する必要を訴える委員と避妊具の普及による悪影響を懸念する委員との間で意見が対立し、最終的に性病防止に適した唯一の手段をコンドームのみとする結論でまとまった。他のすべての手段は医学的見地からすると健康上の危険があり、男性の精子に害を及ぼすものとされた。委員会ではまた、一九二七年の性病撲滅法が人口政策的な観点を顧慮せず、避妊具の普及を促進した点についても議論された。コンドームの販売を薬局に限定するという提案に対しては、帝国医師指導者ゲアハルト・ヴァーグナーが反対を表明したため、ドラッグストアでも販売が認められることになった。ドイツ性病撲滅協会会長のボド・シュピートホフらの委員は、コンドームの長所と短所の線引きの難しさに言及し、むしろ倫理的教化を通じてこの避妊具の普及を防ぐことを提案した。

(41) Wollenweber, „Das Gesundheitswesen", *a. a. O.*, S. 451-452; Wege an Himmler vom 17. Dezember 1944, in: BA, NS 19/702.

(42) Polizeiverordnung über Verfahren, Mittel und Gegenstände zur Unterbrechung und Verhütung von Schwangerschaften vom 21. Januar 1941, in: RGBl, I 1941, S. 63-64.

(43) Adolf Hitler, *Mein Kampf*, 47. Aufl., München 1939, S. 269-279（アドルフ・ヒトラー、平野一郎・将積茂訳『わが闘争』角川書店、一九七三年、上、三五〇―三六三頁）.

(44) 第三帝国下の売春規制の問題については、とくにアネッテ・ティムの研究を参照。Annette F. Timm, "Sex with a Purpose. Prostitution, Venereal Disease, and Militarized Masculinity in the Third Reich", in: Dagmar Herzog (ed.), *Sexuality and German Fascism*, New York 2005.

(45) Runderlaß des Preußischen Ministers des Innern vom 22. Februar 1933, in: *Ministerialblatt für die innere Verwaltung*, 1933, S. 227-230; Runderlaß des Preußischen Ministers des Innern vom 23. Februar 1933, in: *Ministerialblatt für die innere Verwaltung*, 1933, S. 187-189; Gesetz zur Abänderung strafrechtlicher Vorschriften vom 26. Mai 1933, *a. a. O.*, S. 295-298.

(46) Gisela Bock, *Zwangssterilisation im Nationalsozialismus. Studien zur Rassenpolitik und Frauenpolitik*, Opladen 1986, S. 417-418.

(47) *Hamburger Fremdenblatt*, 8. September 1933.

(48) Verordnung des Reichspräsidenten zum Schutz von Volk und Staat vom 28. Februar 1933 in:

RGBl, I 1933, S. 83.

（49）Sellmann, *50 Jahre Kampf, a. a. O.*, S. 107. ゼルマンの説明によれば、ナチ政権の施策は「民族を遺伝病の害悪から保護し、退廃を防止し、優生を促進する」ことをめざしており、いずれも「ナチズムの世界観から生み出された一つの統一的な全体をなすもの」であった。*Ebd.*, S. 114.

（50）„Die DGBG. im neuen Staat“, in: *Mitteilungen der Deutschen Gesellschaft zur Bekämpfung der Geschlechtskrankheiten*, November/Dezember 1933, Nr. 11/12. シュピートホフは、「家族のために、民族と国家のために闘おうとする者は、性病とも闘わねばならない」と述べている。Johannes Berger, *Die Geschlechtskrankheiten und ihre Gefahren für das Volk*, Berlin 1937, S. 19-27 も参照。ドイツ性病撲滅協会は、帝国内務省民族保健局の所管である帝国民族保健業務委員会に組み入れられ、保守的な性道徳にもとづく性病対策を推進した。この点を含めて、ナチ体制下の保健衛生政策の展開をあとづけた研究として、川越修『社会国家の生成――20世紀社会とナチズム』岩波書店、二〇〇四年を参照。

（51）G. Müller, „Zur Kasernierung der Dirnen in Essen“, in: *Die Polizei*, Jg. 30 (1933), Nr. 19, S. 440-443.

（52）Betrifft: vorläufige Regelung der Prostitutionsfrage vom 7. November 1934, in: Staatsarchiv Hamburg (SAH), 351-10I Sozialbehörde I EF 70.15 Bd. I. 各都市の売春規制の状況については、Wolfgang Ayaß, *„Asoziale“ im Nationalsozialismus*, Stuttgart 1995, S. 186-187 も参照。

（53）Entwurf der für die Neuregelung der Prostitutionsfrage, insbesondere der Wohnungsfrage der Prostitution, herauszugebenden Richtlinien vom 30. September 1933, in: SAH, 351-10I Sozialbehörde I EF 70.15 Bd. I.

（54）ナチ政権下のレーパーバーンの状況については、Ronald Gutberlet, *Die Reeperbahn. Mädchen, Macker und Moneten*, Hamburg 2000, S. 28-31 を参照。

（55）Bodo Spiethoff, „Zur Regelung der Prostitutionsfrage“ vom 29. Januar 1934, in: BA, R 36/1323. シュ

ピートホフの見解に対する好意的な論評として、*Soziale Praxis*, Jg. 44 (1935), Heft 25 も参照。なお、一九三三年秋にプロイセン司法大臣が管理売春の合法化を提案した際にも、教会系福祉団体はこれに抗議した。Hermann Wagner, „Kirche und Staat", in: *Christliche Volkswacht*, November/Dezember 1933, S. 163-168.

(56) Abschrift vom 3. September 1934, in: SAH, 351-10I Sozialbehörde I EF 70.15 Bd. I.

(57) *Westdeutscher Beobachter*, 21. März 1935. 一九三五年の段階での各都市の状況については、Rohne, „Dirne und polizeiliche Praxis", in: *Reichsverwaltungsblatt*, Nr. 56 (1935), S. 769-772 を参照。

(58) Erlaß des Reichsministeriums des Innern an die Landesregierungen vom 12. Juli 1934, in: SAH, 351-10I Sozialbehörde I EF 70.15 Bd. I.

(59) Betrifft: vorläufige Regelung der Prostitutionsfrage vom 7. November 1934, *a. a. O.*

(60) Rede Himmlers vor den SS-Gruppenführern in Bad Tölz am 18. Februar 1937, in: *Heinrich Himmler. Geheimreden 1933 bis 1945 und andere Ansprachen*, hrsg. von Bradley F. Smith und Agnes F. Peterson, Frankfurt am Main 1974, S. 98.

(61) この関連では、エッセンの売春取り締まりを擁護した論説が、市民的価値観への批判を引き合いに出していたことが注目される。それによると、一九二七年の性病撲滅法にあらわれている「売春の市民的な価値引き上げ」は、男女関係についての「北方的」な見解と対立するものだった。Müller, „Zur Kasernierung", *a. a. O.*, S. 440.

(62) Niederschrift der Sitzung des Wohlfahrtsausschusses des Deutschen Gemeindetages zum Thema „Bewahrungsgesetz" vom 27. Februar 1936, in: Detlev Peukert, *Grenzen der Sozialdisziplinierung. Aufstieg und Krise der deutschen Jugendfürsorge 1878 bis 1932*, Köln 1986, S. 281.

(63) Erlaß des Reichs- und Preußischen Ministers des Innern über die „vorbeugende Verbrechensbekämpfung durch die Polizei" vom 14. Dezember 1937, in: BA, R 36/1864.

(64) Erlaß des Reichs- und Preußischen Ministers des Innern über die „polizeiliche Behandlung der

Prostitution" vom 9. September 1939, in: BA, R 3001/20970. この政令はもともと国防軍の作戦展開地域にのみ有効だったが、一九四〇年三月以降は保護領のベーメン・メーレン以外の帝国全土に適用された。Franz Seidler, *Prostitution, Homosexualität, Selbstverstümmelung. Probleme der deutschen Sanitätsführung 1939-1945*, Neckargemünd 1977, S. 135. 第三帝国下の政府管理売春については、Christa Paul, *Zwangsprostitution. Staatlich errichtete Bordelle im Nationalsozialismus*, Berlin 1994（クリスタ・パウル、イエミシン恵子・池永記代美・梶村道子・ノリス恵美・浜田和子訳『ナチズムと強制売春――強制収容所特別棟の女性たち』明石書店、一九九六年）を参照。

（65）Erlaß des Reichs- und Preußischen Ministers des Innern über die „Bekämpfung der Geschlechtskrankheiten" vom 18. September 1939, in: *Vorbeugende Verbrechensbekämpfung – Erlaßsammlung*, hrsg. vom Reichssicherheitshauptamt (Amt V), o. O., o. J., S. 149-150.

（66）Verordnung zur Änderung des Gesetzes zur Bekämpfung der Geschlechtskrankheiten vom 21. Oktober 1940, in: RGBl, I 1940, S. 1459; Verordnung zur Durchführung des Gesetzes zur Bekämpfung der Geschlechtskrankheiten vom 16. November 1940, in: RGBl, I 1940, S. 1514. 性病撲滅法一七条撤廃の根拠は次のようなものだった。「従来の一七条（売春婦の収容の禁止）は現在の必要と実際の状況を反映しなくなっているため、……無効とされるべきである」。Begründung einer Verordnung zur Änderung des Gesetzes zur Bekämpfung der Geschlechtskrankheiten vom 4. Oktober 1940, in: BA, R 43 II/725.

（67）フランツ・ザイトラーの推計によれば、国防軍は一九四二年には五〇〇軒以上の軍用売春宿を手中にしていた。Seidler, *Prostitution, a. a. O.*, S. 186. なお、この時代の性教育書には、性病から身を守ることが兵士の義務であると論じるものもあった。「たとえば兵士が性病のために出動できない場合、それは自傷行為の変種であり、ドイツ民族への裏切りである」。Walter Hermannsen/Karl Blome, *Warum hat man uns das nicht früher gesagt? Ein Bekenntnis deutscher Jugend zu geschlechtlicher Sauberkeit*, München 1940, S. 24.

(68) Verordnung des Oberbefehlshabers des Heeres vom 31. Juli 1940, in : Seidler, *Prostitution, a. a. O.*, S. 136-137. 一九四二年二月の保安警察と保安部の報告によれば、占領地域で売春宿を設立する目的には、性病の撲滅のほか、敵のスパイ活動の防止も含まれていた。「性病の増加、ドイツ人とロシア人の日常的接触によって生じる敵のスパイ活動の可能性、そしてそれによって生じるロシア人との必要な距離の消滅を阻止するため、多くの町では国防軍用の売春宿の設立が予定されている」。Meldungen aus den besetzten Gebieten der UdSSR vom 25. Februar 1942, in: Regina Mühlhäuser, *Eroberungen. Sexuelle Gewalttaten und intime Beziehungen deutscher Soldaten in der Sowjetunion 1941-1945*, Hamburg 2010, S. 214（レギーナ・ミュールホイザー、姫岡とし子監訳『戦場の性――独ソ戦下のドイツ兵と女性たち』岩波書店、二〇一五年、一三〇頁）.

(69) von Eberstein an Brandt vom 13. August 1942, in: BA, NS 19/1598.

(70) *Die Tagebücher von Joseph Goebbels*, hrsg. von Elke Fröhlich, Teil II Diktate 1941-1945, Bd. 4, München 1995, S. 65.

(71) Schröder an Gußmann vom 6. September 1944, in: BA, R 55/1221.

(72) *Illustrierter Film-Kurier*, Nr. 2898 – Der Blaufuchs (1938). これは映画『青狐』のなかでツァラ・レアンダーが歌った曲である。映画監督のアルトゥーア・マリア・ラーベナルトは、この時代の映画が露骨なラブシーンを提示するなどして、観客の性的関心に応じていたと指摘している。「映画のエロティシズムは生殖欲求を刺激してもよいが、それを消耗させてはならなかった」。Arthur Maria Rabenalt, *Film im Zwielicht. Über den unpolitischen Film des Dritten Reiches und die Begrenzung des totalitären Anspruches*, Hildesheim/New York 1978, S. 28.

(73) *Meldungen aus dem Reich*, Bd. 2, S. 71.

(74) Melita Maschmann, *Fazit. Mein Weg in der Hitler-Jugend*, Stuttgart 1963, S. 142.

(75) 帝国青年指導者バルドゥーア・フォン・シーラッハは一九三四年の著書のなかで、「若者のこうした性的問題はわれわれのもとには存在しない」と述べていたが、多くの報告が示す通り、この発言は実態を反映していなかった。Baldur von Schirach, *Die Hitler-Jugend. Idee und Gestalt*, Berlin 1934, S. 62.

(76) *Deutschland-Berichte*, Bd. 2, S. 693. 別の報告も、同様の事態を指摘している。「ドイツ女子青年団の若い少女たちは、実際にほぼ例外なく非行に走っている。一四歳から一七歳の間の少女が妊娠したという話がくり返し聞かれる。少女の母親たちはしばしば絶望している。いくつかの大病院では、若い母親のために特別の大病室が設けられた」。*Ebd.*, Bd. 2, S. 693-694. 親衛隊保安部も、同様の報告を行っている。「一部で道徳的・性的非行が確認される。たとえば東プロイセンのホーラント地区で医師による集団検診が行われた際、多くの若い少女たち、一三〜一四歳の少女たちまでもが少し前に性交をしていたことが確認された」。*Meldungen aus dem Reich*, Bd. 3, S. 526.

(77) Oberlandesgerichtspräsident München an Reichsminister der Justiz vom 30. April 1942, in: BA, R 3001/23379.

(78) *Deutschland-Berichte*, Bd. 4, S. 1070. 次のような驚くべき報告もあった。「ケムニッツ近郊のある地域で、ドイツ女子青年団の少女が未婚の母になった。彼女は子供の父親として、一三人の男の名を挙げた」。*Ebd.*, Bd. 2, S. 696. ドイツ女子青年団に関しては、しばしば性的放縦が問題になった。一九三六年の党大会に参加した約一〇万人のヒトラー・ユーゲントとドイツ女子青年団の団員のうち、一五歳から一八歳の九〇〇名の少女たちが妊娠して帰ってきたという。Richard Grunberger, *A Social History of the Third Reich*, London 1971, S. 356（リヒアルト・グルンベルガー、池内光久訳『第三帝国の社会史』彩流社、二〇〇〇年、三三七頁）.

(79) *Meldungen aus dem Reich*, Bd. 16, S. 6486. 親衛隊保安部の報告はまた、党の道徳的教条がまじめに受け止められなくなっている傾向に注意を促している。「ドイツの若者に向けた帝国指導者ローゼンベルクの演説は、一般の間で比較的低い関心しか呼ばなかった。……その演説を聞いた者の間からは、若者の非行の問題について党の側からようやく態度表明がなされたことを歓迎する声が上がった」。*Ebd.*, Bd. 4, S. 891.

(80) Oberlandesgerichtspräsident München an Reichsminister der Justiz vom 30. April 1942, *a. a. O.*

戦時下の若者の性的非行については、Bleuel, *Das saubere Reich, a. a. O.*, S. 307-310（邦訳、二六二—二六五頁）も参照。

(81) Polizeiverordnung zum Schutze der Jugend vom 9. März 1940, in: RGBl, I 1940, S. 499-500; *Völkischer Beobachter*, 21. März 1940.

(82) 帝国青年指導部の報告によれば、「反抗的な若者グループ」が形成されはじめたのは一九三六年から三七年にかけてであり、それはヒトラー・ユーゲントへの加入が義務化された頃だった。Cliquen- und Bandenbildung unter Jugendlichen. Denkschrift der Reichsjugendführung, September 1942, in: BA, R 3001/21177.

(83) *Kriminalität und Gefährdung der Jugend, a. a. O.*, S. 204.

(84) *Kriminalität und Gefährdung der Jugend, a. a. O.*, S. 195.

(85) Ausführungen Himmlers gelegentlich der Beratungen des Sachverständigenbeirats für Bevölkerungs- und Rassenpolitik am 15. Juni 1937, in: BA, NS 2/41.

(86) *Meldungen aus dem Reich*, Bd. 3, S. 821-822.

(87) *Meldungen aus dem Reich*, Bd. 9, S. 3200-3201.

(88) Schäringer an Eigruber vom 3. August 1940, in: BA, NS 18/108. ある教育学者によれば、ドイツの女性は性交に関して抑制を失っており、外国人になびきやすいという悪評すら獲得していた。Stellrecht, *Neue Erziehung, a. a. O.*, S. 127.

(89) Goebbels an alle Gauleiter und Gaupropagandaleiter vom 12. September 1940, in: BA, NS 18/108.

(90) Gesetz zum Schutze des deutschen Blutes und der deutschen Ehre vom 15. September 1935 in: RGBl, I 1935, S. 1146-1147.

(91) Verordnung zur Ergänzung der Strafvorschriften zum Schutz der Wehrkraft des Deutschen Volkes vom 25. November 1939, in: RGBl, I 1939, S. 2319. ある地方裁判所の報告によれば、ランツフートでは一九四二年四月に二人の女性がフランス人の戦争捕虜との交際のかどで見せしめの懲罰を加

えられた。彼女たちは捕虜と関係をもったことを記したプラカートをかけられ、多くの住民が見守るなか市内を引き回された。ランツフートの判事はこうした懲罰を批判し、司法の威信を傷つけるものであると指摘した。Oberlandesgerichtspräsident München an Reichsminister der Justiz vom 30. April 1942, *a. a. O.* もっとも、党官房長マルティン・ボルマンは一九四一年、見せしめの懲罰を禁止する指令を出していた。それゆえ、こうした行動は各地の下級幹部たちの行き過ぎに由来するものと見なすべきだろう。Rundschreiben Bormanns vom 13. Oktober 1941, in: BA, NS 6/335.

(92) 裁判所が扱ったこの種の事件は、一九四一年には四五〇〇件近くに達し、四二年には九〇〇〇件を超えた。Bleuel, *Das saubere Reich, a. a. O.*, S. 297-300（邦訳、二五三—二五六頁）. この点について、バンベルクの地方裁判所はこう指摘している。「戦争捕虜——ほぼすべてフランス人——との交際を理由とした女性に対する刑事訴訟手続きは、ドイツの女性と少女が工場で戦争捕虜と一緒に働いているところでとくに頻繁である」。Generalstaatsanwalt Bamberg an Staatssekretär vom 1. April 1942, in: BA, R 3001/23355.

(93) Bericht der SD-Außenstelle Ebern vom 14. März 1941, in: Rolf Hochhuth, *Eine Liebe in Deutschland*, Reinbek 1978, S. 63. 市民道徳の偽善性を非難することに余念のなかったゲッベルスでさえ、こうした二重道徳的な姿勢を免れていなかった。「ドイツ人少女に対する外国人学生の行動が一部で望ましくない形態をとっている」という保安部の報告を読んだ宣伝大臣は、外国人に対するドイツ人少女の行動の方が非難されるべきだと述べた。*Kriegspropaganda, a. a. O.*, S. 633.

(94) *Meldungen aus dem Reich*, Bd. 15, S. 6142. 農村の状況については、*Ebd.*, Bd. 9, S. 3203; Bd. 14, S. 5339-5340 を参照。

(95) *Meldungen aus dem Reich*, Bd. 9, S. 3201; Bd. 15, S. 6142, S. 6146.

(96) 親衛隊保安部の報告によれば、働き手として不可欠な外国人労働者を引き留めるために性交を許したり、戦争捕虜の境遇への同情から好意をもったり、とくにカトリック地域で宗教的立場から同信者の外国人に好意的態度をとったりする者もいた。*Meldungen aus dem Reich*, Bd. 9, S. 3203; Bd. 14, S.

5339-5340. 多くの夫たちは自分の留守中に罪を犯した妻をかばい、幸福な結婚生活を取り戻そうとした。*Ebd.*, Bd. 15, S. 6145.

(97) *Meldungen aus dem Reich*, Bd. 14, S. 5341. このような女性は「ドイツの住民のなかでも価値の低い部分」に属し、「性格的に落ち着きのないドイツの少女たち、とりわけ故郷から遠く離れた地で働いている者たち」が多かったという。*Ebd.*, Bd. 9, S. 3201.

(98) *Meldungen aus dem Reich*, Bd. 9, S. 3201-3202.

(99) Rundschreiben Bormanns betr. Einrichtung von Bordellen für fremdvölkische Arbeiter vom 7. Dezember 1940, in: BA, NS 5 I/265.

(100) Auszug aus dem Bericht der Gauleitung Oberdonau vom 27. Dezember 1940, in: BA, NS 6/334. 保安警察も同様の指示を行った。「施設への入居はドイツ民族の売春婦ではなく、異民族の売春婦かジ《マ》プシ《マ》ーの女たちだけが考慮の対象となる。女たちがその場所に配置された異民族労働者の民族性に対応するよう、できるだけ配慮しなければならない」。Schnellbrief Heydrichs, undatiert, in: BA, NS 5 I/265. 外国人売春婦の調達と監視は刑事警察が行った。親衛隊保安部は、「売春婦の募集は自由意志にもとづいて、パリ、ポーランド、保護領において特別な申請なしに行われる」と報告している。*Meldungen aus dem Reich*, Bd. 15, S. 6069.

(101) *Meldungen aus dem Reich*, Bd. 15, S. 6069. 売春宿の建設のため、ドイツ労働戦線は「施設・宿舎建設有限会社」を設立した。Rundschreiben Bormanns betr. Bordelle für fremdvölkische Arbeitskräfte vom 15. Oktober 1941, in: BA, NS 6/335.

(102) Vorlage betr. Verhalten der fremdvölkischen Arbeiter gegen deutsche Frauen und Mädchen vom 27. Januar 1942, in: BA, NS 18/133. この文書によると、異民族労働者用売春宿の設立を推進していたのは、帝国刑事警察局長官のアルトゥーア・ネーベであり、主として工場で働く異民族労働者のために、各々一〇人の売春婦が働く約三〇〇の売春宿を設立する予定だった。帝国内務省は当初、保健政策上の観点から憂慮を表明したが、最終的に売春宿の設立に同意した。売春宿の設立に必要な資金の調達は、基本的に労働者を雇用している企業が行うものとされたが、それが不可能な場合は、自治体や「施設・宿舎建設有限会社」が行った。Rundschreiben Bormanns betr. Bordelle für fremdvölkische Arbeitskräfte vom 7. Dezember 1940, *a. a. O.*

(103) *Meldungen aus dem Reich*, Bd. 15, S. 6070-6071.

(104) 「スウィング青年」をはじめとする若者のグループについては、とくにデートレフ・ポイカートの研究を参照。Detlev Peukert, *Die Edelweißpiraten. Protestbewegungen jugendlicher Arbeiter im „Dritten Reich". Eine Dokumentation*, 3. Aufl., Wuppertal 1988（デートレフ・ポイカート、伊藤富雄訳『エーデルワイス海賊団――ナチスと闘った青少年労働者』晃洋書房、二〇〇四年）.

(105) Scheffler an Goebbels betr. Hamburger Swing-Kreise vom 18. August 1941, in: BA, NS 18/507. 帝国青年指導部は一九四二年九月の報告で、グループの発生をこう説明している。「徒党の形成、すなわちヒトラー・ユーゲントの外部に若者のグループがつくられるようになったのは、戦争がはじまる数年前からであるが、戦争がはじまるとそれがとくにひどくなり、政治、道徳、犯罪面における若者の崩壊が、深刻に危惧される事態になったといわざるをえない」。Cliquen- und Bandenbildung unter Jugendlichen, *a. a. O.*

(106) *Kriminalität und Gefährdung der Jugend, a. a. O.*, S. 137-138.

(107) 親衛隊帝国指導者ハインリヒ・ヒムラーは一九四二年一月、帝国保安本部長官ラインハルト・ハイドリヒに、ハンブルクの「スウィング青年」の撲滅を命じた。ヒムラーによれば、この種の「害悪」は根絶すべきで、中途半端な態度をとってはならなかった。「首謀者はすべて、男であろうと女であろうと、また教師のなかで敵の考えに染まっている者や、スウィング青年を支援する者は全員、強制収容所に入れなければならない。若者をそこでまずぶちのめして、それから徹底的にしごいて、働くように仕向けなければならない」。Himmler an Heydrich vom 26. Januar 1942, in: BA, NS 19/219. だがこうした断固たる措置によっても、スウィング青年を一掃することはできなかった。帝国青年指導部の一九四二年九月の報告が認めているように、「実行された国家警察的措置によって問題の若者グループが分別を取り戻したという見方は、誤りであることが判明した。……一部厳格な国家警察的処罰（数週間の予防拘禁）のショック効果は、とっくに無に帰している」。同じ報告によれば、同年八月のコンサートでもスウィングに熱狂する若者の姿が見られた。Cliquen- und Bandenbildung unter Jugendlichen, *a. a. O.*

(108) Vorlage für Reichsleiter Bormann vom 22. August 1941, in: BA, NS 18/507.

(109) Ursula von Kardorff, *Berliner Aufzeichnungen 1942-1945*, München 1976, S. 96; Schäfer, *Das gespaltene Bewußtsein*, *a. a. O.*, S. 139-140. 灯火管制によって闇に包まれた都市は、恋人たちにとって快適な環境を提供した。多くの人々は居酒屋やカフェが閉まった後も、屋外にとどまるようになった。*Ebd.*, S. 143.

(110) *Meldungen aus dem Reich*, Bd. 16, S. 6481-6487. フランクフルトの検察官も、兵士の妻たちの不貞について同様の報告をしていた。「兵士の妻たちは今冬、夫たちが東部戦線で厳しい防衛闘争に携わっていることを知っているはずなのに、戦争捕虜と関係をもち、性交にいそしんでいる」。Generalstaatsanwalt Frankfurt (Main) an Reichsminister der Justiz vom 28. März 1942, in: BA, R 3001/23364.

(111) *Berliner Illustrierte Zeitung*, Nr. 51, 1943.

(112) *Berliner Illustrierte Zeitung*, Nr. 7, 1944.

(113) Sönke Neitzel/Harald Welzer, *Soldaten. Protokolle vom Kämpfen, Töten und Sterben*, Frankfurt am Main 2011, S. 225（ゼンケ・ナイツェル／ハラルト・ヴェルツァー、小野寺拓也訳『兵士というもの――ドイツ兵捕虜盗聴記録に見る戦争の心理』みすず書房、二〇一八年、二〇二頁）.

(114) 一九四〇年六月の月間統計によれば、性病の治療を受けた患者は年間一九万七〇〇〇人の増加となった。*Kriegspropaganda*, *a. a. O.*, S. 225. 一九四二年一一月、ドイツ兵士が異民族の女性に子供を産ませたり、性病に感染したりするのを防止するため、占領地域でただちに措置を講ずるようにとの総統の指示にもとづき、帝国健康指導者レオナルド・コンティはコンドームの大量配布や化学的な避妊方法の奨励を検討したが、原料の供給不足などもあって実現しなかった。Conti an Himmler vom 9.

November 1942, in: BA, NS 19/1886.

(115) Neitzel/Welzer, *Soldaten, a. a. O.*, S. 221（邦訳、一九九頁）. 兵士たちはまた、一人あたり毎月一二個のコンドームを支給された。彼らはこれを胸ポケットに入れておくことで、男らしさを誇示したという。ちなみに、コンドームは兵士たちの間で「近接戦兵器」などと呼ばれていた。Udo Pini, *Leibeskult und Liebeskitsch. Erotik im Dritten Reich*, München 1992, S. 357.

(116) *Meldungen aus dem Reich*, Bd. 16, S. 6485. 情報補助員の女性たちは、しばしば「将校用マットレス」などと呼ばれて蔑まれた。Auszüge aus Berichten der Gauleitungen vom 27. März 1943, in: BA, NS 6/414.

(117) Himmler an Backe vom 30. Juli 1942, in: *Reichsführer! Briefe an und von Himmler*, hrsg. von Helmut Heiber, München 1970, S. 169.

(118) Himmler an Pohl vom 23. März 1942, in: BA, NS 19/2065.

(119) Himmler an Pohl vom 5. März 1943, in: *Reichsführer!, a. a. O.*, S. 246.

おわりに

（1）Joachim C. Fest, *Hitler. Eine Biographie*, Frankfurt am Main 1973, S. 1017（ヨアヒム・C・フェスト、赤羽龍夫・関楠生・永井清彦・鈴木満訳『ヒトラー』河出書房新社、一九七五年、下、四四四頁）.

（2）Albert Speer, *Erinnerungen*, Frankfurt am Main / Berlin 1969, S. 106（アルバート・シュペール、品田豊治訳『ナチス狂気の内幕――シュペールの回想録』読売新聞社、一九七〇年、一〇六頁）.

（3）Anna Maria Sigmund, *„Das Geschlechtsleben bestimmen wir“. Sexualität im Dritten Reich*, München 2008, S. 77-89.

（4）*Das Schwarze Korps*, 12. März 1936.

（5）Hermann Rauschning, *Gespräche mit Hitler*, Zürich 1940, S. 240（ヘルマン・ラウシュニンク、船戸満之訳『ヒトラーとの対話』學藝書林、一九七二年、二九九―三〇〇頁）.

（6）Adolf Hitler, *Mein Kampf*, 47. Aufl., München 1939, S. 44（アドルフ・ヒトラー、平野一郎・将積茂訳『わが闘争』角川書店、一九七三年、上、七五頁）。

補章

（1）Franz Seidler, *Prostitution, Homosexualität, Selbstverstümmelung. Probleme der deutschen Sanitätsführung 1939-1945*, Neckargemünd 1977. ナチ政権下の管理売春に関する一九九〇年代までの研究状況をコンパクトに概観できる文献として、Christa Paul, *Zwangsprostitution. Staatlich errichtete Bordelle im Nationalsozialismus*, Berlin 1994（クリスタ・パウル、イエミン恵子・池永記代美・梶村道子・ノリス恵美・浜田和子訳『ナチズムと強制売春——強制収容所特別棟の女性たち』明石書店、一九九六年）も参照。

（2）Birgit Beck, *Wehrmacht und sexuelle Gewalt. Sexualverbrechen vor deutschen Militärgerichten 1939-1945*, Paderborn 2004; Regina Mühlhäuser, *Eroberungen. Sexuelle Gewalttaten und intime Beziehungen deutscher Soldaten in der Sowjetunion 1941-1945*, Hamburg 2010（レギーナ・ミュールホイザー、姫岡とし子監訳『戦場の性——独ソ戦下のドイツ兵と女性たち』岩波書店、二〇一五年）; Maren Röger, *Kriegsbeziehungen. Intimität, Gewalt und Prostitution im besetzten Polen 1939 bis 1945*, Frankfurt am Main 2015.

（3）本章で用いたのは、主にワルシャワ国立文書館に所蔵されている親衛隊・警察指導者の売買春取り締まりに関する史料である。Archiwum Państwowe w Warszawie（APW), 482/158-163.

（4）Bericht des Generalleutnant an das Polizeiregiment Warschau vom 13. November 1939, in: Bundesarchiv Berlin（BA), R 19/334.

（5）Erlaß des Reichs- und Preußischen Ministers des Innern über die „polizeiliche Behandlung der Prostitution“ vom 9. September 1939, in: BA, R 3001/20970.

（6）Heydrich an die Einsatzgruppen der Sicherheitspolizei vom 9. September 1939, in: APW, 482/158.

レーガーはこの文書を引用しておらず、軍用売春施設でポーランド人女性との性交渉が許容されていたことの意味も掘り下げて考察していない。

（7）Fernschreiben des Kommandeurs der Sicherheitspolizei und des SD für den Distrikt Warschau an den Befehlshaber der Sicherheitspolizei und des SD im Generalgouvernement vom 26. April 1941 betr. Bordelle im Distrikt Warschau, in: APW, 482/162. フランスと東欧・ソ連で売買春をめぐる状況に違いがあったことは、すでに多くの研究者が指摘している。たとえば、Paul, *Zwangsprostitution, a. a. O.*, S. 104（邦訳、一四六頁）; Mühlhäuser, *Eroberungen, a. a. O.*, S. 219（邦訳、一三三頁）を参照。

（8）Fernschreiben des Kommandeurs der Sicherheitspolizei und des SD für den Distrikt Warschau an das Amt des Chefs des Distrikts Warschau vom 3. November 1940 betr. Prostitution und Bordelle im Distrikt Warschau, in: APW, 482/159.

（9）Fernschreiben des Kommandeurs der Sicherheitspolizei und des SD für den Distrikt Warschau vom 3. November 1940, *a. a. O.*

（10）Verordnung der Sicherheitspolizei über die „Richtlinien über die Bekämpfung der Prostitution" vom 22. Februar 1941, in: APW, 482/161.

（11）Paul, *Zwangsprostitution, a. a. O.*, S. 105-106（邦訳、一四八―一四九頁）.

（12）Erlaß des Reichs- und Preußischen Ministers des Innern über die „Bekämpfung der Geschlechtskrankheiten" vom 18. September 1939, in: *Vorbeugende Verbrechensbekämpfung – Erlaßsammlung*, hrsg. vom Reichssicherheitshauptamt (Amt V), o. O., o. J., S. 149-150.

（13）Fernschreiben des Kommandeurs der Sicherheitspolizei und des SD für den Distrikt Warschau an den Herrn Stadthauptmann Warschau vom 8. April 1943 betr. Sperrung von Strassen für Prostituierte, in: APW, 482/159.

（14）Bericht des Chefs des Distrikts Warschau an den Leiter der Kriminalpolizei Warschau vom 18.

Juni 1940 betr. Schliessung des Hotels „Mazur" und Errichtung eines Bordells, in: APW, 482/160. ただ、その後の収容人数の記録から判断する限り、実際には二六名収容可能なホテル・マズールだけが売春宿に転用されたようである。

(15) Bericht des Chefs des Distrikts Warschau vom 18. Juni 1940, *a. a. O.*

(16) Fernschreiben des Kommandeurs der Sicherheitspolizei und des SD für den Distrikt Warschau vom 26. April 1941, *a. a. O.* これら五つの売春施設のうち、ミンスク・マゾヴィエツキの施設は一九四一年秋に閉鎖、レンベルトゥフの施設も一九四二年初めに設立後五ヵ月で閉鎖されたため、一九四二年九月末の時点で残っていたのは三つだった。Fernschreiben des Kommandeurs der Sicherheitspolizei und des SD im Generalgouvernement vom 29. September 1942 betr. Bordelle im Distrikt Warschau, in: APW, 482/162.

(17) Fernschreiben des Kommandeurs der Sicherheitspolizei und des SD für den Distrikt Warschau vom 26. April 1941, *a. a. O.*; Röger, *Kriegsbeziehungen*, *a. a. O.*, S. 39. ワルシャワでは大学病院と聖ラザロ病院の皮膚科が性病治療を担い、一九四〇年一〇月末の時点で六九名を治療していた。Bericht des Amtsarztes vom 12. Oktober 1939, in: APW, 482/158; Fernschreiben des Kommandeurs der Sicherheitspolizei und des SD für den Distrikt Warschau vom 3. November 1940, *a. a. O.*

(18) Mühlhäuser, *Eroberungen*, *a. a. O.*, S. 223-225（邦訳、二三四―二三五頁）.

(19) Röger, *Kriegsbeziehungen*, *a. a. O.*, S. 37.

(20) Bericht des Oberstabsarztes vom 27. Februar 1944, in: Röger, *Kriegsbeziehungen*, *a. a. O.*, S. 40.

(21) Verordnung des SS- und Polizeiführers im Distrikt Warschau vom 8. März 1941, in: APW, 482/162.

(22) レーガーは重視していないが、これまで親衛隊・警察用売春宿の存在を裏付ける文書が見つかっていなかったことを考えると、ワルシャワの事例はきわめて貴重である。この点についてミュールホイザーは、「親衛隊が独自の売春宿を開設したのか、もしそうならどの地域に設置したのかは、これまでまったく明らかにされていない」と述べている。Mühlhäuser, *Eroberungen*, *a. a. O.*, S. 232（邦訳、一三九頁）．また、パウルも様々な証言にもとづいて親衛隊専用売春宿の存在に言及しているが、強制収容所の看守用の施設を想定しているようである。Paul, *Zwangsprostitution*, *a. a. O.*, S. 106（邦訳、一四九頁）．

(23) Verordnung des SS- und Polizeiführers im Distrikt Warschau über die „Richtlinien dür die Einrichtung und Führung eines Bordells“ vom 21. Februar 1941, in: APW, 482/162.

(24) Fernschreiben des Kommandeurs der Sicherheitspolizei und des SD für den Distrikt Warschau vom 29. September 1942, *a. a. O.*

(25) Bericht des Kriminalsekretärs vom 18. Januar 1943, in: APW, 482/159.

(26) Bericht des Sanitätsoffiziers vom 2. Oktober 1940, in: Röger, *Kriegsbeziehungen*, *a. a. O.*, S. 55.

(27) Verordnungen des Kommandeurs der Sicherheitspolizei und des SD für den Distrikt Warschau vom 13., 15., 24. und 29. September 1943, in: APW, 482/163.

(28) Fernschreiben des Kommandeurs der Sicherheitspolizei und des SD für den Distrikt Warschau vom 8. April 1943, *a. a. O.*

(29) Rundschreiben Bormanns betr. Einrichtung von Bordellen für fremdvölkische Arbeiter vom 7. Dezember 1940, in: BA, NS 5 I/265.

(30) Schnellbrief Heydrichs, undatiert, in: BA, NS 5 I/265.

(31) Fernschreiben des Kommandeurs der Sicherheitspolizei und des SD für den Distrikt Warschau an die Kriminalpolizeileitstelle Stettin vom 18. Februar 1941, in: APW, 482/163.

(32) Schnellbrief des Reichssicherheitshauptamtes V vom 9. Juni 1943 in: APW, 482/163.

(33) Kriminalpolizeileitstelle Hamburg an den Kommandeur der Sicherheitspolizei und des SD für den Distrikt Warschau vom 12. Juli 1941; Reichskriminalpolizeiamt an den Kommandeur der Sicherheitspolizei und des SD für den Distrikt Warschau vom 21. Juli und 22. Dezember 1943, in:

APW, 482/163.

(34) Reichssicherheitshauptamt V an die Kommandeure der Sicherheitspolizei und des SD vom 30. März 1942; Kommandeur der Sicherheitspolizei und des SD für den Distrikt Warschau an das Reichssicherheitshauptamt V vom 18. April 1942; Reichskriminalpolizeiamt an den Kommandeur der Sicherheitspolizei und des SD für den Distrikt Warschau vom 5. Oktober 1942; Kommandeur der Sicherheitspolizei und des SD für den Distrikt Warschau an das Reichskriminalpolizeiamt vom 12. Oktober 1942; Kommandeur der Sicherheitspolizei und des SD für den Distrikt Warschau an das Reichssicherheitshauptamt V vom 14. Juli 1943, in: APW, 482/163.

(35) Kommandeur der Sicherheitspolizei und des SD für den Distrikt Warschau vom 14. Juli 1943; Kommandeur der Sicherheitspolizei und des SD für den Distrikt Warschau an den Stadtkommandantur Odessa vom 7. März 1944, in: APW, 482/163.

(36) ドイツ占領下ソ連の軍用売春宿に関して、ミュールホイザーはそこで働く女性の一部がチェコやポーランド、オランダなどから派遣されていた可能性に言及しているが、具体的な裏付けを示していない。Mühlhäuser, *Eroberungen*, *a. a. O.*, S. 224-225（邦訳、二三四―二三五頁）。

(37) Fernschreiben des Kommandeurs der Sicherheitspolizei und des SD für den Distrikt Warschau vom 8. April 1943, *a. a. O.*

(38) Verordnung des Oberbefehlshabers des Heeres vom 31. Juli 1940, in: Seidler, *Prostitution*, *a. a. O.*, S. 136-137.

(39) Bericht des Sanitätsoffiziers vom 2. Oktober 1940, in: Röger, *Kriegsbeziehungen*, *a. a. O.*, S. 43. レーガーは指摘していないが、売春施設には現地女性との結婚・生殖を防止する役割が期待されていたようである。「そうしたポーランド人女性は彼［親衛隊・警察のメンバー］にとって、売春婦であるため配偶者として問題になることはない」。Verordnung des SS- und Polizeiführers im Distrikt Warschau vom 21. Februar 1941, *a. a. O.* なお、この点については親衛隊帝国指導者・ドイツ警察長官ハインリヒ・ヒムラーもまた、売春施設での性交渉には「生殖も何らかの内面的な結びつきも期待されない」として、親衛隊・警察の男たちがそうした施設を利用することを明確に擁護していた。Himmler an Krüger vom 30. Juni 1942, in: BA, NS 19/1913.

(40) Paul, *Zwangsprostitution, a. a. O.*, S. 105-106（邦訳、一四八―一四九頁）.

(41) Schreiben des Oberbefehlshabers des Heeres an den Generalquartiermeister vom 31. Juli 1940, in: Mühlhäuser, *Eroberungen, a. a. O.*, S. 236（邦訳、一四〇頁）.

図版出典

1 *Das Deutsche Mädel*, Jg. 1937, Septemberheft.
2 *Deutsches Frauenschaffen. Jahrbuch der Reichsfrauenführung 1939*, hrsg. von Erika Kirmsse, Dortmund 1938.
3 *Große Deutsche Kunstausstellung 1939 im Haus der deutschen Kunst zu München. Offizieller Ausstellungskatalog*, München 1939.
4 *Große Deutsche Kunstausstellung 1941 im Haus der deutschen Kunst zu München. Offizieller Ausstellungskatalog*, München 1941.
5 Bundesarchiv (BA), Bild 146-2007-0118.
6 Gerhard Ockel, *Sag Du es Deinem Kinde! Einführung des Kindes und Jugendlichen in die Fragen nach Geburt, Zeugung und Liebesleben*, Berlin 1934.
7 *Neues Volk 1938. Kalender des Rassenpolitischen Amtes der NSDAP*, Berlin 1937.
8 Johannes Heinrich Schultz, *Lebensbilderbuch eines Nervenarztes. Jahrzehnte in Dankbarkeit*, 2. Aufl., Stuttgart 1971.
9 *„Hier geht das Leben auf eine sehr merkwürdige Weise weiter...“. Zur Geschichte der Psychoanalyse in Deutschland*, hrsg. von Karen Brecht und Friedrich Volker u. a., 2. Aufl., Hamburg 1985.
10 *„Hier geht das Leben auf eine sehr merkwürdige Weise weiter...“, a. a. O.*
11 *„Hier geht das Leben auf eine sehr merkwürdige Weise weiter...“, a. a. O.*
12 *Heinrich Himmler. Geheimreden 1933 bis 1945 und andere Ansprachen*, hrsg. von Bradley F. Smith und Agnes F. Peterson, Frankfurt am Main 1974.
13 BA, Bild 102-14886.

14 *Kriminalität und Gefährdung der Jugend. Lagebericht bis zum Stande vom 1. Januar 1941*, hrsg. vom Jugendführer des Deutschen Reichs, Berlin 1941.

15 *Sieg der Waffen – Sieg des Kindes*, hrsg. vom Reichsführer SS – SS-Hauptamt-Schulungsamt, Berlin o. J.

16 *NS-Frauenwarte*, H. 23, 7. Jg. (1939), 1. Maiheft.

17 *Das Schwarze Korps*, 30. Dezember 1937.

18 *Berliner Illustrierte Zeitung*, 1935, Nr. 30.

19 *Adolf Hitler. Bilder aus dem Leben des Führers*, hrsg. vom Cigaretten-Bilderdienst, Altona/Bahrenfeld 1936.

20 *Der Silberspiegel*, 4. Jg. (1938), Nr. 21.

21 *Berliner Illustrierte Zeitung*, 1938, Nr. 34.

22 *Das Schwarze Korps*, 20. Oktober 1938.

23 *Das Schwarze Korps*, 20. Oktober 1938.

24 *Das Schwarze Korps*, 20. Oktober 1938.

25 *Deutsche Leibeszucht*, 7. Jg. (1939), Folge 4.

26 *Deutsche Leibeszucht*, 7. Jg. (1939), Folge 8.

27 *Kriminalität und Gefährdung der Jugend*, *a. a. O.*

28 Walter Thiele, *Aktfotos. Die jeder kann*, Halle (Saale) 1940.

29 *Große Deutsche Kunstausstellung 1937 im Haus der deutschen Kunst zu München. Offizieller Ausstellungskatalog*, München 1937.

30 *Große Deutsche Kunstausstellung 1939*, *a. a. O.*

31 Joseph Goebbels, *Signale der neuen Zeit*, München 1940.

32 *Berliner Illustrierte Zeitung*, 1938, Nr. 45.

33 *Der Silberspiegel*, 4. Jg. (1938), Nr. 22, Beilage „Tanz im Casino".
34 *Berliner Illustrierte Zeitung*, 1942, Nr. 36.
35 *Die Kunst im Deutschen Reich*, Jg. 3 (1939), Folge 9.
36 *NS-Frauenwarte*, H. 17, 7. Jg. (1939), 2. Februarheft.
37 Wolfgang Willrich, *Des Edlen ewiges Reich*, 2. Aufl., Berlin 1941.
38 *Jungmädelleben. Ein Jahrbuch für 8-14 jährige Mädel*, hrsg. von Trude Höing, 2. Band, Leipzig o. J.
39 *NS-Frauenwarte*, H. 17, 7. Jg. (1939), 2. Februarheft.
40 *Berliner Illustrierte Zeitung*, 1935, Nr. 43.
41 *Der Silberspiegel*, 4. Jg. (1938), Nr. 26.
42 *Berliner Illustrierte Zeitung*, 1935, Nr. 48.
43 *Berliner Illustrierte Zeitung*, 1936, Nr. 19.
44 *Der Silberspiegel*, 4. Jg. (1938), Nr. 15.
45 *Koralle*, 1936, Nr. 48.
46 *Die Woche*, 17. Januar 1940, Heft 3.
47 *Die neue Linie*, Oktober 1938.
48 *Humor der Nationen. Ein lustiges Bilderbuch für den Münchner Fasching 1937*, hrsg. vom Verein Münchner Fasching e. V., München 1937.
49 *Faschingsfieber. Ein lustiges Bilderbuch für den Münchner Fasching 1938*, hrsg. vom Verein Münchner Fasching e. V., München 1938.
50 *Faschingsfieber*, *a. a. O.*
51 *Berliner Illustrierte Zeitung*, 1938, Nr. 31.
52 *Ein Volk erobert die Freude*, hrsg. von der Amtsleitung der NS-Gemeinschaft „Kraft durch Freude" der DAF, Berlin o. J.

53 Hans Biallas, *Der Sonne entgegen! Deutsche Arbeiter fahren nach Madeira*, Berlin 1936.
54 *Der Silberspiegel*, 4. Jg. (1938), Nr. 23.
55 *Volk nach der Arbeit*, hrsg. von der Gemeinschaft werkarbeitender Hoch- und Fachschüler, Berlin 1936.
56 Ronald Gutberlet, *Die Reeperbahn. Mädchen, Macker und Moneten*, Hamburg 2000.
57 Biallas, *Der Sonne entgegen!*, *a. a. O.*
58 BA, Bild 101II-MW-1019-12.
59 BA, Bild 101II-MW-1019-10.
60 *Das Deutsche Mädel*, Jg. 1936, Aprilheft.
61 *Berliner Illustrierte Zeitung*, 1942, Nr. 36.
62 *Sieg der Waffen – Sieg des Kindes*, *a. a. O.*
63 Bernd Polster (Hrsg.), *„Swing Heil". Jazz im Nationalsozialismus*, Berlin 1989.
64 *Berliner Illustrierte Zeitung*, 1943, Nr. 6.
65 Frank Grube/Gerhard Richter, *Alltag im Dritten Reich. So lebten die Deutschen 1933-1945*, Hamburg 1982.
66 *Berliner Illustrierte Zeitung*, 1943, Nr. 51.
67 *Berliner Illustrierte Zeitung*, 1944, Nr. 7.
68 BA, Bild 101I-129-0480-26.
69 BA, Bild 101II-MW-1019-11.
70 BA, Bild 192-194.
71 BA, B 145 Bild-F051673-0059.
72 *Adolf Hitler. Ein Mann und sein Volk*, Sonderausgabe des Illustrierten Beobachters, München 1936.

あとがき

山並みに囲まれた湖畔の保養地バート・ヴィースゼー。早朝の薄暗がりのなか、前夜の乱痴気騒ぎに疲れて眠る突撃隊員たちの宿舎に、銃を構えた親衛隊員たちの一群がなだれ込む。寝込みを襲われた半裸の男たちに、容赦なく浴びせられる銃弾。累々と重なる血まみれの死体……。ルキーノ・ヴィスコンティの映画『地獄に堕ちた勇者ども』（一九六九年）の最大の見せ場であるこの有名なシーンは、一九三四年六月末の突撃隊の粛清、いわゆる「長いナイフの夜」を題材としたものである。突撃隊員たちがくり広げる淫蕩《いんとう》な同性愛の饗宴、そこに襲いかかる親衛隊員たちの黒く凄艶《せいえん》な制服は、ナチズムのもつある種の倒錯的な美しさと妖しい魅力を、この上なく印象的に表現している。三島由紀夫が鋭く看破したように、それはナチズムとエロティシズムの、政治と性愛の結びつきをあまりにも劇的に、嫌悪を催すほど赤裸々に暴き出したものといえるだろう。

だがこのシーンにかぎらず、性と権力の宿命的な結びつきが映画全体を貫くライトモチーフとなっていることを、見逃すわけにはいかない。鉄鋼財閥の一族が悪辣な陰謀によって崩壊していく様を描いたこの映画のなかで、登場人物たちの多くはそれぞれに性的な問題をかかえており、そのことが物語を進行させる契機となっている。家長の亡き息子の未亡人ゾフィーと内縁関係にある使用人のフリードリヒ。彼は親衛隊将校アッシェンバッハの陰謀に加担することで、一族の支配と正式な結婚を企てる。それを邪魔しようとして粛清されるのが、突撃隊の幹部で同性愛者のコンスタンティンである。そして、ゾフィーの息子で一族の直系であるマルティン。強圧的な母親に屈従するこの繊細な青年は、女装癖と幼児性愛癖を捨てられずにいる。

これらの多かれ少なかれ背徳的な面々のなかにあって、陰謀の黒幕であるアッシェンバッハだけが、性的に非の打ち所のない唯一の人物といってよい。この冷酷無比を絵に描いたような男こそ、退廃したブルジョワ的世界に鉄槌を下すナチズムの冷酷な「健全さ」を体現する存在である。その悪魔的な感化力は、彼と手を結んだマルティンの変貌ぶりにあらわれている。親衛隊の黒い制服に身を包み、冷血な男に生まれ変わったマルティンは、自分を支配してきた母親を犯し、内縁の夫ともども破滅に追い込む。フリードリヒとゾフィーが死を前にして結婚式を挙げる当日、マルティンは新郎が手にする結婚許可状を目の前で破り捨て、こういい放つ。「アッシェンバッハはあなたがナチズムを何も理解していないといっていた。でもそんなに難しくないはずだ。私でさえ理解したのだから」。

そう、ナチズムを理解することは容易だったに違いない。少なくともマルティンのように、息苦しい市民社会のなかで欲求不満を募らせた若者にとって、この運動への献身はある種の解放と自由を意味したはずだし、憎むべき親たちに復讐をはたす機会まで提供したからである。性を抑圧する市民道徳への反発、偽善のない純粋な愛への憧憬こそ、ナチズムを突き動かす原動力だったのではないか。まさにそのことを、ヴィスコンティは映画という媒体をもちいて見事に表現してみせたのである。こうした問題提起に歴史研究の立場から応えるべく、「性の解放」をめざしたナチズムの実態、この運動が推進した「欲望の動員」のメカニズムに迫ろうとしたのが本書である。

ナチズムと性愛のかかわりをめぐっては、すでに古典的ともいえる一連の研究が存在する。筆頭に挙げられるのは、ジョージ・モッセの『ナショナリズムとセクシュアリティ』（一九八五年）であろう。市民道徳の擁護者としてのナチズムという同書のテーゼはしかし、ヒトラー政権下のドイツの状況を十分に説明できていないように思われた。この点では、刊行年は古いものの、ハンス・ペーター・ブロイエルの『ナチ・ドイツ清潔な帝国』（一九七二年）の方が、市民道徳を唱えるナチズムの自己矛盾に目を配りつつ、豊富な一次史料を駆使して精度の高い分析を展開しており、筆者がまず目標としたのも、同書の示した研究水準だった。一方、最近刊行されたダグマー・ヘルツォークの『セックスとナチズムの記憶』（二〇〇五年）は、ナチズムによる性の解放という斬新なテーゼを打ち出し、賛否両論の議論を呼んでいる。筆者は基本的にこれを是とする立場に立っているが、ほぼ二次文献のみに依拠した同書の分析に物足りなさを感じないわけでもない。ヘルツォークの刺激的な研究に触発されつつ、一次史料による実証的な裏づけを進めようと考えた所以である。

このような研究状況を意識して、本書では大きな議論の枠組みを提示することよりも、できるだけ多くの一次史料を使ってディテールの豊かな叙述を行うことに精力を注いだ。史料の収集と調査にあたっては、ベルリンの連邦文書館と州立図書館に何度も通い詰め、さらにベルリンの州立文書館、ハンブルクの州立文書館、ミュンヘンの現代史研究所にも足を運んだ。文書館や図書館で大量の史料と格闘するなか、第三帝国下の性生活の実態に目を開かされる経験に幾度も恵まれたことは、筆者にとって望外の喜びだった。数々の史料がもたらした驚きと興奮を、本書を手にした方々にも感じ取っていただければ幸いである。

本書の内容の一部は、既発表の論考をベースにしている。導入部にあたる第一章は、姫岡とし子・川越修編『ドイツ近現代ジェンダー史入門』（青木書店、二〇〇九年）所収の小論「愛と欲望のナチズム」が原型である。性教育の問題を論じた第二章は、『ゲシヒテ』第一号掲載の論考「子供にそのことを話しましょう！――第三帝国における性的啓蒙の展開をめぐって」（二〇〇八年）と、『思想』第一〇一三号掲載の論文「性生活の効用――精神療法とナチズムの関係をめぐって」（二〇〇八年）を下敷きにした。裸体文化の問題を考察した第四章の前半は、『甲南大学紀要（文学編）』第一六〇号所収の論文「裸体への意志――第三帝国におけるヌードとセクシュアリティ」（二〇一〇年）をもとにした。第三章、第四章の後半、第五章は書き下ろしである。なお、本書のタイトル『愛と欲望のナチズム』は、第一章の原型となった小論に由来するものだが、やや俗っぽくキッチュな印象を与えるかもしれない。筆者としてはむしろ、そうした印象こそナチズムにふさわしいのではないかという思いを込めたつもりである。

講談社選書メチエへの執筆の依頼をいただいたのは、もうかれこれ五年も前である。前著

『魅惑する帝国――政治の美学化とナチズム』(名古屋大学出版会、二〇〇七年)の刊行直後のことで、編集部の山崎比呂志氏は同書の内容を一般向けにわかりやすくまとめた本の執筆を期待されていたが、筆者の関心がすでにナチズムと性愛のかかわりに移っていることをお伝えしたところ、そのテーマでの執筆を二つ返事で認めて下さった。それから今日にいたるまで、執筆はなかなか思うように進まなかったが、氏の忍耐強い励ましと力添えのおかげで、何とか刊行にこぎつけることができた。この場を借りてお礼申し上げたい。

本書の基盤となった史料調査に関しては、日本学術振興会科学研究費(基盤C、研究課題番号二三五二〇九一六)の助成を受けた。記して謝意を表したい。

筆者の研究上の拠点である関西のドイツ現代史研究会の諸兄姉からは、折に触れて知的刺激と叱咤激励をいただいた。とくに『ゲシヒテ』所収の論考にはじまって、本書のほとんどの原稿を最初に読んでいただき、貴重な助言をして下さった原田一美先生(大阪産業大学)、筆者の研究の進展をいつも気にかけ、励まして下さった小野清美先生(大阪大学)、姫岡とし子先生(東京大学)、川越修先生(同志社大学)に、心より感謝申し上げる。

日本のナチズム研究を率いてこられた諸先輩方の学恩に、本書がわずかでも報いるものとなることを願っている。

二〇一二年七月

田野大輔

学術文庫版あとがき

二〇一二年に本書が講談社選書メチエから出版されて以降、ドイツではナチズムの性－政策、とりわけ第二次世界大戦中の国防軍兵士の性暴力に関する研究が進展しており、日本でもレギーナ・ミュールホイザーの『戦場の性』（二〇一五年）などが翻訳出版されている。そこで本書の文庫版出版にあたり、補章として「ドイツ占領下ワルシャワの売買春」を追加することにした。これは『歴史評論』第八二〇号（二〇一八年）に掲載された同名の論文をもとにしているが、上記のような研究動向をふまえて執筆したものである。なかでもドイツの軍・警察当局が占領下のワルシャワにいくつも売春宿を設立し、それらの施設で――人種イデオロギーに抵触するにもかかわらず――現地女性との性交渉を許容・奨励していたという事実は、第五章で論じた性－政策の非人道性をいっそう浮き彫りにするものと言える。

私たちは普通、国家権力は個々人の性的欲望を抑圧するものと考えている。戦時中の出産奨励策から今日の少子化対策まで、本来私的な事柄であるはずの性愛や生殖の問題がしばしば国家の政治的な介入にさらされてきた事実を前にすれば、そこにもっぱら抑圧的な関係を見てしまうのも無理はない。だがミシェル・フーコーも言うように、そうした「抑圧の仮説」は権力と性の関係を一面的にとらえすぎている。権力は性的欲望を抑圧するばかりでなく、ときに過剰に煽り立てさえして、これを自らの動力源として活用してきたのである。そして、まさにこの点で顕著な例を示しているのが、ナチスの性-政策である。

二〇一三年に「慰安婦制度は必要だった」という橋下徹・大阪市長（当時）の発言が注目されたが、これも欲望の動員に向けて世論の煽動をはかろうとする点で危険な側面を持ち合わせている。兵士の性欲発散を容認して鷹揚なそぶりを示しつつ、建前論的な性規範をふりかざす批判者の偽善を威勢よく攻撃する彼の主張は、たしかに世間の人々の溜飲を下げさせるかもしれない。だが他方でそれは、自らの本音の非道徳性を隠して人々を煙に巻きつつ、国家権力に個々人の性的欲望の操作を認めるという危険な発想にもとづいている。ナチズム下の愛と欲望の問題は私たちに、人間の性欲が国家にたやすく利用されること、解放の名のもとでも欲望が操作されうることを教えている。そうした意味で、本書の内容はけっして過去のエピソードにとどまるものではないのである。

田野大輔

二〇二四年八月

[タ]

[ナ]

[ハ]

索 引

[ア]

[カ]

[サ]

KODANSHA

本書の原本は、二〇一二年に講談社選書メチエより刊行されました。

文庫化にあたって、「ドイツ占領下ワルシャワの売買春」（『歴史評論』第八二〇号、二〇一八年）を補章に追加しました。

なお、本書で参照する資料には当事者の差別意識を反映した表現、用語が含まれていますが、原意のまま翻訳、掲載しました。

田野大輔（たの　だいすけ）
1970年，東京都に生まれる。京都大学大学院文学研究科博士後期課程研究指導認定退学。現在，甲南大学文学部教授。博士（文学）。専攻は歴史社会学，ドイツ現代史。著書に『魅惑する帝国――政治の美学化とナチズム』『ファシズムの教室――なぜ集団は暴走するのか』『検証　ナチスは「良いこと」もしたのか？』（共著），『〈悪の凡庸さ〉を問い直す』（共編著）など。

講談社学術文庫

定価はカバーに表示してあります。

愛《あい》と欲望《よくぼう》のナチズム

田《た》野《の》大輔《だいすけ》

2024年10月８日　第１刷発行

発行者　篠木和久
発行所　株式会社講談社
東京都文京区音羽 2-12-21 〒112-8001
電話　編集（03）5395-3512
販売（03）5395-5817
業務（03）5395-3615
装　幀　蟹江征治
印　刷　株式会社広済堂ネクスト
製　本　株式会社国宝社
本文データ制作　講談社デジタル製作

ISBN978-4-06-537409-2

「講談社学術文庫」の刊行に当たって

これは、学術をポケットに入れることをモットーとして生まれた文庫である。学術は少年の心を養い、成年の心を満たす。その学術がポケットにはいる形で、万人のものになることは、生涯教育をうたう現代の理想である。

こうした考え方は、学術を巨大な城のように見る世間の常識に反するかもしれない。また、一部の人たちからは、学術の権威をおとすものと非難されるかもしれない。しかし、それはいずれも学術の新しい在り方を解しないものといわざるをえない。

学術は、まず魔術への挑戦から始まった。やがて、いわゆる常識をつぎつぎに改めていった。学術の権威は、幾百年、幾千年にわたる、苦しい戦いの成果である。こうしてきずきあげられた城が、一見して近づきがたいものにうつるのは、そのためである。しかし、学術の権威を、その形の上だけで判断してはならない。その生成のあとをかえりみれば、その根は常に人々の生活の中にあった。学術が大きな力たりうるのはそのためであって、生活をはなれた学術は、どこにもない。

開かれた社会といわれる現代にとって、これはまったく自明である。生活と学術との間に、もし距離があるとすれば、何をおいてもこれを埋めねばならない。もしこの距離が形の上の迷信からきているとすれば、その迷信をうち破らねばならぬ。

学術文庫は、内外の迷信を打破し、学術のために新しい天地をひらく意図をもって生まれた。文庫という小さい形と、学術という壮大な城とが、完全に両立するためには、なおいくらかの時を必要とするであろう。しかし、学術をポケットにした社会が、人間の生活にとってより豊かな社会であることは、たしかである。そうした社会の実現のために、文庫の世界に新しいジャンルを加えることができれば幸いである。

一九七六年六月　　野間省一